PONS

PRAXIS-SPRACHFÜHRER

PORTUGIESISCH

PONS GmbH
Stuttgart

PONS Praxis-Sprachführer
PORTUGIESISCH

Bearbeitet von: Isabel Morgado Kessler, Isabel Marcante

1. Auflage 2020 (1,01 - 2020)

www.pons.com
E-Mail: kundenservice@pons.de

Umschlagfoto: Shutterstock/aniad
Logoentwurf: Erwin Poell, Heidelberg
Satz: Lumina Datamatics Ltd.
Logoüberarbeitung: Sabine Redlin, Ludwigsburg

Druck und Bindung: Publikum d.o.o.

ISBN 978-3-12-518023-9

Liebe Leserin, lieber Leser,

Sie reisen nach Portugal und suchen die passende Sprachbegleitung? Mit dem Praxis-Sprachführer von PONS haben Sie immer die wichtigsten Sätze und Worte besonders schnell zur Hand.

Ob Sie mal eben nach dem Weg fragen oder eine Übernachtung buchen möchten: In **sechs thematischen Kapiteln** finden Sie den passenden vorformulierten Satz für jede Situation. Und wenn es schnell gehen muss, schlagen Sie einfach im **Portugiesisch - Deutschen, Deutsch - Portugiesischen Wörterbuch** nach, der den wichtigsten Wortschatz von A wie *Abendessen* bis Z wie *Zwischenlandung* für Sie enthält.

Alle Themen sind für Sie mit dem innovativen **Farbleitsystem** gekennzeichnet und dadurch ohne langes Blättern ganz einfach zu finden. Die **praktische Ringbindung** unterstützt Sie dabei ganz besonders in der Handhabung dieses Sprachführers: Einmal im Restaurant z.B. die Speisekarte aufgeschlagen, können Sie den Sprachführer bequem wieder in die Tasche stecken und bei Bedarf erneut herausziehen und haben immer die Speisekarte parat, ohne erneutes langes Blättern.

Ganz gleich ob Sie einen Kurztrip oder eine längere Reise planen: Der Praxis-Sprachführer von PONS bietet Ihnen alles was Sie brauchen, um sich unterwegs schnell, bequem und sicher zu verständigen.

Eine schöne Reise wünscht Ihnen

Ihre

PONS Redaktion

INHALT

ESSEN UND TRINKEN 57

EINKAUFEN 79

KÖNNEN SIE MIR DAS BUCHSTABIEREN?

In manchen Situationen, z. B. am Telefon, hilft meist nur das Buchstabieren. Damit es dabei zu keinen Missverständnissen kommt, anbei für Sie das Alphabet mit der richtigen Aussprache.

A	a	[a]	N	n	[ˈɛnə]
B	b	[be]	O	o	[ɔ]
C	c	[se]	P	p	[pe]
D	d	[de]	Q	q	[ke]
E	e	[ɛ]	R	r	[ˈɛʀə]
F	f	[ˈɛfə]	S	s	[ˈɛsə]
G	g	[ge]	T	t	[te]
H	h	[ɐˈga]	U	u	[u]
I	i	[i]	V	v	[ve]
J	j	[ˈʒɔtɐ]	W	w	[ˈdablju]; [ˈdɐblju]
K	k	[ˈkapɐ]	X	x	[ʃiʃ]
L	l	[ˈɛlə]	Y	y	[ˈipsilɔn]
M	m	[ˈɛmə]	Z	z	[ze]

„WAS BEDEUTET ...?"

Mit dieser Liste finden Sie sich im PONS Praxis-Sprachführer Portugiesisch schnell zurecht.

adj	Adjektiv, Eigenschaftswort	adjetivo
adv	Adverb, Umstandswort	advérbio
alg	jemand(en)	alguém
Bras	brasilianisches Portugiesisch	brasileiro
conj	Konjunktion, Bindewort	conjunção
el	Elektrizität	eletricidade
etw	etwas	algo
f	Femininum, weiblich	feminino
jdm	jemandem	a alguém
jdn	jemanden	alguém
m	Maskulinum, männlich	masculino
med	Medizin	medicina
P	Portugal	Portugal
pers prn	Personalpronomen	pronome pessoal
pl	Plural, Mehrzahl	plural
poss prn	Possessivpronomen	pronome possessivo
prn	Pronomen, Fürwort	pronome
prp	Präposition, Verhältniswort	preposição
rel	kirchlich, geistlich	religioso
s.	sich	se
sing	Singular, Einzahl	singular
tele	Telefon, Telegraf	telefone, telégrafo
verb	Verb, Tätigkeitswort	verbo

Torre de Belém in Lissabon, Portugal. Berühmter mittelalterlicher historischer Verteidigungsturm auf winziger Insel im Fluss.

DIE BASICS

Sonnenaufgang in Lissabon, Portugal.

Für den leichten Einstieg: Hier finden Sie die nützlichsten Wörter und Ausdrücke auf einen Blick.

Das Allernotwendigste

Ja.
Sim. [sĩ]

Nein.
Não. [nɐ̃u]

Bitte.
Faz favor.
[faʃ fɐˈvor]

Danke!
Obrigado/Obrigada!
[obriˈgadu/obriˈgadɐ]

Wie bitte?
Como? [ˈkomu]

Selbstverständlich!
Evidentemente!
[ividẽntəˈmẽntə]

Einverstanden!
De acordo!
[d‿ɐˈkordu]

Okay!
o.k.
[oˈkei]

In Ordnung!
Está bem!
[ʃta bɐ̃i]

OLÁ! Die Begrüßung ist einfach: Morgens bis ca. 12 Uhr sagen Sie **bom dia** (*Guten Morgen, Guten Tag*); bis es dunkel wird, wünschen Sie **boa tarde** (*Guten Nachmittag*); wenn es dunkel ist und bis zum nächsten Morgen, wird **boa noite** gesagt, das sowohl *Guten Abend* als auch *Gute Nacht* heißt. Bei Leuten, die Sie nicht (gut) kennen, verwenden Sie zum Abschied die gleichen Ausdrücke.

Unter Bekannten und Freunden sagt man gerne **olá** (*Hallo*), wenn man sich trifft. In Brasilien sagt man **oi** (*Hallo*) und **tudo bem?** (*Alles in Ordnung?*). Man verabschiedet sich mit **adeus** (*Auf Wiedersehen*) oder immer öfter mit **tchau** (*Tschüss*).

Entschuldigung!/ Verzeihung!
Desculpe!/Desculpa!
[dəʃˈkulpə/dəʃˈkulpɐ]

Das reicht jetzt!
Já chega!
[ʒa ˈʃegɐ]

Hilfe!
Socorro! [suˈkoʀu]

Ich hätte gern ...
Queria ... [kəˈriɐ]

Gibt es ...?
Há ...? [a]

Begrüßen und Verabschieden

BEGRÜSSEN

Guten Morgen!
Bom dia!
[bõ ˈdiɐ]

Guten Tag!
Bom dia!/Boa tarde!
[bõ ˈdiɐ/ˈboɐ ˈtardə]

Guten Abend!
Boa tarde!/Boa noite!
[ˈboɐ ˈtardə/ˈboɐ ˈnoitə]

Hallo!/Grüß dich!
Olá! [ɔˈla]
(Bras) Oi! [oi]

Wie geht es Ihnen?
Como está? [ˈkomu ʃta]

Wie geht's?
Como é que vais/estás? [ˈkomu ɛ kə vaiʃ/ʃtaʃ]

Danke. Und Ihnen/dir?
Bem, obrigado/obrigada. E o senhor/a senhora/você/tu?
[bɐĩ obriˈgadu/obriˈgadɐ. i u səˈɲor/ɐ səˈɲorɐ/vɔˈse/tu]

SICH VORSTELLEN

Wie ist Ihr Name, bitte?
Como se chama? [ˈkomu sə ˈʃɐmɐ]
Como é o seu nome? [ˈkomu ɛ u seu ˈnomə]

Wie heißt du?
Como te chamas? [ˈkomu tə ˈʃɐmɐʃ]

Ich heiße ...
Chamo-me ... [ˈʃɐmumə]

Das ist ...
É ... [ɛ]

- *Frau X.*
  a senhora/dona X. [ɐ səˈɲorɐ/ˈdonɐ]
- *Herr X.*
  o senhor X. [u səˈɲor]
- *mein Mann/meine Frau.*
  o meu marido/a minha mulher.
  [u meu mɐˈridu/ɐ ˈmiɲɐ muˈʎɛr]
- *mein Partner/meine Partnerin.*
  o meu companheiro/a minha companheira.
  [u meu kõmpɐˈɲeiru/ɐ ˈmiɲɐ kõmpɐˈɲeirɐ]
- *mein Sohn/meine Tochter.*
  o meu filho/a minha filha.
  [u meu ˈfiʎu/ɐ ˈmiɲɐ ˈfiʎɐ]
- *mein Freund/meine Freundin.*
  o meu amigo/a minha amiga.
  [u meu ɐˈmigu/ɐ ˈmiɲ‿aˈmigɐ]

Darf ich Ihnen/dir meine Visitenkarte geben?
Posso dar-lhe/dar-te o meu cartão de visita?
[ˈpɔsu ˈdarʎə/ˈdartə u meu kɐrˈtɐ̃u də viˈzitɐ]

VERABSCHIEDEN

Auf Wiedersehen!
Bom dia!/Boa tarde!/Boa noite!
[bõ ˈdiɐ/ˈboɐ ˈtardə/ˈboɐ ˈnoitə]
Adeus! [ɐˈdeuʃ]
(Bras) Até logo! [aˈtɛ ˈlɔgu]

Bis bald!
Até breve!
[ɐˈtɛ ˈbrɛvə]

Bis später!
Até logo!
[ɐˈtɛ ˈlɔgu]

Bis morgen!
Até amanhã!
[ɐˈtɛ amɐˈɲɐ̃]

Viel Spaß!
Divirta-se!/Diverte-te!
[diˈvirtəsə/diˈvɛrtətə]

Gute Nacht!
Boa noite! [ˈboɐ ˈnoitə]

Tschüss!
Adeus! [ɐˈdeuʃ]
(Bras) Tchau! [tʃau]

Gute Reise!
Boa viagem!
[ˈboɐ ˈvjaʒɐ̃ĩ]

Es war schön, Sie/dich kennen zu lernen.
Foi bom tê-lo/-la/ter-te conhecido.
[foi bõ ˈtelu/ˈtelɐ/ˈtertə kuɲəˈsidu]

KLEINE HÖFLICHKEITEN

In Portugal sind die kleinen, alltäglichen Höflichkeiten wichtig. Man legt Wert auf **faz favor, obrigado, desculpe, com licença**.Übrigens: Bedankt sich der Mann, sagt er **obrigado**, tut es die Frau, so sagt sie **obrigada**. Aber machen Sie sich deswegen nicht verrückt: Im Zweifelsfall verschlucken Sie einfach die Endung. Die Portugiesen tun es angeblich die ganze Zeit ...

Höflichkeit

BITTE

Bitte.
Faz favor. [faʃ fɐˈvor]

Ja, bitte.
Sim, faz favor. [sĩ faʃ fɐˈvor]

Nein, danke!
Não, obrigado/obrigada!
[nɐ̃ũ obriˈgadu/obriˈgadɐ]

Gestatten Sie?
Dá licença? [da liˈsẽsɐ]

Entschuldigen Sie bitte, dürfte ich Sie etwas fragen?
Desculpe, posso-lhe perguntar uma coisa?
[dəʃˈkulpə ˈpɔsuʎə pərgũnˈtar umə koizɐ]

Können Sie mir bitte helfen?
Pode-me ajudar, por favor?
[ˈpɔdəm‿ɐʒuˈdar pur fɐˈvor]

Darf/Dürfte ich Sie um einen Gefallen bitten?
Posso-lhe pedir um favor?
[ˈpɔsuʎə pədir‿ũ fɐˈvor]

Können Sie mir bitte sagen, …
Pode-me dizer, faz favor … [ˈpɔdəmə diˈzer faʃ fɐˈvor]

DANK

Danke!
Obrigado/Obrigada! [obriˈgadu/obriˈgadɐ]

Vielen/Tausend Dank, Sie haben mir sehr geholfen.
Muito obrigado/obrigada, fez-me um grande favor.
[ˈmũint‿obriˈgadu/‿obriˈgadɐ ˈfeʒm‿ũ grɐ̃ndə fɐˈvor]

Danke, sehr gern!
Obrigado/Obrigada, com muito prazer!
[obriˈgadu/obriˈgadɐ kõ ˈmũintu prɐˈzer]

Bitte sehr!/Gern geschehen!
De nada!/Não tem de quê!
[də ˈnadɐ/nɐ̃ũ tɐ̃ĩ də ˈke]

ENTSCHULDIGUNG

Entschuldigung!
Desculpe!/Desculpa!
[dəʃˈkulpə/dəʃˈkulpɐ]

Das tut mir sehr leid!
Tenho muita pena! [ˈteɲu ˈmũintɐ ˈpenɐ]

Tut mir leid(, dass ich zu spät komme).
Lamento (ter chegado tarde)!
[lɐˈmẽntu (ter ʃəˈgadu ˈtardə)]

Es war nicht so gemeint.
Não era isso que eu queria dizer.
[nɐ̃ũ ˈɛrɐ ˈisu kjeu kəˈriɐ diˈzer]

Macht nichts!
Não tem mal!
[nɐ̃ũ tɐ̃ĩ mal]

Das ist leider nicht möglich.
Infelizmente não é possível.
[ĩfəliʒˈmẽntə nɐ̃ũ ɛ puˈsivɛl]

Wer? Wie? Was?

Wer?
Quem? [kɐ̃i]

Was?
O quê? [u ke]

Welcher?/Welche?/Welches?
Qual? [kwal]

Wem?
A quem? [ɐ kɐ̃i]

Wen?
Quem? [kɐ̃i]

Wo?
Onde? [ˈõndə]

Wo ist ...?/Wo sind ...?
Onde está ...?/Onde estão ...? [ˈõndə ʃta/ˈõndə ʃtɐ̃u]

Warum?/Weshalb?/Wozu?
Porquê?/Para quê? [purˈke/ˈpɐrɐ ke]

Wie?
Como? [ˈkomu]

Wie viel?
Quanto? [ˈkwɐ̃ntu]

Wie lange?
Quanto tempo? [ˈkwɐ̃ntu ˈtẽmpu]

Wann?
Quando? [ˈkwɐ̃ndu]

Zeitangaben

UHRZEIT UND TAGESZEITEN

Wie viel Uhr ist es bitte?
Faz favor, que horas são? [faʃ fɐˈvor ˈkjɔrɐʃ sɐũ]

Es ist (genau/ungefähr) ...
São (exatamente/mais ou menos) ...
[ʃɐũ (izatɐˈmẽntə/maiz‿o ˈmenuʃ)]

- *3 Uhr.*
  três horas. [trez‿ˈɔrɐʃ]
- *5 nach 3.*
  três e cinco. [trez‿i sĩŋku]
- *Viertel nach 3.*
  três e um quarto. [trez‿i ũm ˈkwartu]
- *halb 4.*
  três e meia. [trez‿i ˈmejɐ]
- *Viertel vor 4.*
  quatro menos um quarto. [ˈkwatru ˈmenuz‿ũm ˈkwartu]
- *5 vor 4.*
  quatro menos cinco. [ˈkwatru ˈmenuʃ ˈsĩŋku]
- *12 Uhr mittag/Mitternacht.*
  é meio-dia/meia-noite. [ɛ ˈmeju ˈdiɐ/ˈmejɐ ˈnoitə]

Um wie viel Uhr?/Wann?
A que horas?/Quando? [ɐ ˈkjɔrɐʃ/ˈkwɐñdu]

Um 2 Uhr.
Às duas horas. [aʒ ˈduɐz‿ˈɔrɐʃ]

In einer Stunde.
Dentro de uma hora. [ˈdẽntru d‿ˈumɐ ˈɔrɐ]

In zwei Stunden.
Dentro de duas horas. [ˈdẽntru də ˈduɐz‿ˈɔrɐʃ]

Nicht vor 9 Uhr morgens.
Não antes das nove da manhã.
[nɐũ ˈɐ̃ntəʒ dɐʒ ˈnɔvə dɐ mɐˈɲɐ̃]

Nach 8 Uhr abends.
Depois das oito da noite. [dəˈpoiʒ dɐz‿ˈoitu dɐ ˈnoitə]

Wie lange?
Quanto tempo? [ˈkwɐ̃ntu ˈtẽmpu]

Zwei Stunden (lang).
(Durante) duas horas. [(duˈrɐ̃ntə) ˈduɐz‿ˈɔrɐʃ]

Von 10 bis 11.
Das dez às onze. [dɐʒ dɛz‿az‿ˈõzə]

Seit wann?
Desde quando? [ˈdeʒdə ˈkwɐ̃ndu]

Seit 8 Uhr morgens.
Desde as oito da manhã. [ˈdeʒd‿ɐz‿ˈoitu dɐ mɐˈɲɐ̃]

Seit einer halben Stunde.
Há meia hora. [a ˈmejɐ ˈɔrɐ]

Seit acht Tagen.
Há oito dias. [a ˈoitu ˈdiɐʃ]

ab und zu	de vez em quando [də vez‿ɐĩ ˈkwɐ̃ndu]
abends	à tarde [a ˈtardə]; à noite [a ˈnoitə]
am Sonntag	no domingo [nu duˈmĩŋgu]
am Wochenende	no fim de semana [nu fĩ də səˈmɐnɐ]
bald	em breve [ɐĩ ˈbrɛvə]
früh	cedo [ˈsedu]
früher	mais cedo [maiʃ ˈsedu]
gestern	ontem [ˈõntɐĩ]
heute	hoje [ˈoʒə]

in einer Woche	dentro de uma semana ['dẽntru d‿'umɐ sə'menɐ]
jeden Tag	todos os dias ['toduz‿uʒ 'diɐʃ]
jetzt	agora [ɐ'gɔrɐ]
kürzlich	recentemente [ʀəsẽntə'mẽntə]
manchmal	às vezes [aʒ 'vezəʃ]
mittags	ao meio-dia [ɐu 'meju 'diɐ]
morgen	amanhã [amɐ'ɲɐ̃]
morgen früh/ morgen Abend	amanhã de manhã/ amanhã à noite [amɐ'ɲɐ̃ də mɐ'ɲɐ̃/ amɐ'ɲɐ̃ a 'noitə]
nachmittags	de tarde [də 'tardə]
nachts	de noite [də 'noitə]
spät	tarde ['tardə]
später	mais tarde [maiʃ 'tardə]
stündlich (jede Stunde)	de hora a hora [d‿'ɔra 'ɔrɐ]
(pro Stunde)	por hora [pur‿'ɔrɐ]
täglich (jeden Tag)	todos os dias ['toduz‿uʒ 'diɐʃ]
(pro Tag)	por dia [pur 'diɐ]
tagsüber	durante o dia [du'rɐ̃nt‿u 'diɐ]
übermorgen	depois de amanhã [də'poiʒ d‿amɐ'ɲɐ̃]
vorgestern	anteontem [ɐ̃'tjõntɐ̃ĩ]
vormittags	de manhã [də mɐ'ɲɐ̃]
am Vormittag	de manhã [də mɐ'ɲɐ̃]

Zahlen

0
zero ['zɛru]

1
um [ũ]

2
dois [doiʃ]

3
três [treʃ]

4
quatro ['kwatru]

5
cinco ['sĩŋku]

6
seis [seiʃ]

7
sete ['sɛtə]

8
oito ['oitu]

9
nove ['nɔvə]

10
dez [dɛʃ]

11
onze ['õzə]

12
doze ['dozə]

13
treze
['trezə]

14
catorze [kɐ'torzə]

15
quinze ['kĩzə]

16
dezasseis [dəzɐ'seiʃ]

17
dezassete [dəzɐ'sɛtə]

18
dezoito [də'zɔitu]

19
dezanove [dəzɐ'nɔvə]

20
vinte ['vĩntə]

21
vinte e um ['vĩnt‿i 'ũ]

22
vinte e dois ['vĩnt‿i 'doiʃ]

23
vinte e três ['vĩnt‿i 'treʃ]

24
vinte e quatro
['vĩnt‿i 'kwatru]

25
vinte e cinco ['vĩnt‿i 'sĩŋku]

26
vinte e seis ['vĩnt‿i 'seiʃ]

27
vinte e sete ['vĩnt‿i 'sɛtə]

28
vinte e oito [ˈvĩnt͜i ˈoitu]

29
vinte e nove [ˈvĩnt͜i ˈnɔvə]

30
trinta [ˈtrĩntɐ]

31
trinta e um [ˈtrĩntɐ i ˈũ]

32
trinta e dois [ˈtrĩntɐ i ˈdoiʃ]

40
quarenta [kwɐˈrẽntɐ]

50
cinquenta [sĩŋˈkwẽntɐ]

60
sessenta [səˈsẽntɐ]

70
setenta [səˈtẽntɐ]

80
oitenta [oiˈtẽntɐ]

90
noventa [nuˈvẽntɐ]

100
cem [sɐĩ]

101
cento e um [ˈsẽntwi ũ]

200
duzentos [duˈzẽntuʃ]

300
trezentos [trəˈzẽntuʃ]

1000
mil [mil]

2 000
dois mil [doiʒ mil]

10 000
dez mil [dɛʒ mil]

100 000
cem mil [sɐ̃i mil]

1 000 000
um milhão [ũ məˈʎɐ̃u]

1.
primeiro [priˈmeiru]

2.
segundo [səˈgũndu]

3.
terceiro [tərˈseiru]

4.
quarto [ˈkwartu]

5.
quinto [ˈkĩntu]

6.
sexto [ˈseiʃtu]

7.
sétimo [ˈsɛtimu]

8.
oitavo [oiˈtavu]

9.
nono [ˈnonu]

10.
décimo [ˈdɛsimu]

1/2
um meio [ũ ˈmeju]

1/3
um terço [ũ ˈtersu]

1/4
um quarto [ũm ˈkwartu]

3/4
três quartos [treʃ ˈkwartuʃ]

3,5 %
três e meio por cento
[trez‿i ˈmeju pur ˈsẽntu]

27 °C
vinte e sete graus
[ˈvĩnt‿i ˈsɛtə grauʃ]

-5 °C
cinco graus negativos
[ˈsĩŋku grauʒ nəgɐˈtivuʃ]

2016
Dois mil e dezasseis
[doiʒ mil‿i dəzɐˈseiʃ]

2017
Dois mil e dezasette
[doiʒ mil‿i dəzɐˈsɛtə]

Millimeter
milímetro
[miˈlimətru]

Zentimeter
centímetro
[sẽnˈtimətru]

Meter
metro [ˈmɛtru]

Kilometer
quilómetro (ô)
[kiˈlɔmətru]

Quadratmeter
metro quadrado
[ˈmɛtru kwaˈdradu]

Liter
litro [ˈlitru]

Gramm
o grama [u ˈgrɐmɐ]

Pfund
meio quilo [ˈmeju ˈkilu]

Kilogramm
o quilograma
[u kiluˈgrɐmɐ];
quilo [ˈkilu]

Rua Augusta in Lissabon, Portugal. Tram vor dem Triumphbogen im historischen Zentrum der Stadt.

UNTERWEGS

Einreisen

Ihren Pass, bitte!
O seu passaporte, faz favor! [u seu pasɐˈpɔrtə faʃ fɐˈvor]

Haben Sie ein Visum?
Tem um visto? [tɐĩ ũ ˈviʃtu]

Kann ich das Visum hier bekommen?
Podem-me dar o visto aqui? [ˈpɔdɐĩmə dar u ˈviʃt‿ɐˈki]

Haben Sie etwas zu verzollen?
Tem alguma coisa a declarar? [tɐĩ alˈgumɐ ˈkoiz‿a dəklɐˈrar]

Muss ich das verzollen?
Tenho que pagar direitos por isso?
[ˈteɲu kə pɐˈgar diˈreituʃ pur ˈisu]

PERSONALIEN

Familienname	apelido [ɐpəˈlidu]; *(Bras)* o sobrenome [u sobreˈnomi]
Familienstand	estado civil [ˈʃtadu səˈvil]
– ledig	solteiro [solˈteiru]
– verheiratet	casado [kɐˈzadu]
– verwitwet	viúvo [ˈvjuvu]
– Lebenspartnerschaft	a união de facto [ɐ uˈnjɐ̃w̃ d(ə) ˈfaktu]

PACIÊNCIA

Die Hauptstrecke liegt zwischen Porto - Coimbra - Lissabon (ca. 320 km). Hier empfiehlt es sich, mit der Bahn zu fahren. Es gibt schnelle und bequeme Züge (z. B. den **Alfa Pendular**), die einen unabhängig von Nebel und Staus für wenig Geld problemlos ans Ziel bringen.

Das übrige Eisenbahnnetz ist nicht so gut ausgebaut. Für diese Strecken wäre es besser, mit dem Pkw zu fahren.

Geburtsdatum — data de nascimento [ˈdatɐ də nɐʃsiˈmẽntu]

Geburtsname — o nome de solteira [u ˈnomə də solˈteirɐ]

Geburtsort — o local de nascimento [u luˈkal də nɐʃsiˈmẽntu]

Staatsangehörigkeit — a nacionalidade [ɐ nɐsjunɐliˈdadə]

Vorname — o nome de batismo [u ˈnomə də baˈtiʒmu]

Wohnort — domicílio [dumiˈsilju]

AN DER GRENZE

Ausreise — saída [sɐˈidɐ]

Einreise — entrada [ẽnˈtradɐ]

EU-Bürger — o cidadão da UE [u sidɐˈdɐũ dɐ uɛ]

Führerschein — carta ((*Bras*) carteira) de condução [ˈkartɐ (karˈterɐ) də kõnduˈsɐũ]

Grenze — fronteira [frõnˈteirɐ]

Nummernschild — placa de matrícula [ˈplakɐ də mɐˈtrikulɐ]

Passkontrolle — o controle de passaportes [u kõnˈtrolə də pasɐˈpɔrtəʃ]

Personalausweis — o bilhete ((*Bras*) carteira) de identidade [u bəˈʎetə (karˈterɐ) d‿idẽntiˈdadə]

Reisepass	o passaporte [u pasɐˈpɔrtə]
grüne Versicherungskarte	carta verde [ˈkartɐ ˈverdə]
Visum	visto [ˈviʃtu]
Zoll	alfândega [alˈfãndəgɐ]
zollfrei	livre de taxa alfandegária [ˈlivrə də ˈtaʃ‿alfɐñdəˈgarjɐ]
Zollgebühren	os direitos alfandegários [uʒ diˈreituz‿alfɐñdəˈgarjuʃ]
zollpflichtig	sujeito a taxa alfandegária [suˈʒeit‿ɐ ˈtaʒ‿alfɐñdəˈgarjɐ]

UNTERWEGS IN PORTUGAL

Bitte denken Sie daran, dass man für die Nutzung der meisten Autobahnstrecken in Portugal Maut bezahlen muss. Bei der „Via Verde" müssen Sie an den Mautstellen nicht anhalten, man kann direkt die Spur ohne Schranke benutzen. Bei Mietwagen ist üblicherweise ein elektronisches Via-Verde-Gerät dabei.

Nach dem Weg fragen

ORTSANGABEN

links	à esquerda [a ˈʃkerdɐ]
rechts	à direita [a diˈreitɐ]
geradeaus	em frente [ɐĩ ˈfrẽntə]; a direito [ɐ diˈreitu]
vor	defronte de [dəˈfrõntə də]
hinter	atrás de [ɐˈtraʒ də]
neben	junto de [ˈʒũntu də]; ao lado de [ɐu ˈladu də]
gegenüber	em frente (de) [ɐĩ ˈfrẽntə (də)]
hier	aqui [ɐˈki]
dort	ali [ɐˈli]; lá [la]; aí [ɐˈi]
nah	perto [ˈpɛrtu]
weit	longe [ˈlõʒə]
nach	para [ˈpɐrɐ]
Ampel	semáforo [səˈmafuru]

Straße	rua [ˈʀuɐ]
Straßenecke	esquina [ˈʃkinɐ]
Kreuzung	cruzamento [kruzɐˈmẽntu]
Kurve	curva [ˈkurvɐ]

WO GEHT ES LANG?

Entschuldigen Sie bitte, wie komme ich nach ...?
Desculpe, por favor, como se vai para ...?
[dəʃˈkulpə pur fɐˈvor ˈkomu sə vai ˈpɐrɐ]

Immer geradeaus bis ...
Sempre em frente até ... [ˈsẽmpr‿ɐĩ ˈfrẽnt‿ɐˈtɛ]

Dann bei der Ampel links/rechts abbiegen.
Depois no semáforo vire à esquerda/à direita.
[də ˈpoiʒ nu səˈmafuru ˈvir‿a ˈʃkerdɐ/a diˈreitɐ]

Bitte, ist das die Straße nach ...?
Faz favor, é esta a estrada para ...?
[faʃ fɐˈvor ɛ ˈɛʃta ˈʃtradɐ ˈpɐrɐ]

Bitte, wo ist ...?
Faz favor, onde é ...? [faʃ fɐˈvor ˈõnd‿ɛ]

Tut mir leid, das weiß ich nicht.
Lamento muito, mas não sei. [lɐˈmẽntu ˈmũintu mɐʒ nɐũ sei]

Gehen Sie geradeaus/nach links/nach rechts.
Siga em frente./Vire à esquerda/à direita.
[sig‿ɐĩ ˈfrẽntə/vir‿a ˈʃkerdɐ/a diˈreitɐ]

Erste/Zweite Straße links/rechts.
A primeira/A segunda estrada à esquerda/à direita.
[ɐ priˈmeirɐ/ɐ səˈgũndɐ ˈʃtrad‿a ˈʃkerdɐ/a diˈreitɐ]

Überqueren Sie ...
Atravesse ... [ɐtrɐˈvɛs‿]

- *die Brücke.*
  a ponte. [‿ɐ ˈpõntə]
- *den Platz.*
  a praça. [‿ɐ ˈprasɐ]
- *die Straße.*
  a estrada. [‿ɐ ˈʃtradɐ]

UNTERWEGS

NACH DEM WEG FRAGEN

TEURES VERGNÜGEN

Lassen Sie sich nicht von der Raserei der anderen anstecken. Das kann ganz schön teuer werden - auch für mitteleuropäische Verhältnisse!

Handy am Steuer - Das Thema ist in Portugal auch heiß: Das Bußgeld ist richtig saftig!

Die Höchstgeschwindigkeit beträgt in Portugal 120 km/h auf Autobahnen, 90 km/h bzw. 100 km/h auf Landstraßen und 50 km/h innerorts. Die Promillegrenze liegt bei 0,5.

Auf Zwei- und Vierrädern

A BIS Z FÜR FAHRER

Ausfahrt (Autobahn)	saída (de autoestrada) [sɐˈidɐ (də ˈautɔ ˈʃtradɐ)]
Autobahn	autoestrada [ˈautɔ ˈʃtradɐ]
Autobahngebühr	a portagem [ɐ purˈtaʒɐĩ]; *(Bras)* pedágio [peˈdaʒju]
Bußgeld	multa [ˈmultɐ]
Einfahrt	entrada [ẽnˈtradɐ]
Hauptstraße	rua principal [ˈʀuɐ prĩsiˈpal]
Landstraße	estrada [ˈʃtradɐ]
Maut	a portagem [ɐ purˈtaʒɐ̃i]
Nebenstraße	rua lateral [ˈʀuɐ lɐtəˈral]
Radarkontrolle	a velocidade controlada por radar [vəlusiˈdadə kõntruˈladɐ pur ʀaˈdar]
Rastplatz	área de repouso [ˈarjɐ də ʀəˈpozu]
Raststätte	área de serviço [ˈarjɐ də sərˈvisu]
Schnellstraße	via rápida [ˈviɐ ˈʀapidɐ]; IP (itinerário principal) [iˈpe (itənəˈrarju prĩsiˈpal)]

Stau engarrafamento
[ẽŋgɐʀɐfɐ'mẽntu]

Wegweiser o sinal itinerário
[u si'nal itənə'rarju]

AN DER TANKSTELLE/RASTSTÄTTE

Wo ist bitte die nächste Tankstelle?
Faz favor, onde é a estação de serviço mais próxima?
[faʃ fɐ'vor 'õnd‿ɛ ɐ ʃtɐ'sɐũ də sər'visu maiʃ 'prɔsimɐ]

Gibt es hier eine Elektrotankstelle?
Há aqui um posto de abastecimento de energia elétrica?
[a ɐ'ki ũ 'poʃtu d‿ɐbɐʃtəsi'mẽntu d‿inər'ʒiɐ i'lɛtrikɐ]

Ich möchte ... Liter
... litros de ... ['litruʒ də]

- Benzin (bleifrei).
gasolina sem chumbo com 95 octanas.
[gɐzu'linɐ sɐĩ 'ʃũmbu kõ nu'vẽnt‿i 'sɪ͂ŋku ok'tɐnɐʃ]

- Super (bleifrei).
gasolina sem chumbo com 98 octanas.
[gɐzu'linɐ sɐĩ 'ʃũmbu kõ nuvẽnt‿i 'oitu ok'tɐnɐʃ]

- Diesel.
gasóleo. [ga'zɔlju]

Super bitte, für 30 Euro.
Trinta euros de sem chumbo 98, faz favor.
['trɪ ñtɐ 'euruʃ də sɐĩ 'ʃũmbu nu'vẽnt‿i 'oitu faʃ fɐ'vor]

Voll tanken, bitte!
Cheio, faz favor! ['ʃeju faʃ fɐ'vor]

Wo sind bitte die Toiletten?
Onde é a casa de banho (*(Bras)* banheiro)?
[õnd‿ɛ ɐ 'kazɐ də 'bɐɲu (ba'ɲeru)]

Gibt es eine Behindertentoilette?
Há uma casa de banho (*(Bras)* banheiro) para deficientes?
[a 'umɐ 'kazɐ də 'bɐɲu (ba'ɲeru) 'perɐ dəfəsi'ẽntəʃ]

Gibt es hier einen Wickelraum?
Há aqui um fraldário? [a ɐ'ki ũ fral'darju]

BENZIN

... ist in Portugal *bleifrei* (**sem chumbo**). An der Tankstelle ist die Bezeichnung für Oktanzahlen 95 und 98 wichtig. Wenn alternative Energien ein Thema für Sie sind: In Portugal gibt es sehr viele Tankstellen, die Autogas anbieten. Halten Sie Ausschau nach GPL-Autogas.

UNTERWEGS

AUF ZWEI- UND VIERRÄDERN

HINWEISE UND INFORMATIONEN

Alta tensão	Hochspannung
Atenção	Achtung
Crianças	Auf Schulkinder achten
Curva perigosa	Gefährliche Kurve
Dê passagem	Vorfahrt achten
Desvio	Umleitung
Diminuir a velocidade	Langsamer fahren
Entrada proibida	Einfahrt verboten
Estacionamento proibido	Parkverbot
Fim da proibição de estacionar	Ende des Parkverbots
Hospital	Krankenhaus
Ir pela direita (esquerda)	Rechts (Links) fahren
Obras	Baustelle
Paragem proibida	Halteverbot
Pare	Halt
Pavimento escorregadio	Schleudergefahr
Perigos	Gefahr
Posto de socorros	Pannenhilfe, Straßenwacht
Projeção de gravilha	Rollsplitt
Prudência	Vorsicht
Saída de autoestrada	Autobahnausfahrt
Saída de automóveis	Ausfahrt frei halten
Saída de fábrica	Werkausfahrt
Veículos de carga	Lastwagen

Via em mau estado	Schlechte Fahrbahn
Zona de estacionamento regulamentado	Kurzparkzone

PARKEN

Entschuldigen Sie bitte, gibt es hier in der Nähe eine Parkmöglichkeit?
Desculpe, há aqui perto um parque de estacionamento?
[dəʃ'kulpə a ɐ'ki 'pɛrt‿ũm 'parkə də‿ʃtɐsjunɐ'mẽntu]

Kann ich den Wagen hier abstellen?
Posso deixar o carro aqui? ['pɔsu dei'ʃar‿u 'kaʀu ɐ'ki]

Ist der Parkplatz bewacht?
O parque é vigiado? [u 'park‿ɛ viʒj'adu]

Wie hoch ist die Parkgebühr pro Stunde?
Qual é o preço do estacionamento por hora?
[kwal‿ɛ u 'presu do ʃtɐsjunɐ'mẽntu pur 'ɔrɐ]

Ist das Parkhaus die ganze Nacht geöffnet?
O parque está aberto toda a noite?
[u 'parkə ʃta ɐ'bɛrtu 'tod‿a 'noitə]

EINE PANNE

Ich habe eine Panne.
Tenho uma avaria. ['teɲ‿um‿avɐ'riɐ]

Ich habe einen Platten.
Tenho um furo. ['teɲ‿ũ 'furu]

Ich habe kein Benzin mehr.
A minha gasolina acabou-se. [ɐ 'miɲɐ gɐzu'linɐ ɐkɐ'bosə]

Die Batterie ist leer.
A bateria está descarregada. [ɐ bɐtə'riɐ ʃta dəzkɐʀə'gadɐ]

Können Sie mir Starthilfe geben?
Podia ajudar-me com o seu cabo de bateria?
[pu'diɐ ɐʒu'darmə kõ u seu 'kabu də bɐtə'riɐ]

Gibt es hier in der Nähe eine Werkstatt?
Há alguma oficina aqui perto?
[a al'gum͜ ofə'sin͜ a'ki 'pɛrtu]

Abschleppdienst	serviço de reboque [sər'visu də ʀə'bɔkə]
abschleppen	rebocar [ʀəbu'kar]
Abschleppseil	cabo de reboque ['kabu də ʀə'bɔkə]
Abschleppwagen	carro de reboque ['kaʀu də ʀə'bɔkə]
Benzinkanister	o bidão ((*Bras*) a lata) de gasolina [u bi'dɐ̃ũ (a 'latɐ) də gɐzu'linɐ]
Erdgas-/ Elektrotankstelle	posto de abastecimento de gás natural/ de energia elétrica ['poʃtu d͜ ɐbɐʃtəsi 'mẽntu də gaʃ nɐtu'ral/d͜ inər'ʒiɐ i'lɛtrikɐ]
Ersatzrad	roda sobresselente ['ʀɔdɐ sobrəsə'lẽntə]
Flickzeug	caixa de remendos ['kaiʃɐ də ʀə'mẽnduʃ]
Luftpumpe	bomba de ar ['bõmbɐ d͜ ar]
Notrufsäule	o telefone de socorro [u tələ'fɔnə də su'koru]
Panne	avaria [ɐvɐ'riɐ]
Pannendienst	serviço de assistência [sər'visu d͜ ɐsiʃ'tẽsja]
Platten	furo ['furu]
Starthilfekabel	cabo de ligação ['kabu də ligɐ'sɐ̃ũ]
Wagenheber	macaco [mɐ'kaku]
Warnblinkanlage	o sinal de pisca-pisca de emergência [u si'nal də 'piʃkɐ 'piʃkɐ d͜ imər'ʒẽsjɐ]
Warndreieck	triângulo [tri'ɐ̃ŋgulu]
Werkzeug	ferramenta [fəʀɐ'mẽntɐ]

IN DER WERKSTATT

Was wird es ungefähr kosten?
Quanto irá custar mais ou menos?
['kwɐñtw͜i'ra kuʃ'tar maiz͜o 'menuʃ]

Abblendlicht	os médios [uʒ 'mɛdjuʃ]
Alarmanlage	dispositivo de alarme [dəʃpuzi'tivu d͜ɐ'larmə]
Anlasser	o motor de arranque [u mu'tor d͜ɐ'ʀɐñkə]
Auspuff	o escape [u 'ʃkapə]
Automatik(getriebe)	caixa de velocidades automática ['kaiʃɐ də vəlusi'dadəz͜autu'matikɐ]
Benzinpumpe	bomba para gasolina ['bõmbɐ 'pɐrɐ gɐzu'linɐ]
Blinklicht	o pisca-pisca [u 'piʃkɐ 'piʃkɐ]
Bremse	o travão [u trɐ'vɐ̃ũ]; *(Bras)* freio ['freju]
Bremsflüssigkeit	líquido dos travões (*(Bras)* dos freios) ['likidu duʃ trɐ'võiʃ (dus 'frejus)]
Bremslichter	as luzes dos travões (*(Bras)* dos freios) [ɐʒ 'luzəʒ duʃ trɐ'võiʃ (dus 'frejus)]
Defekt	falha ['faʎɐ]
Fernlicht	os máximos [uʒ 'masimuʃ]
Frostschutzmittel	líquido anticongelante ['likidu ɐñtikõnʒə'lɐ̃ntə]
Gang (Auto)	a velocidade [ɐ vəlusi'dadə]
– erster Gang	primeira (velocidade) [pri'meirɐ (vəlusi'dadə)]
– Leerlauf	ponto morto ['põntu 'mortu]
– Rückwärtsgang	marcha-atrás ['marʃ͜a'traʃ]; *(Bras)* marcha à ré ['marʃ͜a ʀɛ]
Gaspedal	o acelerador [u ɐsələrɐ'dor]

Getriebe	caixa de velocidades ['kaiʃɐ də vəlusi'dadəʃ]
Handbremse	o travão ((*Bras*) freio) de mão [u trɐ'vɐ̃u ('freju) də mɐ̃u]
Hupe	buzina [bu'zinɐ]
Kofferraum	mala do carro ['malɐ du 'kaʀu]
Kühler	o radiador [u ʀɐdjɐ'dor]
Kühlwasser	água de refrigeração ['agwɐ də ʀəfriʒərɐ'sɐ̃u]
Kupplung	a embraiagem [ɐ ẽmbrɐ'jaʒɐ̃i]
Lichtmaschine	o alternador [altərnɐ'dor]; dínamo ['dinɐmu]
Luftfilter	filtro de ar ['filtru d‿ ar]
Motor	o motor [u mu'tor]
Öl	óleo ['ɔlju]
Ölwechsel	mudança de óleo [mu'dɐ̃sɐ d‿'ɔlju]
Rad	roda ['ʀɔdɐ]
Reifen	o pneu [u pneu]
Rücklicht	as luzes traseiras [ɐʒ 'luzəʃ trɐ'zeirɐʃ]
Schaden	dano ['dɐnu]
Scheibenwischer	o limpa-para-brisas [u 'lĩ mpɐ 'parɐ 'brizɐʃ]
Scheinwerfer	o farol [u fɐ'rɔl]
Sicherheitsgurt	cinto de segurança ['sɪ ñtu də səgu'rɐ̃sɐ]
Stoßstange	o para-choques [u 'parɐ 'ʃɔkəʃ]
Tachometer	o conta-quilómetros [u 'kõntɐ ki'lɔmətruʃ]
Tank	depósito [də'pɔzitu]
Verbandskasten	mala de primeiros socorros ['malɐ də pri'meiruʃ su'kɔʀuʃ]
Warndreieck	triângulo [tri'ɐñgulu]
Werkstatt	oficina [ofə'sinɐ]
Winterreifen	o pneu de inverno [u pneu d‿ĩ 'vɛrnu]
Zündkerze	vela ['vɛlɐ]
Zündung	a ignição [ɐ igni'sɐ̃u]

VERKEHRSUNFALL

Ein Unfall ist passiert!
Houve um acidente!
[ˈov‿ũ ɐsiˈdẽntə]

Rufen Sie bitte schnell …
Faz favor, chame depressa …
[faʃ fɐˈvor ˈʃɐmə dəˈprɛsɐ]

- *einen Krankenwagen!*
  uma ambulância! [um‿ẽmbuˈlɐ̃sjɐ]
- *die Polizei!*
  a polícia! [ɐ puˈlisjɐ]
- *die Feuerwehr!*
  os bombeiros! [uʒ bõmˈbeiruʃ]

Haben Sie Verbandszeug?
Tem mala de primeiros socorros?
[tɐ̃ĩ ˈmalɐ də priˈmeiruʃ suˈkɔʀuʃ]

Sie haben …
O senhor/A senhora …
[u səˈɲor/ɐ səˈɲorɐ]

- *die Vorfahrt nicht beachtet.*
  não respeitou a prioridade.
  [nɐ̃ũ ʀəʃpeiˈto ɐ prjuriˈdadə]
- *nicht geblinkt.*
  não fez sinal com o pisca-pisca.
  [nɐ̃ũ feʃ siˈnal kõ u ˈpiʃkɐ ˈpiʃkɐ]

Sie sind …
O senhor/A senhora …
[u səˈɲor/ɐ səˈɲorɐ]

- *zu schnell gefahren.*
  ia depressa de mais. [ˈiɐ dəˈprɛsɐ də maiʃ]
- *bei Rot über die Kreuzung gefahren.*
  passou com o vermelho. [pɐˈso kõ u vərˈmeʎu]

Geben Sie mir bitte Ihren Namen und Ihre Anschrift.
Pode-me dizer o seu nome e o seu endereço, faz favor?
[ˈpɔdəmə diˈzer‿u seu ˈnom‿i u seu ẽndəˈresu faʃ fɐˈvor]

AUTO-, MOTORRAD- UND FAHRRADVERMIETUNG

Ich möchte für zwei Tage/eine Woche ... mieten.
Queria alugar por dois dias/uma semana ...
[kə'ri‿ɐlu'gar pur doiʒ diɐʃ/umɐ sə'menɐ]

- *einen (Gelände-) Wagen*
  um carro (todo-o-terreno). [ũ 'kaʀu ('todu tə'ʀenu)]
- *ein Motorrad*
  uma mota. ['umɐ 'mɔtɐ]
- *einen Motorroller*
  uma lambreta/vespa. ['umɐ lẽm'bretɐ/'veʃpɐ]
- *ein Mofa*
  um velomotor. [ũ vɛlɔmu'tor]
- *ein Fahrrad*
  uma bicicleta. ['umɐ bəsi'klɛtɐ]

Bitte mit ...
Por favor com ... [pur fɐ'vor kõ]

- *Automatik.*
  transmissão automática. [trãnʃmi'sɐ̃u autu'matikɐ]
- *Klimaanlage.*
  ar condicionado. [ar kõndisju'nadu]
- *Navigationsgerät.*
  GPS. [ʒepe'ɛsə]

Wie viel kostet es pro Tag/Woche?
Quanto custa por dia/por semana?
['kwɐñtu 'kuʃtɐ pur 'diɐ/pur sə'menɐ]

Wie viel verlangen Sie pro gefahrenen Kilometer?
Quanto se paga por quilómetro?
['kwɐñtu sə 'pagɐ pur ki'lɔmətru]

Ist das Fahrzeug vollkaskoversichert?
O veículo tem seguro contra todos os riscos?
[u ve'ikulu tɐĩ sə'guru 'kõntrɐ 'toduz‿uʒ 'ʀiʃkuʃ]

Haben Sie eine Straßenkarte?
Tem um mapa das estradas? [tẽi ũ 'mapɐ dɐʃ‿ʃ'tradɐʃ]

Ich möchte auch einen Schutzhelm leihen.
Também queria alugar um capacete.
[tẽm'bɐĩ kərie ɐlu'gar ũ kɐpɐ'setə]

Verleihen Sie Kinderautositze?
Aluga assentos de automóvel para criança?
[ɐ'lug‿a'sẽntuʒ d‿autu'mɔvɛl 'pɐrɐ krj'ɐ̃sɐ]

Führerschein	carta ((*Bras*) carteira) de condução ['kartɐ (kar'terɐ) də kõndu'sɐũ]
Handbike	a handbike (*f*) [hɐndbaɪk]
Handgas	o acelerador manual [u ɐsələrɐ'dor mɐnu'al]
hinterlegen	depositar [dəpuzi'tar]
Kaution	a caução [ɐ kau'sɐũ]
Kindersitz	assento para criança [ɐ'sẽntu 'pɐrɐ krj'ɐ̃sɐ]
Navigationssystem	o GPS [u ʒepe'ɛsə]
Papiere	os documentos [uʒ duku'mẽntuʃ]
Schiebedach	teto de abrir ['tɛtu d‿ɐ'brir]
Sturzhelm	o capacete [u kɐpɐ'setə]
Teilkasko	seguro contra terceiros, roubo e incêndio [sə'guru 'kõntrɐ tər'seiruʒ 'ʀob‿i ɪ̃'sẽndju]
grüne Versicherungskarte	carta verde ['kartɐ 'verdə]
Vollkasko	seguro contra todos os riscos [sə'guru 'kõntrɐ 'toduz‿uʒ 'ʀiʃkuʃ]
Wochenendpauschale	tarifa de fim de semana [tɐ'rifɐ də fɪ̃m də sə'mɐnɐ]
Zündschlüssel	a chave de ignição [ɐ 'ʃavə d‿igni'sɐũ]

Mit dem Flugzeug

EINEN FLUG BUCHEN

Ich möchte einen einfachen Flug nach ...
Quero uma passagem simples de avião para ...
[ˈkɛr‿ˈumɐ pɐˈsaʒɐ̃ĩ ˈsɪ̃mpləʒ d‿ɐviˈɐ̃ũ ˈpɐrɐ]

Ich möchte einen Hin- und Rückflug nach ... buchen.
Quero marcar uma passagem de ida e volta para ...
[ˈkɛru mɐrˈkar ˈumɐ pɐˈsaʒɐ̃ĩ d‿ˈidɐ i ˈvɔltɐ ˈpɐrɐ]

Was kostet bitte der Flug Touristenklasse/1. Klasse?
Quanto custa a passagem de avião em classe turística/ em primeira classe? [ˈkwɐ̃ntu ˈkuʃt‿a pɐˈsaʒɐ̃ĩ d‿ɐviˈɐ̃ũ ɐ̃ĩ ˈklasə tuˈriʃtikɐ/ɐ̃ĩ priˈmeirɐ ˈklasə]

Ich möchte bitte ...
Faz favor, queria ... [faʃ fɐˈvor kəˈriɐ]

- *einen Fensterplatz.*
  um lugar à janela. [ũ luˈgar‿a ʒɐˈnɛlɐ]
- *einen Platz am Gang.*
  um lugar junto ao corredor. [ũ luˈgar ʒũnt‿ˈau kuʀəˈdor]

Ich möchte diesen Flug stornieren.
Queria cancelar este voo. [kəˈriɐ kɐ̃səˈlar‿ˈeʃtə ˈvou]

Ich möchte diesen Flug umbuchen.
Queria mudar este voo. [kəˈriɐ muˈdar ˈeʃtə ˈvou]

AM FLUGHAFEN

Wo ist bitte ...
Faz favor, onde é ... [faʃ fɐˈvor õnd‿ɛ]

- *... der Schalter der ...-Fluggesellschaft?*
  ... o balcão da ...? [u balˈkɐ̃ũ dɐ]
- *... Halle/Terminal ...?*
  ... sala de embarque/o terminal...?
  [ˈsalɐ d‿ẽmˈbarkə/u tərmiˈnal]

– … der Check-in-Automat?
… a máquina automática para fazer o check-in?
[ɐ ˈmakin‿autuˈmatikɐ ˈpɐrɐ fɐˈzer u ʃɛˈkin]

Ich habe einen Laptop im Handgepäck.
Tenho um portátil na bagagem de mão.
[ˈteɲ‿ũ purˈtatil nɐ bɐˈgaʒɐ̃i də mɐ̃u]

Kann ich einen eigenen (faltbaren) Rollstuhl/ einen Buggy im Flugzeug mitnehmen?
Posso levar no avião a minha cadeira de rodas (desdobrável)/um carrinho de criança? [ˈpɔsu ləˈvar nu ɐviˈɐ̃u ɐ ˈmiɲɐ kɐˈdeirɐ də ˈrɔdɐʒ (dəʒduˈbravɛl)/ um kɐˈʀiɲu də krjˈɐ̃sɐ]

Wird ein Rollstuhl am Abflug-/Zielflughafen bereitgestellt?
Há cadeiras de rodas à disposição no aeroporto de partida/chegada? [a kɐˈdeirɐʒ də ˈrɔdɐz‿a diʃpuziˈsɐ̃u nu ɐɛrɔˈportu də pɐrˈtidɐ/ʃəˈgadɐ]

Wann landet die Maschine aus …?
Quando aterra o avião de …? [ˈqwɐ̃ndu ɐˈtɛʀɐ u ɐviˈɐ̃u də]

AN BORD

Könnten Sie mir bitte ein Glas Wasser bringen?
Pode-me trazer um copo de água, faz favor?
[ˈpɔdəmə trɐˈzer‿ũm ˈkɔpu d‿ˈagwɐ faʃ fɐˈvor]

Könnte ich bitte noch ein Kissen/eine Decke haben?
Pode-me trazer mais uma almofada/mais uma manta, faz favor? [ˈpɔdəmə trɐˈzer maiz‿um‿almuˈfadɐ/maiz‿umɐ ˈmɐ̃ntɐ faʃ fɐˈvor]

Würde es Ihnen etwas ausmachen, mit mir den Platz zu tauschen?
Importava-se de trocar de lugar comigo?
[ĩmpurˈtavɐsə də truˈkar də luˈgar kuˈmigu]

ANKUNFT

Mein Gepäck ist verloren gegangen.
A minha bagagem perdeu-se.
[ɐ ˈmiɲɐ bɐˈgaʒɐĩ pərˈdeusə]

Mein Koffer ist beschädigt worden.
A minha mala está estragada.
[ɐ ˈmiɲɐ ˈmalɐ ʃta ʃtrɐˈgadɐ]

Wo fährt der Bus in Richtung ... ab?
Donde parte o autocarro (*(Bras)* ônibus) na direção de ...?
[ˈdõndə ˈpart‿u autɔˈkaʀu (ˈonibus) nɐ dirɛˈsɐ̃ũ də]

Abflug partida [pɐrˈtidɐ]
Ankunft chegada [ʃəˈgadɐ]
Ankunftszeit hora de chegada [ˈɔrɐ də ʃəˈgadɐ]
Anschluss a ligação [ɐ ligɐˈsɐ̃ũ]; *(Bras)* a conexão [a konɛˈksɐ̃ũ]
Auslandsflug voo internacional [ˈvou ɪ ñtərnɐsjuˈnal]
Bordkarte o cartão de embarque [u kɐrˈtɐ̃ũ d‿ẽmˈbarkə]
einchecken fazer o check-in [fɐˈzer‿u ʃɛˈkin]
elektronisches Ticket o bilhete eletrónico [u bəˈʎet‿ilɛˈtrɔniku]
Flug voo [ˈvou]
Flugbegleiter/in comissário/hospedeira de bordo [kumiˈsarju/oʃpəˈdeirɐ də ˈbɔrdu]
Flughafen aeroporto [ɐɛroˈportu]
Flugsteig, Gate porta de embarque [ˈpɔrtɐ d‿ẽmˈbarkə]
Gepäck a bagagem [ɐ bɐˈgaʒɐĩ]
Gepäckausgabeband o tapete de entrega de bagagens [u tɐˈpetə d‿ẽnˈtrɛgɐ də bɐˈgaʒɐĩʃ]

Gepäckausgabe	entrega da bagagem [ẽn'trɛgɐ dɐ bɐ'gaʒɐĩ]
Gepäckwagen	carro de bagagem ['kaʀu də bɐ'gaʒɐĩ]
Inlandsflug	voo doméstico ['vou du'mɛʃtiku]
Internetbuchung	reserva por Internet [ʀə'sɛrvɐ pur ĩntɐr'nɛtə]
Landung	a aterragem [a‿tə'ʀaʒɐĩ]; *(Bras)* a aterrissagem [a‿ateʀi'saʒɐĩ]
Notausgang	saída de emergência [sɐ'idɐ d‿imər'ʒẽsjɐ]
Notlandung	a aterragem (*(Bras)* aterrissagem) forçada [a‿tə'ʀaʒɐĩ (ateʀi'saʒɐĩ) fur'sadɐ]
Notrutsche	manga de evacuação ['mẽgɐ d‿ivɐkwɐ'sɐ̃w̃]
Passagier	passageiro [pɐsɐ'ʒeiru]
Pilot	piloto [pi'lotu]
Schwimmweste	o colete de salvação [u ku'letə də salvɐ'sɐũ]
Sicherheitsgebühr	taxa de segurança ['taʃɐ də səgu'rẽsɐ]
Sicherheitskontrolle	o controle de segurança [u kõn'trɔlə də səgu'rẽsɐ]
Spucktüte	saco de enjoo ['saku d(ə) ẽ'ʒou]
stornieren	cancelar [kẽsə'lar]
Terminal	o terminal [u tərmi'nal]
Übergepäck	excesso de peso [ʃ'sɛsu də 'pezu]
umbuchen	mudar o voo [mu'dar‿u 'vou]
Verspätung	atraso [ɐ'trazu]
zollfreier Laden	loja franca ['lɔʒɐ 'frẽŋkɐ]; duty-free shop ['djuti fri ʃɔp]
Zwischenlandung	escala ['ʃkalɐ]

UNTERWEGS

MIT DEM FLUGZEUG

Auf Schienen

IM BAHNHOF

Wo kann ich eine Fahrkarte kaufen?
Onde posso comprar um bilhete?
[ˈõnde ˈpɔsu kõmˈprar ũ bəˈʎetə]

Ich möchte diesen Koffer als Reisegepäck aufgeben.
Queria despachar esta mala com o bilhete.
[kəˈriɐ dəʃpɐˈʃar‿ˈɛʃtɐ ˈmalɐ kõ u bəˈʎetə]

Wo kann ich mein Fahrrad aufgeben?
Onde posso despachar a minha bicicleta?
[ˈõndə ˈposu dəʃpɐˈʃar‿ɐ ˈmiɲɐ bəsiˈklɛtɐ]

Entschuldigen Sie bitte, von welchem Gleis fährt der Zug nach ... ab?
Desculpe, de que linha parte o comboio (*(Bras)* trem) para ...?
[dəʃˈkulpə də kə ˈliɲɐ ˈpart‿u kõmˈbɔju (trɐĩ) ˈpɐrɐ]

FAHRKARTEN KAUFEN

Zwei Karten nach ..., einfach bitte.
Dois bilhetes de ida para ..., faz favor.
[doiʒ bəˈʎetəʒ d‿ˈidɐ ˈpɐrɐ ... faʃ fɐˈvor]

2. Klasse/1. Klasse
Segunda classe/Primeira classe
[səˈgũndɐ ˈklasə/priˈmeirɐ ˈklasə]

Nichtraucher/Raucher
Não-fumador/Fumador [nɐũ fumɐˈdor/fumɐˈdor]

Bitte eine Rückfahrkarte nach ...
Um bilhete de ida e volta para ..., faz favor.
[ũ bəˈʎetə d‿ˈidɐ i ˈvɔltɐ ˈpɐrɐ ... faʃ fɐˈvor]

Gibt es eine Ermäßigung für Kinder/Studenten/Senioren?
Há redução para crianças/estudantes/a terceira idade?
[a ʀəduˈsɐũ ˈpɐrɐ krjˈɐ̃sɐʃ/ʃtuˈdɐñtəʃ/‿a tərˈseir‿iˈdadə]

IM ZUG

Ist dieser Platz noch frei?
Desculpe, este lugar está livre?
[dəʃ'kulpə 'eʃtə lu'gar ʃta 'livrə]

Entschuldigen Sie, ich glaube, das ist mein Platz.
Desculpe, parece-me que esse é o meu lugar.
[dəʃ'kulpə pɐ'rɛsəmə kə es‿ɛ u meu lu'gar]

Könnte mir jemand beim Umsteigen behilflich sein?
Alguém me poderia ajudar a mudar de transporte?
[al'gɐĩ mə pudə'ri‿aʒu'dar ɐ mu'dar də trɐ̃ʃ'pɔrtə]

Abfahrt partida [pɐr'tidɐ]
Abteil compartimento [kõmpɐrti'mẽntu]
Ankunft chegada [ʃə'gadɐ]
Aufenthalt a paragem [ɐ pɐ'raʒɐĩ]
Ausdruck a impressão [ɐ ĩmprə'sɐ̃u]
aussteigen descer [dəʃ'ser]
Autoreisezug comboio ((*Bras*) o trem) para transporte de automóveis [kõm'bɔju (u trɐĩ) 'pɐrɐ trɐ̃ʃ'pɔrtə d‿autu'mɔveiʃ]
Bahnhof a estação [ɐ ʃtɐ'sɐ̃u]
Begleitperson pessoa acompanhante [pə'soɐ ɐkõmpɐ'ɲɐ̃ntə]
Bistrowagen o bar [u bar]
einsteigen subir [su'bir]
entwerten obliterar [oblitə'rar]
Ermäßigung a redução [ɐ ʀədu'sɐ̃u]
Fahrkarte o bilhete [u bə'ʎetə]
Fahrkartenkontrolle o controle dos bilhetes [u kõn'trɔlə duʒ bə'ʎetəʃ]
Fahrkartenschalter bilheteira [bəʎə'teirɐ]; (*Bras*) bilheteria [biʎete'riɐ]
Fahrplan horário [o'rarju]
Fahrpreis preço do bilhete ['presu du bə'ʎetə]

Fensterplatz	o lugar à janela [u lu'gar‿a ʒɐ'nɛlɐ]
Gepäck	a bagagem [ɐ bɐ'gaʒɐĩ]
Gepäckschalter	o balcão da bagagem [u bal'kɐũ dɐ bɐ'gaʒɐĩ]
Gleis	linha ['liɲɐ]
Großraumwagen	a carruagem de salão [ɐ kɐʀu'aʒɐĩ də sɐ'lɐũ]
Hauptbahnhof	a estação central [ɐ ʃtɐ'sɐũ sẽn'tral]
Kinderfahrkarte	o meio-bilhete [u 'meju bə'ʎetə]
Liegewagenplatz	o lugar de couchette [u lu'gar də ku'ʃɛtə]
Nichtraucherabteil	compartimento para não-fumadores [kõmpɐrti'mẽntu 'pɐrɐ nɐũ fumɐ'dorəʃ]
Pendolino	o Alfa Pendular [u 'alfɐ pẽndu'lar]
Platzreservierung	reserva de lugar [ʀə'zɛrvɐ də lu'gar]
Reservierung	reserva [ʀə'zɛrvɐ]
Rollstuhlfahrer/in	pessoa em cadeira de rodas [pə'soɐ ɐĩ kɐ'deirɐ də 'rɔdɐʃ]
Rückfahrkarte	o bilhete de ida e volta [u bə'ʎetə d‿'idɐ i 'vɔltɐ]
Schaffner/in	o revisor/a revisora [u ʀəvi'zor/ɐ ʀəvi'zorɐ]
Schwerbehinderte	o/a deficiente [u/ɐ dəfəsi'ẽntə]
Speisewagen	o vagão-restaurante [u va'gɐũ ʀəʃtau'rɐ̃ntə]
Wartesaal	sala de espera ['salɐ də‿ʃ'pɛrɐ]
Werktag	o dia útil [u 'diɐ 'util]
Zug	comboio [kõm'bɔju]; *(Bras)* o trem [u trɐĩ]

HINWEISE UND INFORMATIONEN

Acesso às gares	Zu den Bahnsteigen
Água não potável	Kein Trinkwasser
Bebidas	Erfrischungen/Getränke
Chegada	Ankunft
Couchette	Liegewagen
Fumadores	Raucher
Gare/Linha	Bahnsteig/Gleis
Homens	Herrentoilette
Horário	Fahrplan
Informações	Auskunft/Service-Point
Lavabos	Waschraum
Livre	frei
Não-fumadores	Nichtraucher
Ocupado	besetzt
Saída	Ausgang
Sala de espera	Wartesaal
Senhoras	Damentoilette
de emergência	Notbremse
Vagão-cama	Schlafwagen
Vagão-restaurante	Speisewagen
WC	Toilette

Auf dem Wasser

EINE SCHIFFSFAHRT BUCHEN

Könnten Sie mir bitte sagen, wann das nächste Schiff/ die nächste Fähre nach ... abfährt?
Quando parte o próximo navio/o próximo ferryboat (*(Bras)* a próxima barca) para ...?
['kwɐñdu 'part‿u 'prɔsimu nɐ'viu/ u 'prɔsimu 'fɛʀi bot (a 'prɔsimɐ 'barkɐ) 'perɐ]

Ich möchte bitte ...
Faz favor, queria ... [faʃ fɐˈvor kəˈriɐ]

- *eine Schiffskarte nach ...*
  uma passagem para ... [ˈumɐ pɐˈsaʒɐĩ ˈpɐrɐ]
- *1. Klasse*
  primeira classe [priˈmeirɐ ˈklasə]
- *Touristenklasse*
  classe turística [ˈklasə tuˈriʃtikɐ]
- *eine Einzelkabine*
  um camarote individual [ũm kɐmɐˈrɔtə ɪ ñdəviˈdwal]
- *eine Zweibettkabine*
  um camarote duplo [ũm kɐmɐˈrɔtə ˈduplu]

Ich möchte eine Karte für die Rundfahrt um ... Uhr.
Queria um bilhete para a excursão das ... (horas).
[kəˈriɐ ũm bəˈʎetə ˈpɐr‿a ʃkurˈsɐũ dɐʃ ... (ˈɔrɐʃ)]

AN BORD

Ich suche Kabine Nr. ...
Procuro o camarote número ...
[proˈkur‿u kɐmɐˈrɔtə ˈnuməru]

Wo ist bitte der Speisesaal/der Aufenthaltsraum?
Faz favor, onde é a sala de jantar/o salão?
[faʃ fɐˈvor õnd‿ɛ ɐ ˈsalɐ də ʒɐñˈtar/u sɐˈlɐũ]

Könnten Sie bitte den Schiffsarzt rufen?
Podia chamar o médico de bordo?
[puˈdiɐ ʃɐˈmar‿u ˈmɛdiku də ˈbɔrdu]

anlegen in	atracar em [ɐtrɐˈkar‿ɐĩ]
Anlegestelle	o cais de embarque [u kaiʒ d‿ẽmbarkə]
Buchung	reserva [ʀəˈzɛrvɐ]
Dampfer	o vapor [u vɐˈpor]
Deck	o convés [u kõˈvɛʃ]
Fähre	o ferryboat [u ˈfɛʀi bot]; *(in Lissabon)* cacilheiro [kɐsiˈʎeiru]
Fahrkarte	o bilhete [u bəˈʎetə]

Festland	terra firme/o continente ['tɛʀɐ 'firmə/u kõnti'nẽntə]
Hafen	porto ['portu]
Kabine	o camarote [u kɐmɐ'rɔtə]
Kai	o cais [u 'kaiʃ]
Kapitän	o comandante [u kumɐ̃'dɐ̃ntə]
Klimaanlage	o ar condicionado [u ar kõndəsju'nadu]
Kreuzfahrt	cruzeiro [kru'zeiru]
Küste	costa ['kɔʃtɐ]
Landausflug	a excursão a terra [ɐ ʃkur'sɐ̃ũ ɐ 'tɛʀɐ]
Luftkissenboot	o hovercraft [u ovər'kraft]
Rettungsboot	barco salva-vidas ['barku 'salvɐ 'vidɐʃ]
Rettungsring	boia salva-vidas ['bɔjɐ 'salvɐ 'vidɐʃ]
Rundfahrt	volta ['vɔltɐ]; a excursão [ɐ ʃkur'sɐ̃ũ]
Schwimmweste	o colete de salvação [u ku'letə də salvɐ'sɐ̃ũ]
Seegang	a ondulação [ɐ õndulɐ'sɐ̃ũ]
seekrank sein	estar enjoado [ʃtar ẽ'ʒwadu]
Tragflügelboot	o hidrofoil [u idrɔ'fɔil]

Mit Bus und Bahn

Bitte, wo ist die nächste ...
Faz favor, onde é a ... mais próxima?
[faʃ fɐ'vor õnd‿ɛ ɐ ... maiʃ 'prɔsimɐ]

- *Bushaltestelle?*
  paragem do autocarro (*(Bras)* parada do ônibus)
  [pɐ'raʒɐ̃ĩ du auto'kaʀu (pa'radɐ du 'onibus)]
- *Straßenbahnhaltestelle?*
  paragem do elétrico (*(Bras)* parada do bonde)
  [pɐ'raʒɐ̃ĩ du i'lɛtriku (pa'radɐ du 'bõndi)]
- *U-Bahnstation?*
  estação do metro (*(Bras)* metrô)
  [ʃtɐ'sɐ̃ũ du 'mɛtru (me'tro)]

Welche Linie fährt nach ...?
Qual é a linha que vai para ...? [kwal‿ɛ ɐ 'liɲɐ kə vai 'pɐrɐ]

Entschuldigen Sie, ist das der Bus nach ...?
Desculpe, é este o autocarro ((*Bras*) ônibus) para ...?
[dəʃ'kulpə ɛ 'eʃt‿u auto'kaʀu ('onibus) 'pɐrɐ]

Könnten Sie mir bitte Bescheid geben, wenn ich aussteigen muss?
Pode-me avisar quando eu tiver de descer?
['pɔdə m‿ɐvi'zar 'kwɐñdu eu ti'vɛr də dəʃ'ser]

Gibt es ...
Há ... [a]

- ***Tageskarten?***
  bilhetes diários? [bə'ʎetəʒ di'arjuʃ]
- ***Wochenkarten?***
  passes semanais? ['pasəʃ səmɐ'naiʃ]
- ***Touristentickets?***
  passes turísticos? ['pasəʃ tu'riʃtikuʃ]

Bitte, einen Fahrschein nach ...
Um bilhete para ..., faz favor.
[ũm bə'ʎetə 'pɐrɐ ... faʃ fɐ'vor]

Der Fahrkartenautomat ist defekt.
A máquina automática de bilhetes está avariada.
[ɐ 'makinɐ autu'matikɐ də bə'ʎetəʃ ʃta ɐvɐ'rjadɐ]

Abfahrt .... partida [pɐr'tidɐ]
Bus .... autocarro ((*Bras*) o ônibus) [auto'kaʀu (u 'onibus)]
Busbahnhof .... a estação rodoviária [ɐ ʃtɐ'sɐ̃ũ ʀɔdɔ'vjarjɐ]
einsteigen .... subir [su'bir]
Endstation .... término ['tɛrminu]
Fahrkartenautomat .... máquina automática de bilhetes ['makinɐ autu'matikɐ də bə'ʎetəʃ]
Fahrplan .... horário [o'rarju]
Fahrpreis .... preço do bilhete ['presu du bə'ʎetə]

AUF EINEN WINK

Es ist in Portugal üblich, an den Bus- oder Straßenbahnhaltestellen Schlange zu stehen. Die Warteschlange ist indirekt auch eine Art Fahrplan: Ist sie sehr lang, so wird der Bus/die Straßenbahn bald kommen.

Bus oder Straßenbahn halten nicht automatisch an allen Haltestellen, auch wenn dort Leute stehen. Man muss schon den Arm herausstreken, und zwar so, dass der Fahrer das Zeichen von Weitem sieht. Dies liegt daran, dass an einer Haltestelle meistens mehrere Linien halten. Erst das Handzeichen sagt dem Fahrer, dass jemand mitfahren möchte. In Portugal stellt man sich auch an der Schlange und sie wird respektiert. Das Vordrängeln wird nicht gern gesehen.

Fahrschein o bilhete [u bəˈʎetə]
Fahrscheinentwerter o obliterador de bilhetes [u oblitəɾɐˈdor də bəˈʎetəʃ]
Haltestelle a paragem [ɐ pɐˈraʒɐ̃ĩ]; *(Bras)* parada [paˈradɐ]
Kontrolleur o revisor [u ʀəviˈzor]
Nahverkehrszug comboio (*(Br)* o trem) suburbano [kõmˈbɔju (u trɐ̃ĩ) suburˈbɐnu]
Obus o trólei [u ˈtrɔlei]; *(Bras)* o trolebus [u trɔleˈbus]
Richtung a direção [ɐ dirɛˈsɐ̃ũ]
S-Bahn comboio (o trem) rápido suburbano [kõmˈbɔju (u trɐ̃ĩ) ˈʀapidu suburˈbɐnu]
Schaffner o condutor [u kõnduˈtor]; o revisor [u ʀəviˈzor]
Straßenbahn elétrico [iˈlɛtriku]; *(Bras)* o bonde [u ˈbõndi]
Tageskarte o bilhete diário [u bəˈʎetə diˈarju]
U-Bahn metropolitano [mətrupuliˈtɐnu]; metro [ˈmɛtru]; *(Bras)* o metrô [u meˈtro]
Überlandbus camioneta (*(Bras)* o ônibus interurbano) [kamjuˈnɛtɐ (u ˈonibus ɪ ĩtɛrurˈbɐnu)]

Mit dem Taxi

Hallo! Bitte ein Taxi an die Adresse ... für jetzt gleich/ für (morgen) ... Uhr.
Está? Faz favor um táxi para o endereço ... para já/ para (amanhã) às ... horas [ʃta faʃ fɐˈvor ũ ˈtaksi ˈper‿u ẽndəˈresu ˈpɐrɐ ʒa/ˈper‿amɐɲɐ̃ az‿... ˈɔrɐʃ]

Entschuldigen Sie bitte, wo ist denn der nächste Taxistand?
Desculpe, faz favor, onde é a praça de táxis mais próxima? [dəʃˈkulpə faʃ fɐˈvor ˈond‿ɛ ɐ ˈprasɐ də ˈtaksiʒ maiʃ ˈprɔsimɐ]

Bringen Sie mich bitte zu (dieser Adresse).
Leve-me por favor a (este endereço).
[ˈlɛvəmə pur fɐˈvor ɐ (ˈeʃt‿ẽndəˈresu)]

Zum Bahnhof, bitte.
Para a estação, faz favor. [ˈpɐra ʃtɐˈsɐ̃ũ faʃ fɐˈvor]

Zum ... Hotel, bitte.
Para o hotel ..., faz favor [ˈpɐrɐ u ɔˈtɛl ... faʃ fɐˈvor]

In die ...-Straße, bitte.
Rua ..., faz favor [ʀuɐ ... faʃ fɐˈvor]

Nach ..., bitte.
Para ..., faz favor. [ˈpɐrɐ ... faʃ fɐˈvor]

ANDERE LÄNDER, ANDERE SITTEN

Sie freuen sich, ein Taxi zu bekommen, und schon machen Sie die Tür des Beifahrers auf. Lassen Sie es lieber. Der Platz neben dem Taxifahrer bleibt nach Möglichkeit frei. Steigen Sie hinten ein, auch wenn es Ihnen komisch vorkommt.

Und bitte: Schlagen Sie beim Ein- und Aussteigen die Autotür nicht zu kräftig zu! Das haben die meisten Taxifahrer gar nicht gerne.

Wie viel kostet es nach ...?
Quanto terei de pagar para ir até ...?
[ˈkwɐntu təˈrei də pɐˈgar ˈpɐrɐ ir‿ɐˈtɛ]

Das ist für Sie.
Isto é para si ((*Bras*) para você).
[ˈiʃtu ɛ ˈpɐrɐ si (ˈparɐ vɔˈse)]

anhalten	parar [pɐˈrar]
anschnallen	pôr o cinto [por‿u ˈsɪ ñtu]
Hausnummer	número da porta [ˈnuməru dɐ ˈpɔrtɐ]
Kilometerpreis	preço por quilómetro [ˈpresu pur kiˈlɔmətru]
Pauschalpreis	preço total [ˈpresu tuˈtal]
Quittung	recibo [ʀəˈsibu]
Sicherheitsgurt	cinto de segurança [ˈsɪ ñtu də səguˈrɐ̃sɐ]
Taxifahrer/in	o/a taxista [u/ɐ taˈksiʃtɐ]
Taxistand	praça de táxis [ˈprasɐ də ˈtaksiʃ]
Trinkgeld	gorjeta [gurˈʒetɐ]

Sehenswürdigkeiten und Museen

ÖFFNUNGSZEITEN, FÜHRUNGEN, EINTRITTSKARTEN

Wie lange haben Sie geöffnet?
Até quando está aberto? [ɐˈtɛ ˈkwɐ̃ndu ʃta ɐˈbɛrtu]

Wann beginnt die nächste Führung?
A que horas começa a próxima visita guiada?
[ɐ ˈkjɔrɐʃ kuˈmɛs‿a ˈprɔsimɐ vəˈzitɐ ˈgjadɐ]

Gibt es auch eine Führung in Deutsch/Englisch?
Há também uma visita guiada em alemão/inglês?
[a tɐ̃mˈbɐ̃i ˈumɐ vəˈzitɐ ˈgjad‿ɐ̃i ɐləˈmɐ̃u/ĩˈgleʃ]

Darf man hier fotografieren?
Aqui podem-se tirar fotografias?
[ɐ'ki 'pɔdɐĩsə ti'rar futugrɐ'fiɐʃ]

Zwei Eintrittskarten, bitte!
Duas entradas, faz favor! ['duɐz‿ẽn'tradɐʃ faʃ fɐ'vor]

Zwei Erwachsene und ein Kind.
Dois adultos e uma criança. [doiz‿ɐ'dultuz‿i 'umɐ krj'ẽsɐ]

Ist die Ausstellung für Gehbehinderte über Aufzüge erreichbar?
A exposição é acessível a pessoas com dificuldade no andar por meio de elevadores? [ɐ ʃpuzi'sɐũ ɛ ɐsə'sivɛl ɐ pə'soɐʃ kõ dəfikul'dadə nu‿ɐñdar pur 'meju d‿ilevɐ'dorəʃ]

Gibt es Museumsführungen/Theateraufführungen für Taube/Blinde?
Há visitas do museu/representações de teatro para surdos/cegos? [a vi'zitɐʒ du mu'zeu/rəprəzẽntɐ'sõiʒ də 'tjatru 'pɐrɐ 'surduʒ/'sɛguʒ]

Theater, Kino, Konzert

Was läuft morgen Abend im Kino?
O que há amanhã à noite no cinema?
[u kja amɐ'ɲɐ̃ a 'noitə nu si'nemɐ]

Können Sie mir ein gutes Theaterstück empfehlen?
Pode-me aconselhar uma boa peça de teatro?
['pɔdəm‿ɐkõsə'ʎar‿'umɐ 'boɐ 'pɛsɐ də 'tjatru]

Wann beginnt die Vorstellung?
A que horas começa o espetáculo?
[ɐ 'kjɔrɐʃ ku'mɛsɐ u ʃpɛ'takulu]

Wo bekommt man Karten?
Onde se podem comprar os bilhetes?
['õndə sə 'pɔdɐĩ kõm'prar‿uʒ bə'ʎetəʃ]

Bitte zwei Karten für heute Abend.
Dois bilhetes para hoje à noite, faz favor.
[doiʒ bəˈʎetəʃ ˈpɐrɐ ˈoʒ‿a ˈnoitə faʃ fɐˈvor]

Bitte zwei Plätze zu ... Euro!
Dois bilhetes de ... euros, faz favor!
[doiʒ bəˈʎetəʃ də … ˈeuruʃ faʃ fɐˈvor]

Eintrittskarte	o bilhete [u bəˈʎetə]
Festival	o festival [u fəʃtiˈval]
Garderobe	vestiário [vəʃtiˈarju]
Kasse	bilheteira [bəʎəˈteirɐ]; *(Bras)* bilheteria [biʎeteˈriɐ]
Pause	intervalo [ĩtərˈvalu]
Programmheft	o programa [u pruˈgrɐmɐ]
Vorstellung	espetáculo [ʃpɛˈtakulu]; *(Theater)* a representação [ɐ ʀəprəzẽtɐˈsɐ̃ũ]; *(Kino)* a sessão [ɐ səˈsɐ̃ũ]
Vorverkauf	venda antecipada [ˈvẽnd‿ɐ̃təsiˈpadɐ]

THEATER

Akt	ato [ˈatu]
Aufführung	a representação [ɐ ʀəprəzẽtɐˈsɐ̃ũ]
Ballett	o ballet (*(Bras)* balé) [u baˈlɛ]; bailado [baiˈladu]
Bühne	palco [ˈpalku]
Drama	o drama [u ˈdrɐmɐ]
Freilufttheater	teatro ao ar livre [ˈtjatr‿ɐu ar ˈlivrə]
Induktionsschleife	o indutor magnético [u ĩnduˈtor mɐgˈnɛtiku]
Inszenierung	a encenação [ɐ ẽnsənɐˈsɐ̃ũ]
Kabarett	teatro de crítica humorística [ˈtjatro də ˈkritikɐ umuˈriʃtikɐ]; revista [ʀəˈviʃtɐ]
Kleinkunstbühne	teatro de revista [ˈtjatru də ʀəˈviʃtɐ]
Komödie	comédia [kuˈmɛdjɐ]

Kopfhörer	o auscultador [u auʃkultɐˈdor]
Loge	o camarote [u kɐmɐˈrɔtə]
Musical	o musical [u muziˈkal]
Oper	ópera [ˈɔpərɐ]
Operette	opereta [ɔpəˈretɐ]
Parkett	plateia [plɐˈtejɐ]
Premiere	estreia [ˈʃtrejɐ]
Schauspiel	peça de teatro [ˈpɛsɐ də ˈtjatru]
Schauspieler/in	o ator/a atriz [u aˈtor/ɐ aˈtriʃ]
Spielplan	o programa da temporada [u pruˈgrɐmɐ dɐ tẽmpuˈradɐ]
Tänzer/in	bailarino/bailarina [bailɐˈrinu/bailɐˈrinɐ]
Theater	teatro [ˈtjatru]
Theaterstück	peça de teatro [ˈpɛsɐ də ˈtjatru]
Tragödie	tragédia [trɐˈʒɛdjɐ]
Varietee	as variedades [ɐʒ vɐrjeˈdadəʃ]
Volksstück	peça popular [ˈpɛsɐ pupuˈlar]

KONZERT

afrikanische Musik	música africana [ˈmuzikɐ ɐfriˈkɐnɐ]
Blues	os blues [uʒ blus]
Chor	coro [ˈkoru]
Dirigent/in	o/a chefe de orquestra [u/ɐ ˈʃɛfə d‿orˈkɛʃtrə]
Fado (portugiesischer Volksgesang)	fado [ˈfadu]
Jazz	o jazz [u dʒɛz]
Klassik	música clássica [ˈmuzikɐ ˈklasikɐ]
Komponist/in	o compositor/a compositora [u kõmpuziˈtor/ɐ kõmpuziˈtorɐ]
Konzert	concerto [kõˈsertu]
Orchester	orquestra [ɔrˈkɛʃtrɐ]

Pop — o pop [u pɔp]
Rap — o rap [u ʀɛp]
Reggae — o reggae [u 'ʀege]
Rock — o rock [u ʀɔk]
Sänger/in — o cantor/a cantora [u kɐ̃'tor/ɐ kɐ̃'torɐ]
Solist/in — o/a solista [u/ɐ su'liʃtɐ]
Soul — o soul [u sol]
Techno — música techno ['muzikɐ 'tɛknu]
Volksmusik — música folclórica ['muzikɐ fɔl'klɔrikɐ]

KINO

Film — o filme [u 'filmə]
– Actionfilm — o filme de ação [u 'filmə d‿asɐ̃ũ]
– Drama — o drama [u 'drɐmɐ]
– Klassiker — clássico ['klasiku]
– Komödie — comédia [ku'mɛdjɐ]
– Sciencefictionfilm — o filme de ficção científica [u 'filmə də 'fiksɐ̃ũ sjẽn'tifikɐ]
– Thriller — o filme policial [u 'filmə pulisi'al]
– Western — o filme de cowboys [u 'filmə də kɔ'bɔiʃ]
– Zeichentrickfilm — os desenhos animados [uʒ də'seɲuz‿ɐni'maduʃ]
Filmschauspieler/in — o ator/a atriz de cinema [u a'tor/ɐ a'triʒ də si'nemɐ]
Hauptrolle — o papel principal [u pɐ'pɛl prĩsi'pal]
Kino — o cinema [u si'nemɐ]
Originalfassung — a versão original [ɐ vər'sɐ̃ũ oriʒi'nal]
Regie — a encenação [ɐ ẽsənɐ'sɐ̃ũ] direção artística [ɐ di'rɛsɐ̃ũ ɐr'tiʃtikɐ]
Untertitel — as legendas [ɐʒ lə'ʒẽndɐʃ]

Ausflugsziele

die **Botschaft**
embaixada
[ẽbai'ʃadɐ]

das **Einkaufsviertel**
bairro comercial
['baiʀu kumərsi'al]

die **Flussfahrt**
passeio no rio
[pɐ'seju nu 'ʀiu]

das **Museum**
museu
[mu'zeu]

der **Nationalpark**
parque nacional
['parkə nɐsju'nal]

die **Sehenswürdigkeiten**
atraçãoes turística
[ʒtra'sɐ̃ũ tu'riʃtiku]

der **See**
lago
['lagu]

der **Zoo**
jardim zoológico
[ʒɐr'dĩ zuu'lɔʒiku]

der **Stadtplan**
planta da cidade
['plɐ̃tɐ dɐ si'dadə]

die **Stadtrundfahrt**
circuito turístico
[sir'kuitu tu'riʃtiku]

die **Stadtbesichtigung**
visita à cidade
[və'zit‿a si'dadə]

die **Touristeninformation**
informação turística
[ĩfurmɐ'sɐ̃u tu'riʃtikɐ]

Restaurant in Lissabon mit Blick auf die Vasco-da-Gama-Brücke.

ESSEN UND TRINKEN

ESSEN UND TRINKEN

IM RESTAURANT

Essen gehen

Wo gibt es hier ...
Pode-me dizer, faz favor, onde há aqui ...
[ˈpɔdəmə diˈzer faʃ fɐˈvor ˈõnd‿a ɐˈki ...]

- *ein gutes Restaurant?*
  um bom restaurante? [ũ bõ ʀəʃtauˈrɐ̃ntə]
- *ein nicht zu teures Restaurant?*
  um restaurante não muito caro?
  [ũ ʀəʃtauˈrɐ̃ntə nɐ̃ũ ˈmũintu ˈkaru]
- *einen Schnellimbiss?*
  um snack-bar ((*Bras*) uma lanchonete)?
  [ũ snɛk bar (ˈuma lɐ̃ʃoˈnɛti)]

Wo kann man hier in der Nähe gut/preiswert essen?
Onde se pode comer bem/barato aqui perto?
[ˈõndə sə ˈpɔdə kuˈmer bɐ̃ĩ/bɐˈratu ɐˈki ˈpɛrtu]

Im Restaurant

Ist dieser Tisch noch frei?
Esta mesa está livre? [ˈɛʃtɐ ˈmezɐ ʃta ˈlivrə]

Einen Tisch für zwei/drei Personen, bitte.
Uma mesa para duas/três pessoas, faz favor.
[ˈumɐ ˈmezɐ ˈpɐrɐ ˈduɐʃ/treʃ pəˈsoɐʃ faʃ fɐˈvor]

STOCKFISCH ÜBER ALLES

Portugals Nationalgericht ist der *Stockfisch* (**bacalhau**). Er wird zwar nicht an portugiesischen Küsten gefangen, ist aber tief verwurzelt in der gastronomischen Tradition des Landes. Es gibt sehr viele, gute Stockfischgerichte. Probieren Sie in Lissabon **Bacalhau à Brás**, in Porto **Bacalhau à Zé do Pipo** und überall **Bacalhau Assado na Brasa**.

Wo sind bitte die Toiletten?
Onde é a casa de banho ((*Bras*) o banheiro), por favor?
['õnd‿ɛ ɐ 'kazɐ də 'bɐɲu (u ba'ɲeru) pur fɐ'vor]

Gibt es hier einen Wickelraum?
Há aqui um fraldário? [a ɐ'ki ũ fral'darju]

Haben Sie eine (Nicht-)Raucherzone?
Tem zona para (não-)fumadores?
[tẽi 'zonɐ 'pɐrɐ (nẽu)fumɐ'dorəʃ]

Bestellen

Ich möchte ...
Queria ... [kə'riɐ]

- *die Speisekarte, bitte!*
  a lista ((*Bras*) o cardápio)! [ɐ 'liʃtɐ (u kar'dapju)]
- *die Getränkekarte, bitte!*
  a lista das bebidas! [ɐ 'liʃtɐ dɐʒ bə'bidɐʃ]
- *die Weinkarte, bitte!*
  a carta de vinhos! [ɐ 'kartɐ də 'viɲuʃ]

Ich hätte gerne etwas Typisches aus der Region.
Queria uma coisa típica desta região.
[kə'riɐ 'umɐ 'koizɐ 'tipikɐ 'dɛʃtɐ ʀəʒj'ẽu]

Ich nehme ...
Quero ... ['kɛru]

Als Vorspeise/Hauptgericht/Nachtisch nehme ich ...
Como entrada/Como prato principal/De sobremesa quero ... ['komu ẽn'tradɐ/'komu 'pratu prĩsi'pal/də sobrə'mezɐ 'kɛru]

Ich esse kein ...
Não como ... [nẽu 'komu]

Restaurants und Bars im Zentrum von Cascais, einer Küstenstadt in Portugal westlich von Lissabon.

Ich bin ...
Sou ... [so]

- ***Diabetiker/Diabetikerin.***
  diabético/diabética.
  [djɐˈbɛtiku/djɐˈbɛtikɐ]
- ***Vegetarier/Vegetarierin.***
  vegetariano/vegetariana.
  [vəʒətɐˈrjɐnu/vəʒətɐˈrjɐnɐ]
- ***Veganer/Veganerin.***
  vegano/vegana. [vəˈgɐnu/vəˈgɐnɐ]

Ich bin allergisch gegen ...
Sou alérgico/alérgica a ...
[so ɐˈlɛrʒiku/ɐˈlɛrʒikɐ ɐ]

- ***Eier.***
  ovos. [ˈɔvuʃ]
- ***Gluten.***
  glúten. [ˈglutɐ̃i]
- ***Milchprodukte.***
  laticínios. [lɐtiˈsinjuʃ]
- ***Natriumglutamat.***
  glutamato de sódio. [glutɐˈmatu də ˈsɔdju]
- ***Nüsse.***
  nozes. [ˈnɔzəʃ]

KLEINER WINK

Fleißig hat man gelernt, wie *Ober* auf Portugiesisch heißt (**empregado**). Kommen Sie aber nur nicht auf die Idee, ihn auch so zu rufen, wenn Sie etwas brauchen.

Man spricht zwar so von ihm er wird aber nie so angesprochen. Haben Sie einen Wunsch, heben Sie einfach die Hand und sagen **Faz favor!** (*Bitte!*). Manchmal genügt schon ein kleiner Wink mit der Hand. Und die Geschichte, dass man mit dem Glas klingen soll, ist wirklich nur ein Märchen.

Wie möchten Sie Ihr Steak haben?
Como deseja o bife? [ˈkomu dəˈzeʒɐ u ˈbifə]

- *gut durch*
  bem passado [bɐĩ pɐˈsadu]
- *halb durch*
  meio passado [ˈmeju pɐˈsadu]
- *englisch*
  mal passado [mal pɐˈsadu]

Bitte ein Glas ...
Um copo de ..., faz favor. [ũ ˈkɔpu də ... faʃ fɐˈvor]

Bitte eine Flasche/eine halbe Flasche ...
Uma garrafa/Meia garrafa de ..., faz favor.
[ˈumɐ gɐˈʀafɐ/ˈmejɐ gɐˈʀafɐ də ... faʃ fɐˈvor]

Mit Eis, bitte.
Com gelo, faz favor. [kõ ˈʒelu faʃ fɐˈvor]

Guten Appetit!
Bom apetite! [bõ ɐpəˈtitə]

Zum Wohl!
À sua saúde! [a suɐ sɐˈudə]

Bitte bringen Sie uns ...
Traga-nos, faz favor ... [ˈtragɐnuʃ faʃ fɐˈvor]

Könnten Sie uns noch etwas Brot/Wasser/Wein bringen?
Pode-nos trazer mais pão/água/vinho, faz favor?
[ˈpɔdənuʃ trɐˈzer maiʃ pɐ̃ũ/ˈagwɐ/ˈviɲu faʃ fɐˈvor]

Sich beschweren

Entschuldigung ...
Desculpe ... [dəʃˈkulpə]

Das habe ich nicht bestellt.
Não foi isto que eu pedi. [nɐ̃ũ foi ˈiʃtu kjeu pəˈdi]

Die Suppe ist kalt/versalzen.
A sopa está fria/salgada. [ɐ ˈsopɐ ʃta ˈfriɐ/salˈgadɐ]

Das Fleisch ist zäh/zu fett.
A carne é dura/tem muita gordura.
[ɐ ˈkarn‿ɛ ˈdurɐ/tɐ̃ĩ ˈmũintɐ gurˈdurɐ]

Der Fisch ist nicht frisch.
O peixe não é fresco. [u ˈpeiʃə nɐ̃ũ ɛ ˈfreʃku]

Nehmen Sie es bitte zurück.
Leve isto para trás, faz favor.
[lɛv‿ˈiʃtu ˈpɐrɐ traʃ faʃ fɐˈvor]

Holen Sie bitte den Chef.
Chame o chefe, faz favor. [ˈʃɐm‿u ˈʃɛfə faʃ fɐˈvor]

Bezahlen

Die Rechnung/Bezahlen, bitte!
A conta, faz favor!
[ɐ ˈkõntɐ faʃ fɐˈvor]

Bitte alles zusammen.
Tudo junto, faz favor.
[ˈtudu ˈʒũntu faʃ fɐˈvor]

TRINKGELD Jede Bedienung freut sich über ein *Trinkgeld* (**gorjeta**). Aber keine möchte es in die Hand gedrückt bekommen. Lassen Sie Ihr Trinkgeld unauffällig auf dem Tellerchen zurück. Sobald Sie weg sind, ist es in guten Händen.

Das Essen war ausgezeichnet.
A comida estava excelente.
[ɐ kuˈmidɐ ˈʃtavɐ ʃsəˈlẽntə]

Es stimmt so.
Fica assim. [ˈfik‿aˈsĩ]

Café

Bringen Sie mir bitte einen Espresso.
Faz favor, traga-me um café.
[faʃ fɐˈvor ˈtragɐm‿ũm kɐˈfɛ]

Ich möchte zahlen.
Queria pagar. [kəˈriɐ pɐˈgar]

Auf Wiedersehen, bis morgen!
Adeus, até amanhã!
[ɐˈdeuz‿ ɐˈtɛ amɐˈɲɐ̃]

o café [u kɐˈfɛ]	Espresso
bica [ˈbikɐ] ***(Lissabon)***	Espresso mit etwas Milch
pingo [ˈpĩngu] ***(N-Portugal)***	Espresso mit etwas Milch
garoto [gɐˈrotu] ***(Lissabon)***	Espresso mit Wasser verdünnt
o carioca de café [u kɐrjˈɔkɐ də kɐˈfɛ]	Espresso mit Wasser verdünnt
meia de leite [ˈmejɐ də ˈleitə]	starker Kaffee und Milch, normale Tasse

o galão [u gɐˈlɐũ]	starker Kaffee und Milch, großes Glas
copo de leite [ˈkɔpu də ˈleitə]	Glas Milch
o carioca de limão [u kɐrjˈɔkɐ də liˈmɐũ]	kleine Tasse echter Zitronentee *(aus (Zitronenschale!))*
fino [ˈfinu]	
a imperial [ɐ ĩmpəˈrjal]	kleines Bier vom Fass
caneca [kɐˈnɛkɐ]	großes Bier vom Fass
sumo de laranja [ˈsumu də lɐˈrɐ̃ʒɐ]	Orangensaft
laranjada [lɐrɐˈ̃ʒadɐ]	Orangeade
água mineral [ˈagwɐ minəˈral]	Mineralwasser
torrada [tuˈʀadɐ]	Riesenbuttertoast
tosta mista [ˈtɔʃtɐ ˈmiʃtɐ]	warmer, gemischter Toast *(mit Schinken u. Käse)*
francesinha [frɐ̃səˈziɲɐ]	warmer Toast, üppig gefüllt, mit pikanter Sauce
cachorro quente [kɐˈʃoʀu (ˈkẽntə)]	Hotdog
prego [ˈprɛgu]	kleines Naturschnitzel im Brötchen
a sandes [ɐʃ ˈsɐñdəʃ]	belegte Brötchen
o queque [u ˈkɛkə]	einfaches Küchlein aus Rührteig *(ideal für Kinder)*
os bolos [uʒ ˈboluʃ]	kleine Kuchen *(keine Torten)*
o croissant [u krwaˈsɐ̃]	Hörnchen
o croissant com fiambre [u krwaˈsɐ̃ kõ ˈfjɐ̃mbrə]	Hörnchen mit gekochtem Schinken

Abendessen	o jantar [u ʒɐñˈtar]
Besteck	o talher [u tɐˈʎɛr]
Bestellung	pedido [pəˈdidu]
Diabetiker	diabético [djɐˈbɛtiku]
Dressing	molho [ˈmoʎu]
Essig	o vinagre [u viˈnagrə]
fettarm	magro [ˈmagru]
Fläschchenwärmer	o aquecedor de biberão [u ɐkɛsəˈdor də bibəˈrɐũ]
Flasche	garrafa [gɐˈʀafɐ]
Fleck	nódoa [ˈnɔdwɐ]
Frühstück	pequeno-almoço [pəˈken‿alˈmosu]; *(Bras)* o café da manhã [u kaˈfɛ da maˈɲa˜]
Gabel	garfo [ˈgarfu]
Gang	prato [ˈpratu]
Gedeck	o couvert [u kuˈvɛr]
Gericht	prato [ˈpratu]
Getränk	bebida [bəˈbidɐ]
Gewürz	condimento [kõndiˈmẽntu]
Glas	copo [ˈkɔpu]
glutenfrei	sem glúten [sɐ̃i ˈglutɐ̃i]
Gräte	espinha [ˈʃpiɲɐ]
hart	duro [ˈduru]
Hauptspeise	prato principal [ˈpratu prĩsiˈpal]
hausgemacht	de fabrico caseiro [də fɐˈbriku kɐˈzeiru]
heiß	quente [ˈkẽntə]
hungrig sein	ter fome [ter ˈfɔmə]
kalorienarm	com poucas calorias [kõ ˈpokɐʃ kɐluˈriɐʃ]
Karaffe	jarro [ˈʒaʀu]
Kellner/in	empregado/empregada [ẽmprəˈgadu/ẽmprəˈgadɐ]; *(Bras)* o garçom/a garçonete [u garˈsõ/a garsoˈnɛti]
Ketschup	o ketchup [u kɛˈtʃɐp]
Kinderteller	prato de criança [ˈpratu də krjˈẽsɐ]

Knochen	osso ['osu]
Koch	cozinheiro [kuzəˈɲeiru]
Korkenzieher	o saca-rolhas [u ˈsakɐ ˈʀoʎɐʃ]
lieblich (Wein)	o doce [u ˈdosə]
Löffel	a colher [ɐ kuˈʎɛr]
Teelöffel	a colher de chá [ɐ kuˈʎɛr də ʃa]
Mayonnaise	a maionese [ɐ majoˈnɛzə]
Menü	ementa [iˈmẽntɐ]; o menu [u meˈnju]
Messer	faca [ˈfakɐ]
Mittagessen	almoço [alˈmosu]
Nachtisch	sobremesa [sobrəˈmezɐ]
Ober	empregado [ẽmprəˈgadu]
Öl	óleo [ˈɔlju]
Pfannengericht	prato feito na frigideira [ˈpratu ˈfeitu nɐ frəʒəˈdeirɐ]
Pfeffer	pimenta [piˈmẽntɐ]
Pfefferstreuer	pimenteiro [pimẽnˈteiru]
Portion	a dose [ɐ ˈdɔzə]
Rost	grelha [ˈgreʎɐ]
Salatbüfett	o bufete de saladas [u buˈfetə də sɐˈladɐʃ]
Salz	o sal [u sal]
Salzstreuer	saleiro [səˈleiru]
Scheibe	fatia [fɐˈtiɐ]
Schonkost	dieta [ˈdjɛtɐ]
Schüssel	travessa [trɐˈvɛsɐ]; tigela [tiˈʒɛlɐ]
Senf	mostarda [muʃˈtardɐ]
Serviette	guardanapo [gwɐrdɐˈnapu]
Soße	molho [ˈmoʎu]
Speisekarte	lista [ˈliʃtɐ]; ementa [iˈmẽntɐ]; *(Bras)* cardápio [karˈdapju]
Spezialität	a especialidade [ɐ ʃpəsjɐliˈdadə]
Strohhalm	palhinha [pɐˈʎiɲɐ]
Suppe	sopa [ˈsopɐ]
Suppenteller	prato de sopa [ˈpratu də ˈsopɐ]
Süßstoff	o adoçante [u ɐduˈsɐ̃ntə]

Tagesgericht prato do dia ['pratu du 'diɐ]
Tasse chávena ['ʃavənɐ]; *(Bras)* xícara ['ʃikarɐ]
Untertasse o pires [u 'pirəʃ]
Teller prato ['pratu]
Tischtuch toalha de mesa ['twaʎɐ də 'mezɐ]
Trinkgeld gorjeta [gur'ʒetɐ]
trocken (Wein) seco ['seku]
vegetarisch vegetariano [vəʒətɐ'rjɐnu]
Vorspeise entrada [ẽn'tradɐ]
Wasser água ['agwɐ]
Wickeltisch cómoda muda-fraldas ['kɔmudɐ 'mudɐ 'fraldɐʃ]
würzen temperar [tẽmpə'rar]
Zahnstocher palito [pɐ'litu]
Zucker o açúcar [u ɐ'sukar]

ZUBEREITUNG

durchgebraten bem passado [bɐĩ pɐ'sadu]
frittiert frito ['fritu]
gar bem cozido [bɐĩ ku'zidu]; assado [ɐ'sadu]
gebacken assado [ɐ'sadu]
gebraten frito ['fritu]; assado [ɐ'sadu]
gedämpft estufado [ʃtu'fadu]
gedünstet estufado [ʃtu'fadu]
gegart cozido [ku'zidu]
gegrillt grelhado [grə'ʎadu]
gekocht fervido [fər'vidu]
geräuchert (de)fumado [(də)fu'madu]
geröstet (Kartoffeln) coradas [kɔ'radɐʃ]
mager magro ['magru]
roh cru [kru]
saftig suculento [suku'lẽntu]
sauer azedo [ɐ'zedu]; amargo [ɐ'margu]
scharf picante [pi'kɐ̃ntə]
süß doce ['dosə]
zart tenro ['tẽʀu]

Ementa

SPEISEKARTE

ESSEN UND TRINKEN

PEQUENO-ALMOÇO	FRÜHSTÜCK
Café [kɐˈfɛ]	schwarzer Kaffee
Café com leite [kɐˈfɛ kõ ˈleitə]	Kaffee mit Milch
Descafeinado [dəʃkɐfɐiˈnadu]	koffeinfreier Kaffee
Chá com leite/limão [ʃa kõ ˈleitə/liˈmɐ̃ũ]	Tee mit Milch/Zitrone
Chá de ervas medicinais [ʃa d͜ˈɛrvɐʒ mədəsiˈnaiʃ]	Kräutertee
Chocolate quente [ʃukuˈlatə ˈkẽntə]	Schokolade
Sumo de fruta [ˈsumu də ˈfrutɐ]	Fruchtsaft
Ovo quente [ˈovo ˈkẽntə]	weiches Ei
Ovos mexidos [ˈɔvuʒ məˈʃiduʃ]	Rühreier
Ovos com bacon [ˈɔvuʃ kõ ˈbeikõ]	Eier mit Speck
Pão/pãozinho/pão torrado [pɐ̃ũ/pɐ̃ũˈziɲu/pɐ̃ũ tuˈʀadu]	Brot/Brötchen/Toast
Croissant [krwaˈsɐ̃]	Hörnchen
Croissant com fiambre [krwaˈsɐ̃ kõ ˈfjɐ̃mbrə]	Hörnchen mit Schinken
Torrada [tuˈʀadə]	Riesenbuttertoast
Manteiga [mɐ̃ˈteigɐ]	Butter
Queijo [ˈkeiʒu]	Käse
Carnes frias [ˈkarnəʃ ˈfriɐʃ]	Wurstaufschnitt
Fiambre [ˈfjɐ̃mbrə]	gekochter Schinken

Presunto [prəˈzũntu]	roher Schinken
Mel [mɛl]	Honig
Doce [ˈdosə]	Marmelade
Muesli [ˈmusli]	Müsli
Iogurte [joˈgurtə]	Joghurt
Fruta [ˈfrutɐ]	Obst

SOPAS	SUPPEN
Açorda [ɐˈsordɐ]	Brot- und Knoblauchsuppe
Caldo verde [ˈkaldu ˈverdə]	Portugiesische Kohlsuppe
Canja de galinha [ˈkɐ̃ʒɐ də gɐˈliɲɐ]	Hühnerbrühe
Sopa de legumes [ˈsopɐ də ləˈguməʃ]	Gemüsesuppe
Sopa de marisco [ˈsopɐ də mɐˈriʃku]	Meeresfrüchtesuppe
Sopa de peixe [ˈsopɐ də ˈpeiʃə]	Fischsuppe
Sopa de tomate e cebola [ˈsopɐ də tuˈmat‿i səˈbolɐ]	Tomaten- und Zwiebelsuppe

ACEPIPES	VORSPEISEN
Amêijoas com limão [ɐˈmeiʒwɐʃ kõ liˈmɐ̃ũ]	Herzmuscheln mit Zitrone
Pão com azeitonas [pɐ̃ũ kõ ɐzeiˈtonɐʃ]	Brot mit Oliven
Caracóis [kɐrɐˈkɔiʃ]	Schnecken
Melão com presunto [məˈlɐ̃ũ kõ prəˈzũntu]	Melone mit Schinken
Salada de atum [sɐˈladɐ d‿ɐˈtũ]	Thunfischsalat

ESSEN UND TRINKEN

Salada de polvo
[sɐ'ladɐ də 'polvu] — Tintenfischsalat
Sardinhas em azeite
[sɐr'diɲɐz‿ɐĩ ɐ'zeitə] — Sardinen in Olivenöl

PEIXE FISCHE → ZEIGEBILDER AM KAPITELENDE

MARISCOS — MEERESFRÜCHTE

Amêijoas ao natural
[ɐ'meiʒwɐz‿ɐu nɐtu'ral] — Herzmuscheln Natur
Camarão grelhado
[kɐmɐ'rɐ̃ũ grə'ʎadu] — gegrillte Krabben
Cataplana (Algarve)
[kɐtɐ'plɐnɐ] — Pfannengericht aus Muscheln, Fisch bzw. Fleisch, Paprika, Zwiebeln
Gambas na grelha
['gɐ̃mbɐʒ nɐ 'greʎɐ] — gegrillte Garnelen
Lagosta cozida
[lɐ'goʃtɐ ku'zidɐ] — gekochte Languste
Lavagante
[lɐvɐ'gɐ̃ntə] — Hummer
Lulas recheadas
['lulɐʃ ʀə'ʃjadɐʃ] — gefüllter Tintenfisch
Lulas à sevilhana
['lulɐz‿a səvi'ʎɐnɐ] — gebackene Tintenfischringe
Mexilhões de cebolada
[məʃi'ʎõiʒ də səbu'ladɐ] — Miesmuscheln mit Zwiebeln

CARNE — FLEISCHGERICHTE

Bife à portuguesa
[bif‿a purtu'gezɐ] — Rindersteak nach portugiesischer Art
Bife de cebolada
['bifə də səbu'ladɐ] — Zwiebelsteak

ESSEN UND TRINKEN

Cabrito [kɐˈbritu]	Zicklein
Carne de porco à Alentejana [ˈkarnə də ˈporku a ɐlẽntəˈʒɐnɐ]	Schweinefleisch mit Herzmuscheln
Churrasco [ʃuˈʀaʃku]	Fleisch vom Holzkohlengrill
Costeleta de porco [kuʃtəˈletɐ də ˈporku]	Schweinekotelett
Dobrada (Zentrum u. Süden) [duˈbradɐ]	Kutteln
Escalope à milanesa [ʃkɐˈlɔp ‿a milɐˈnezɐ]	paniertes Schnitzel mit Spaghetti und Tomatensauce
Escalope de vitela [ʃkɐˈlɔpə də viˈtɛlɐ]	Kalbsschnitzel
Febras na grelha [ˈfebrɐʒ nɐ ˈgreʎɐ]	gegrilltes Schweinefleisch
Iscas (Lissaboner Gegend) [ˈiʃkɐʃ]	gebratene Leber mit Knoblauch und Salzkartoffeln
Leitão assado [leiˈtɐ̃ũ ɐˈsadu]	Spanferkelbraten
Língua de vaca [ˈliŋgwɐ də ˈvakɐ]	Ochsenzunge
Lombo de carneiro [ˈlõmbu də kɐrˈneiru]	Hammelrücken
Perna de vitela [ˈpɛrnɐ də viˈtɛlɐ]	Kalbskeule
Pimentões recheados [pimẽnˈtõiʒ ʀəˈʃjaduʃ]	gefüllte Paprikaschoten
Porco assado [ˈporku ɐˈsadu]	Schweinebraten
Rolinhos de carne [ruˈliɲuʒ də ˈkarnə]	Rouladen
Rosbife [ʀoʒˈbifə]	Roastbeef
Tripas (Norden) [ˈtripɐʃ]	Kutteln

ESSEN UND TRINKEN

AVES E CAÇA — GEFLÜGEL UND WILD

Bife de peru ['bifə də pə'ru]	Truthahnsteak
Codorniz [kudur'niʃ]	Wachtel
Coelho ['kweʎu]	Kaninchen
Frango assado ['frẽgu ɐ'sadu]	gebratenes Hähnchen
Lebre ['lɛbrə]	Hase
Pato ['patu]	Ente
Perdiz [pər'diʃ]	Rebhuhn

ESSEN UND TRINKEN

LEGUMES GEMÜSE → ZEIGEBILDER AM KAPITELENDE

ACOMPANHAMENTOS — BEILAGEN

Arroz [ɐ'ʀoʃ]	Reis
Arroz de legumes [ɐ'ʀoʒ də lə'guməʃ]	Gemüsereis
Arroz de tomate [ɐ'ʀoʒ də tu'matə]	Tomatenreis
Batatas coradas [bɐ'tatɐʃ kɔ'radɐʃ]	geröstete Kartoffeln
Batatas cozidas [bɐ'tatɐʃ ku'zidɐʃ]	Salzkartoffeln
Batatas fritas [bɐ'tatɐʃ 'fritɐʃ]	Pommes Frites
Esparguete [ʃpar'gɛtə]	Spaghetti
Legumes [lə'guməʃ]	Gemüse
Massa ['masɐ]	Teigwaren
Salada mista [sɐ'ladɐ 'miʃtɐ]	gemischter Salat

SOBREMESA	NACHTISCH
Arroz doce [ɐ'ʀoʒ 'dosə]	Milchreis
Baba de camelo ['babɐ də kɐ'melu]	„Kamel-Spucke" *(Karamell-Dessert)*
Fruta da época ['frutɐ dɐ 'ɛpukɐ]	Obst der Saison
Gelado misto [ʒə'ladu 'miʃtu]	gemischtes Eis
Leite-creme ['leitə 'krɛmə]	Milchspeise
Maçã assada [mɐ'sɐ̃ ɐ'sadɐ]	Bratapfel
Mousse de chocolate ['musə də ʃuku'late]	Schokoladencreme
Pudim flan [pu'dĩ flɐ̃]	Karamellpudding
Queijo da Serra ['keiʒu dɐ 'sɛʀɐ]	Schafskäse aus der Estrela-Bergkette
Tarte de amêndoa ['tartə d‿ɐ'mẽndwɐ]	Mandelkuchen

Lista de bebidas

GETRÄNKEKARTE

LICORES, BRANDIES, AGUARDENTES E APERITIVOS	LIKÖRE, BRANNTWEINE, SCHNÄPSE UND APERITIFS
Aguardente de figos [agwar'dẽntə də 'figuʃ]	Feigenschnaps
Bagaço [bɐ'gasu]	Tresterschnaps
Ginjinha [ʒĩ'ʒiɲɐ]	Kirschschnaps

Licor Beirão [li'kor bei'rɐũ]	Kräuterlikör
Macieira [mɐ'sjeirɐ]	Portugiesischer Weinbrand
Madeira [mɐ'deirɐ]	Madeirawein
Medronho [mə'droɲu]	Baumerdbeerschnaps
Porto ['portu]	Portwein

VINHOS	WEINE
Vinho da casa ['viɲu dɐ 'kazɐ]	Wein des Hauses
Vinho branco ['viɲu 'brɐ̃ŋku]	Weißwein
Vinho tinto ['viɲu 'tĩntu]	Rotwein
Vinho rosé ['viɲu ro'ze]	Roséwein
Dão [dɐũ]	Wein aus Mittelportugal
Vinho verde ['viɲu 'verdə]	leichter Wein mit natürlicher Säure

BEBIDAS NÃO ALCOÓLICAS	ALKOHOLFREIE GETRÄNKE
Água mineral ['agwɐ minə'ral]	Mineralwasser
com/sem gás [kõ/sɐĩ gaʃ]	mit/ohne Kohlensäure
Bica ['bikɐ]	Schwarzer Kaffee *(klein)*
Café (com leite) [kɐ'fɛ (kõ 'leitə)]	Kaffee *(mit Milch)*
Galão [gɐ'lɐũ]	Milchkaffee im Glas
Garoto [gɐ'rotu]	Kleiner Kaffee mit Milch
Chá com leite/limão [ʃa kõ 'leitə/li'mɐũ]	Tee mit Milch/Zitrone
Laranjada [lɐrɐ̃'ʒadɐ]	Orangeade
Limonada [limu'nadɐ]	Limonade
Sumo de laranja ['sumu də lɐ'rɐ̃ʒɐ]	Orangensaft

ESSEN UND TRINKEN

Fisch und Meeresfrüchte

Auster
ostra
[ˈoʃtrɐ]

Fischfilet
o filete de peixe
[u fiˈlɛtə də ˈpeiʃə]

Flusskrebs
o lagostim
[u lɐguʃˈtĩ]

Forelle
truta
[ˈtrutɐ]

Garnele
gamba
[ˈgɐ̃mbɐ]

Stöcker
o carapau
[u kɐrɐˈpaw]

Herzmuschel
o berbigão
[u bərbiˈgɐ̃u]

Hummer
o lavagante
[u lɐvɐˈgɐ̃ntə]

Kabeljau
o bacalhau
[u bɐkɐˈʎau]

Krake
polvo
[ˈpolvu]

Krebs
caranguejo
[kɐrɐ̃nˈgeiʒu]

Makrele
cavala
[kɐˈvalɐ]

Miesmuschel
o mexilhão
[u məʃiˈʎɐ̃u]

Sardine
sardinha
[sɐrˈdiɲɐ]

Scholle
solha
[ˈsoʎɐ]

Seeteufel
o tamboril
[u tɐ̃mbuˈril]

Stockfisch
o bacalhau
[u bɐkɐˈʎau]

Tintenfisch
lula
[ˈlulɐ]

Tunfisch
o atum
[u ɐˈtũ]

Venusmuschel
amêijoa
[ɐˈmeiʒwɐ]

Frühstück

Weizenbrötchen
o papo-seco
[u papu'seku]

Butter
manteiga
[mẽn'teigɐ]

Cornflakes
os cereais
[uʃ sərj'aiʃ]

Croissant
o croissant
[u kr'wasẽ]

gekochtes Ei
ovo cozido
['ovu ku'zidu]

Honig
o mel
[u mɛl]

Joghurt
o iogurte
[u jo'gurtə]

Kaffee
o café
[u kɐ'fɛ]

Käse
queijo
['keiʒu]

Käse-Schinken-Toast
tosta-mista
['tɔʃtɜ 'miʃtɜ]

Marmelade
o doce
[u 'dosə]

Milch
o leite
[u 'leitə]

Omelett
a omelete
[ɐ omə'lɛtə]

Saft
sumo
['sumu]

Spiegelei
ovo estrelado
['ovu ʃtrə'ladu]

Tee
o chá
[u ʃa]

Quittenmarmelade
marmelada
[mɜrmɨ'ladɜ]

Rührei
os ovos mexidos
[uz‿'ɔvuʒ mə'ʃiduʃ]

Schwarzbrot
o pão escuro integral
[u pẽu 'ʃkuru ĩntə'gral]

Toast
o pão torrado
[u pẽu tu'ʀadu]

Gemüse

Aubergine
beringela
[bərĩ'ʒɛlɐ]

Saubohne
a fava
[ɐ'favɐ]

Brokkoli
os brócolos
[uʒ 'brɔkuluʃ]

Champignons
os cogumelos
[uʃ kugu'mɛluʃ]

Erbsen
as ervilhas
[ɐz‿ir'viʎɐʃ]

Chilischote
pimenta malagueta
[pi'mẽntɐ mɐlɐ'getɐ]

Gurken
os pepinos
[uʃ pə'pinuʃ]

Karotten
as cenouras
[ɐʃ sə'norɐʃ]

Kartoffeln
as batatas
[ɐʒ bɐ'tatɐʃ]

Knoblauch
alho
['aʎu]

Kopfsalat
a alface
[ɐ al'fasə]

Kürbis
abóbora
[ɐ'bɔburɐ]

Lauch
alho-porro
['aʎu 'poʀu]

Oliven
as azeitonas
[ɐz‿ɐzei'tonɐʃ]

Paprika
pimento
[pi'mẽntu]

Radieschen
os rabanetes
[uʃ ʀɐbɐ'netəʃ]

Spinat
os espinafres
[uz‿əʃpi'nafrəʃ]

Tomate
o tomate
[u tu'matə]

Zucchini
a corgete
[ɐ kur'ʒɛtə]

Zwiebel
cebola
[sə'bolɐ]

ESSEN UND TRINKEN

OBST

Obst

Apfel
a maçã
[ɐ mɐˈsɐ̃]

Aprikose
damasco
[dɐˈmaʃku]

Bananen
as bananas
[ɐʒ bɐˈnɐnɐʃ]

Birne
pera
[ˈperɐ]

Cashewnüsse
as castanhas de caju
[ɐʃ kɐʃˈtɐɲɐʒ də kaˈʒu]

Erdbeere
morango
[muˈrɐŋgu]

Feige
figo
[ˈfigu]

Haselnüsse
as avelãs
[ɐz‿ɐvəˈlɐ̃ʃ]

Himbeere
framboesa
[frɐ̃mbuˈezɐ]

Kirsche
cereja
[səˈreʒɐ]

Kiwis
o kiwi
[u ˈkivi]

Limette
lima
[ˈlimɐ]

Mango
manga
[ˈmɐ̃ngɐ]

Nektarine
nectarina
[nɛktɐˈrinɐ]

Orange
laranja
[lɐˈrɐ̃ʒɐ]

Mispel
a nêspera
[ˈneʃpərɐ]

Pfirsich
pêssego
[ˈpesəgu]

Pflaume
ameixa
[ɐˈmeiʃɐ]

Weintrauben
as uvas
[ɐz‿ˈuvɐʃ]

Zitrone
o limão
[u liˈmɐ̃u]

Schattige Fußgängerzone in der Vila Real de Santo Antonio, einer Algarve-Stadt an der Rio Guadiana (Fluss).

EINKAUFEN

Eine Einkaufstour

ICH SUCHE ...

Ich suche ...
Estou a ver se encontro ... [ʃto ɐ ver s‿ẽŋ'kõntru]

Ich möchte ...
Queria ... [kə'riɐ]

Haben Sie ...?
Tem ...? [tɐĩ]

Darf es sonst noch etwas sein?
Mais alguma coisa? [maiz‿al'gumɐ 'koizɐ]

Horário de abertura	Öffnungszeiten
aberto	offen
fechado	geschlossen
encerrado para férias	Betriebsferien

REKLAMIEREN

Ich möchte das bitte zurückgeben.
Queria devolver isto. [kə'riɐ dəvol'ver 'iʃtu]

Es ist beschädigt/kaputt.
Está estragado! [ʃta ʃtrɐ'gadu]

Ich möchte bitte mein Geld zurück!
Quero que me devolvam o dinheiro
[kə'ru kə mə də'volvɐ̃u u də'ɲeiru]

Kann ich das umtauschen?
Posso trocar isto? ['pɔsu tru'kar 'iʃtu]

EINE EINKAUFSTOUR EINKAUFEN

Pérola do Bolhão ein Feinkostgeschäft in Porto. Dieses Lebensmittelgeschäft ist im Jugendstil eingerichtet und widmet sich dem Verkauf traditioneller portugiesischer Produkte.

BIS MITTERNACHT Allgemein gelten Öffnungszeiten von 9 bis 13 und von 15 bis 19 Uhr, samstags nur bis 13 Uhr. Manche Läden im Zentrum machen aber keine Mittagspause und bleiben auch samstagnachmittags offen. Die großen Einkaufszentren haben täglich von 10 bis 24 Uhr geöffnet.

Geschäfte

Entschuldigen Sie bitte, wo finde ich ...?
Desculpe, onde encontro ...? [dəʃˈkulp‿ˈõnd‿ẽŋˈkõnˈtru]

Apotheke	farmácia [fɐrˈmasjɐ]
Bäckerei	padaria [padɐˈriɐ]
Blumengeschäft	florista [fluˈriʃtɐ]
Buchhandlung	livraria [livrɐˈriɐ]
Computerfachgeschäft	loja de computadores [ˈlɔʒɐ də kõmputɐˈdorəʃ]

Drogerie	drogaria [drugɐ'riɐ]
Einkaufszentrum	centro comercial ['sẽntru kumərsi'al]
Elektrohandlung	loja de artigos elétricos ['lɔʒɐ d‿ɐr'tiguz‿i'lɛtrikuʃ]
Feinkostgeschäft	charcutaria fina [ʃɐrkutɐ'riɐ 'finɐ]
Fischgeschäft	peixaria [peiʃɐ'riɐ]
Flohmarkt	a feira de velharias [ɐ'feirɐ də vɛʎɐ'riɐʃ]
Fotogeschäft	loja de artigos fotográficos ['lɔʒɐ d‿ɐr'tiguʃ futu'grafikuʃ]
Friseur	*(für Damen)* cabeleireiro [kɐbəlei'reiru]; *(für Herren)* barbearia [bɐrbjɐ'riɐ]
Handyladen	loja de telemóveis (*(Bras)* celulares) ['lɔʒɐ də tɛlɛ'mɔveiʃ (selu'larəs)]
Haushaltswaren	os artigos domésticos [uz‿ɐr'tiguʒ du'mɛʃtikuʃ]
Juwelier	joalharia [ʒwɐʎɐ'riɐ]
Kaufhaus	o grande armazém [u 'grɐnd‿armɐ'zɐĩ]
Konditorei	pastelaria [pɐʃtəlɐ'riɐ] confeitaria [kõfeitɐ'riɐ]
Kunsthändler	o comerciante de objetos de arte [u kumərsi'ɐñtə d‿ɔb'ʒɛtuʒ d‿'artə]
Lebensmittelgeschäft	mercearia [mərsjɐ'riɐ]
Markt	mercado [mər'kadu]
Metzgerei	talho ['taʎu]; *(Bras)* o açougue [u a'sogi]
Obst- und Gemüsehändler	frutaria e hortaliças [frutɐ'riɐ i ortɐ'lisɐʃ]
Optiker	o oculista [u ɔku'liʃtɐ]
Parfümerie	perfumaria [pərfumɐ'riɐ]
Reformhaus	loja de produtos dietéticos ['lɔʒɐ də pru'dutoʒ dje'tɛtikuʃ]

Reinigung	limpeza a seco [lĩ'pezɐ ɐ 'seku]
Reisebüro	agência de viagens [ɐ'ʒẽsjɐ də 'vjaʒɐĩʃ]
Schuhgeschäft	sapataria [sɐpɐtɐ'riɐ]
Souvenirladen	loja de recordações turísticas ['lɔʒɐ də rəkurdɐ'sõiʃ tu'riʃtikɐʃ]
Spielwarengeschäft	loja de brinquedos ['lɔʒɐ də brĩŋ'keduʃ]
Spirituosengeschäft	loja de bebidas alcoólicas ['lɔʒɐ də bə'bidɐz‿al'kwɔlikɐʃ]
Sportartikel	(loja de) artigos de desporto ((*Bras*) esporte) [('lɔʒɐ d‿) ɐr'tiguʒ də dəʃ'portu (is'pɔrti)]
Supermarkt	supermercado [supɛrmər'kadu]
Tabakladen	tabacaria [tɐbɐkɐ'riɐ]
Uhrmacher	relojoeiro [ʀəlu'ʒweiru]
Wäscherei	lavandaria [lɐvɐ̃dɐ'riɐ]
Waschsalon	o salão de lavandaria [u sɐ'lɐ̃ũ də lɐvɐ̃dɐ'riɐ]
Weinhandlung	o armazém de vinhos [u armɐ'zɐ̃ĩ də 'viɲuʃ]

Lebensmittel kaufen

Geben Sie mir bitte ...
Dê-me, faz favor, ... ['demə faʃ fɐ'vor]

- *ein Kilo ...*
  um quilo de ... [ũ 'kilu də]
- *10 Scheiben ...*
  10 fatias de ... [dɛʃ fɐ'tiɐʒ də]
- *ein Stück von ...*
  um bocado de ... [ũm bu'kadu də]
- *eine Einkaufstüte.*
  um saco. [ũ 'saku]

Bitte schneiden Sie es in Scheiben.
Faz favor, corte às fatias. [faʃ fɐ'vor 'kɔrt‿aʃ fɐ'tiɐʃ]

Darf es noch etwas sein?
Mais alguma coisa? [maiz‿al'gumɐ 'koizɐ]

Danke, das ist alles.
Obrigado/Obrigada, é tudo.
[obri'gadu/obri'gadɐ ɛ 'tudu]

Was ist das?
O que é isto? [u kjɛ 'iʃtu]

Kann ich es probieren?
Posso provar? ['pɔsu pru'var]

Verkaufen Sie ...?
Vende ...? ['vẽndə]

- *Bioprodukte*
  produtos biológicos [pru'dutuʒ biu'lɔʒikuʃ]
- *Produkte aus der Region*
  produtos da região [pru'dutuʒ dɐ rə'ʒjɐ̃u]

abgelaufen	fora da validade ['fɔrɐ dɐ vɐli'dadə]
Haltbarkeit	a validade do produto [ɐ vɐli'dadə du pru'dutu]
(ohne) Konservierungsstoffe	(sem) conservantes [(sɐ̃) kõnsər'vẽntəʃ]

OBST	**FRUTA**
Ananas	o ananás [u ɐnɐ'naʃ]; *(Bras)* o abacaxi [u‿abaka'ʃi]
Äpfel	as maçãs [ɐʒ mɐ'sɐ̃ʃ]
Apfelsinen	as laranjas [ɐʒ lɐ'rɐ̃ʒɐʃ]
Aprikosen	os damascos [uʒ dɐ'maʃkuʃ]; os alperces [uʒ aɫ'pɛrs(ə)ʃ]
Bananen	as bananas [ɐʒ bɐ'nɐnɐʃ]

LEBENSMITTEL KAUFEN EINKAUFEN

Birnen	as peras [ɐʒ ˈperɐʃ]
Brombeeren	as amoras [ɐz‿ɐˈmɔrɐʃ]
Datteln	as tâmaras [ɐʒ ˈtɐmɐrɐʃ]
Erdbeeren	os morangos [uʒ muˈrɐ̃ŋguʃ]
Erdnüsse	os amendoins [uz‿ɐmẽnduˈĩnʃ]
Feigen	os figos [uʒ ˈfiguʃ]
Grapefruit	toranja [tuˈrɐñʒɐ]
Haselnüsse	as avelãs [ɐz‿ɐvəˈlɐ̃ʃ]
Kirschen	as cerejas [ɐʒ səˈreʒɐʃ]
Kiwi	o kiwi [u ˈkivi]
Kokosnuss	coco [ˈkoku]
Mandarinen	as tangerinas [ɐʒ tẽʒəˈrinɐʃ]
Mandeln	as amêndoas [ɐz‿ɐˈmẽndwɐʃ]
Mango	manga [ˈmɐñgɐ]
Melone	*(Honigmelone)* o melão [u məˈlɐ̃ũ]; *(Wassermelone)* melancia [məlɐ̃ˈsiɐ]
Obst	fruta [ˈfrutɐ]
Pfirsiche	os pêssegos [uʒ ˈpesəguʃ]
Pflaumen	as ameixas [ɐz‿ɐˈmeiʃɐʃ]
Walnüsse	as nozes [ɐʒ ˈnɔzəʃ]
Weintrauben	as uvas [ɐz‿ˈuvɐʃ]
Zitronen	os limões [uʒ liˈmõiʃ]

GEMÜSE	**LEGUMES**
Artischocken	as alcachofras [ɐz‿alkɐʃɔfrɐʃ]
Auberginen	as beringelas [ɐʒ bərĩˈʒɛlɐʃ]
Avocado	o abacate [u ɐbɐˈkatə]
Blumenkohl	a couve-flor [ɐ ˈkovə flor]
Bohnen	o feijão [u feiˈʒɐ̃ũ]
– grüne Bohnen	o feijão-verde [u feiˈʒɐ̃ũ ˈverdə]
– weiße Bohnen	o feijão branco [u feiˈʒɐ̃ũ ˈbrɐ̃ŋku]
Chicorée	endívia [ẽnˈdiviɐ]
Erbsen	as ervilhas [ɐz‿irˈviʎɐʃ]
Fenchel	funcho [ˈfũʃu]

Gemüse	os legumes [uʒ ləˈguməʃ]
Gurke	pepino [pəˈpinu]
Karotten	as cenouras [ɐʒ səˈnorɐʃ]
Kartoffeln	as batatas [ɐʒ bɐˈtatɐʃ]
Kichererbsen	o grão [u grɐ̃ũ]
Knoblauch	alho [ˈaʎu]
Kohl	a couve [ɐ ˈkovə]
Kürbis	abóbora [ɐˈbɔburɐ]
Lauch	alho porro [ˈaʎu ˈpoʀu]
Linsen	as lentilhas [ɐʒ lẽnˈtiʎɐʃ]
Mais	milho [ˈmiʎu]
Oliven	as azeitonas [ɐz‿ɐzeiˈtonɐʃ]
Paprika(schote)	pimento [piˈmẽntu]
Petersilie	salsa [ˈsalsɐ]
Salat	salada [sɐˈladɐ]
– Kopfsalat	a alface [ɐ alˈfasə]
Sellerie	aipo [ˈaipu]
Spargel	os espargos [uz‿əʃˈparguʃ]
Spinat	os espinafres [uz‿əʃpiˈnafrəʃ]
Tomaten	os tomates [uʃ tuˈmatəʃ]
Zucchini	a corgete ((*Bras*) aboborinha) [ɐ kurˈʒɛtə (abɔˈbriɲɐ)]
Zwiebeln	as cebolas [ɐʒ səˈbolɐʃ]

BACKWAREN, SÜSSWAREN …	**PÃO, DOÇARIAS …**
Bonbons	os rebuçados [uʒ ʀəbuˈsaduʃ]
Brot	o pão [u pɐ̃ũ]
– Bauernbrot	o pão saloio [u pɐ̃ũ sɐˈloju]
– Maisbrot	o pão de milho [u pɐ̃ũ də ˈmiʎu]
– Roggenbrot	o pão de centeio [u pɐ̃ũ də sẽnˈteju]
– Vollkornbrot	o pão integral [u pɐ̃ũ ĩntəˈgral]
– Weißbrot	o pão branco [u pɐ̃ũ ˈbrɐ̃ŋku]

Brötchen	os pãezinhos [uʒ pɐĩˈziɲuʃ]; o papo-seco [u papuˈseku]
- belegtes Brötchen	a sandes [ɐ ˈsɐ̃ndəʃ]
Eis	gelado [ʒəˈladu]
Gebäck	*(kleine Kuchen)* os bolos [uʒ ˈboluʃ]
Haferflocken	os flocos de aveia [uʒ ˈflɔkuʒ d‿ɐˈvɐiɐ]
Honig	o mel [u mɛl]
Kaugummi	a chiclete [ɐ ʃiˈklɛtə]
Kekse	as bolachas [ɐʒ buˈlaʃɐʃ]
Kuchen	bolo [ˈbolu]
Marmelade	o doce [u ˈdosə]; *(Quitten)* marmelada [mɐrməˈlada]
Müsli	o muesli [u ˈmusli]
Schokolade	o chocolate [u ʃukuˈlatə]
Süßigkeiten	os doces [uʒ ˈdosəʃ]
Toast	torrada [tuˈʀadɐ]

EIER UND MILCHPRODUKTE	**OVOS E LATICÍNIOS**
Butter	manteiga [mɐ̃nˈtɐigɐ]
Eier	os ovos [uz‿ˈɔvuʃ]
Joghurt	o iogurte [u joˈgurtə]
Käse	queijo [ˈkɐiʒu]
- Schafskäse	queijo com leite de ovelha [ˈkɐiʒu kõ ˈlɐitə d‿oˈvɐʎɐ]
- Weichkäse	*(typisch aus Portugal)* o requeijão [u rəkɐiˈʒɐ̃ũ]
- Ziegenkäse	queijo de cabra [ˈkɐiʒu də ˈkabrɐ]
Milch	o leite [u ˈlɐitə]
- fettarme Milch	o leite magro [u ˈlɐitə ˈmagru]
Quark	o quark [u kwark]
Sahne	as natas [ɐʒ ˈnatɐʃ]
- Schlagsahne	as natas batidas (o chantilly) [ɐʒ ˈnatɐʃ bɐˈtidɐʃ (ʃɐ̃tiˈi)]

EINKAUFEN

LEBENSMITTEL KAUFEN

FLEISCH UND WURSTWAREN	CARNES E CHARCUTARIA
Aufschnitt	as carnes frias [ɐʒ ˈkarnəʃ ˈfriɐʃ]
Fleisch	a carne [ɐ ˈkarnə]
Hackfleisch	a carne picada [ɐ ˈkarnə piˈkadɐ]
Hähnchen	frango [ˈfrɐ̃ŋgu]
Hammelfleisch	a carne de carneiro [ɐ ˈkarnə də kɐrˈneiru]
Kalbfleisch	a carne de vitela [ɐ ˈkarnə də viˈtɛlɐ]
Kaninchen	coelho [ˈkweʎu]
Kotelett	costeleta [kuʃtəˈletɐ]
Lammfleisch	a carne de borrego [ɐ ˈkarnə də buˈʀegu]
Leberpastete	pasta de fígado [ˈpaʃtɐ də ˈfigɐdu]
Rindfleisch	a carne de vaca [ɐ ˈkarnə də ˈvakɐ]
Salami	o salame [u sɐˈlɐmə]
Schinken, gekocht	o fiambre/ *(Bras)* presunto [u ˈfjɐ̃mbrə/prəˈzũntu]
Schinken, roh	presunto [prəˈzũntu]
Schweinefleisch	a carne de porco [ɐ ˈkarnə də ˈporku]
Wurst	*(Dauerwurst)* chouriço [ʃoˈrisu]; os enchidos [uʒ ẽˈʃiduʃ]
Würstchen	as salsichas [ɐʒ salˈsiʃɐʃ]

FISCH UND MEERESFRÜCHTE	PEIXE E MARISCOS
Aal	enguia [ẽŋˈgiɐ]
Austern	as ostras [ɐz‿ˈoʃtrɐʃ]
Barsch	perca [ˈpɛrkɐ]
Fisch	o peixe [u ˈpeiʃə]
Garnelen	as gambas [ɐʒ ˈgɐ̃mbɐʃ]

Goldbrasse	dourada [do'radɐ]
Hering	o arenque [u ɐ'rẽŋkə]
Herzmuscheln	as amêijoas [ɐz‿ɐ'meiʒwɐʃ]
Krabben	os camarões [uʃ kɐmɐ'rõiʃ]
Makrele	cavala [kɐ'valɐ]
Miesmuscheln	os mexilhões [uʒ məʃi'ʎõiʃ]
Schwertfisch	o espadarte [u ʃpɐ'dartə]; peixe-espada [u 'peiʃə‿'ʃpadɐ]
Seezunge	linguado [lĩŋ'gwadu]
Thunfisch	o atum [u ɐ'tũ]
Tintenfisch	as lulas [ɐʒ 'lulɐʃ]; os chocos [uʒ ʃɔkuʃ]

GEWÜRZE	**CONDIMENTOS**
Basilikum	o manjericão ['u mẽnʒəri'kẽu]
Bohnenkraut	satureja [sɐtu'reiʒɐ]
Chili	o piripíri [u 'piri 'piri]
Dill	aneto [ɐ'netu]
Gewürze	os condimentos [uʒ kõndi'mẽntuʃ]
Kerbel	cerefólio [sərə'fɔlju]
Koriander	coentro [ku'ẽntru]
Kräuter	as ervas aromáticas [az‿'ɛrvɐz ɐru'matikaʃ]
Kümmel	os cominhos [uʒ ku'miɲuʃ]
Liebstöckl	levísia [lə'vizjɐ]
Lorbeer	louro ['loru]
Minze	a hortelã [ɐ ortə'lẽ]
Muskatnuss	a noz-moscada [ɐ nɔʒ muʃ'kadɐ]
Oregano	o orégão [u ɔ'rɛgẽu]
Paprika	o colorau [u kulu'rau]
Peperoni	malagueta [mɐlɐ'getɐ]
Petersilie	salsa ['salsɐ]
Pfeffer	pimenta [pi'mẽntɐ]
Rosmarin	o alecrim [u ɐlə'krĩm]

EINKAUFEN

LEBENSMITTEL KAUFEN

Safran	o açafrão [u ɐsɐ'frɐ̃ũ]
Salbei	salva ['salvɐ]
Schnittlauch	cebolinho [səbu'liɲu]
Thymian	tomilho [tu'miʎu]

DIES UND DAS	ISTO E AQUILO
Butter	manteiga [mɐ̃'teigɐ]
Essig	o vinagre [u vi'nagrə]
Gemüsebrühwürfel	cubo de caldo de legumes ['kubu də 'kaldu də lə'guməʃ]
Margarine	margarina [mɐrgɐ'rinɐ]
Mayonnaise	a maionese [ɐ majo'nɛzə]
Mehl	farinha [fɐ'riɲɐ]
Nudeln	massa ['masɐ]
Öl	óleo ['ɔlju]
– Olivenöl	o azeite [u ɐ'zeitə]
Reis	o arroz [u ɐ'ʀoʃ]
Salz	o sal [u sal]
Senf	mostarda [muʃ'tardɐ]
Zucker	o açúcar [u ɐ'sukar]

GETRÄNKE	BEBIDAS
Apfelsaft	sumo ((*Bras*) suco) de maçã ['sumu ('suku) də mɐ'sɐ̃]
Bier	cerveja [sər'veʒɐ]
– alkoholfreies Bier	cerveja sem álcool [sər'veʒɐ sɐ̃ĩ 'alkwɔl]
Kaffee	o café [u kɐ'fɛ]
Limonade	limonada [limu'nadɐ]
Mineralwasser	água mineral ['agwɐ minə'ral]
– mit/ohne Kohlensäure	com/sem gás [kõ/sɐ̃ĩ gaʃ]
Orangensaft	sumo ((*Bras*) suco) de laranja ['sumu ('suku) də lɐ'rɐ̃ʒɐ]

Tee	o chá [u ʃa]
- Grüner Tee	o chá verde [u ʃa ˈverdə]
- Früchtetee	o chá de frutas [u ʃa də ˈfrutɐʃ]
- Kräutertee	o chá de ervas medicinais [u ʃa d‿ˈɛrvɐʒ mədəsiˈnaiʃ]
- Schwarztee	o chá preto [u ʃa ˈpretu]
- Teebeutel	saquinho de chá [sɐˈkiɲu də ʃa]
Wein	vinho [ˈviɲu]
- Rosé	vinho rosé [ˈviɲu roˈze]
- Rotwein	vinho tinto [ˈviɲu ˈtĩntu]
- Weißwein	vinho branco [ˈviɲu ˈbrẽŋku]

Bücher, Zeitschriften und Schreibwaren

Ich hätte gern ...
Queria ... [kəˈriɐ]

- eine deutsche Zeitung.
um jornal alemão. [ũ ʒurˈnal‿ɐləˈmɐ̃ũ]

- einen Reiseführer.
um guia turístico. [ũ ˈgiɐ tuˈriʃtiku]

- eine Wanderkarte dieser Gegend.
um mapa dos circuitos de marcha desta região. [ũ ˈmapɐ duʃ sirˈkuituʒ də ˈmarʃɐ ˈdɛʃtɐ ʀəˈʒjɐ̃ũ]

BÜCHER, ZEITSCHRIFTEN UND ZEITUNGEN

Buch	livro [ˈlivru]
Comic-Heft	banda desenhada [ˈbɐ̃ndɐ dəzəˈɲadɐ]
Frauenzeitschrift	revista feminina [ʀəˈviʃtɐ fəməˈninɐ]
Illustrierte	revista [ʀəˈviʃtɐ]
Kochbuch	livro de cozinha [ˈlivru də kuˈziɲɐ]

Landkarte	o mapa [u ˈmapɐ]
Reiseführer	o guia turístico [u ˈgiɐ tuˈriʃtiku]
Stadtplan	planta da cidade [ˈplɐntɐ dɐ siˈdadə]
Straßenkarte	o mapa das estradas [u ˈmapɐ dɐʃ‿ʃˈtradɐʃ]
Tageszeitung	o jornal diário [u ʒurˈnal diˈarju]
Zeitschrift	revista [ʀəˈviʃtɐ]
Zeitung	o jornal [u ʒurˈnal]

SCHREIBWAREN

VERWECHSLUNGSGEFAHR!

Vorsicht vor einer möglichen Verwechslung: Sagen Sie nicht **carta**, wenn Sie eine Postkarte wollen, sonst bekommen Sie einen *Brief*. *Karte* heißt auf portugiesisch **postal**.

Ansichtskarte	o postal ilustrado [u puʃˈtal‿iluʃˈtradu]
Bleistift	o lápis [u ˈlapiʃ]
Briefpapier	o papel de carta [u pɐˈpɛl də ˈkartɐ]
Briefumschlag	o envelope [u ẽvəˈlɔpə]
Kugelschreiber	esferográfica [ʃfɛrɔˈgrafikɐ]
Notizblock	bloco de notas [ˈblɔku də ˈnɔtɐʃ]
Papier	o papel [u pɐˈpɛl]

Drogerieartikel

allergiegetestet	testado a alergia [təʃˈtad‿ɐ ɐlərˈʒiɐ]
Babynahrung	comida para bebés [kuˈmidɐ ˈpɐrɐ bɛˈbɛʃ]

Creme	o creme [u ˈkrɛmə]
Drogerieartikel	os artigos de drogaria [uz‿ɐrˈtiguʒ də drugɐˈriɐ]
Faden	linha [ˈliɲɐ]
Gesichtscreme	o creme de rosto [u ˈkrɛmə də ˈʀoʃtu]
Haargel	o gel para o cabelo [u ʒɛl ˈpɐrɐ u kɐˈbelu]
Handcreme	o creme para as mãos [u ˈkrɛmə ˈpɐr‿aʒ mɐũʃ]
Kamm	o pente [u ˈpẽntə]
Lichtschutzfaktor	o fator de proteção solar [u faˈtor də prutɛˈsɐũ suˈlar]
Mückenschutz	o protetor contra insetos [u prutɛˈtor ˈkõntrɐ ĩsɛtuʃ]
Papiertaschentücher	os lenços de papel [uʒ ˈlẽsuʒ də pɐˈpɛl]
Rasierklingen	lâmina de barba [ˈlɐminɐ də ˈbarbɐ]
Rasierpinsel	o pincel de barba [u pĩnˈsɛl də ˈbarbɐ]
Rasierwasser	a loção (para a barba) [ɐ luˈsɐũ (ˈpɐra ˈbarbɐ)]
Reinigungsmilch	o leite de limpeza [u ˈleitə də lĩmˈpezɐ]
Sauger	tetina [təˈtinɐ]
Schnuller	chupeta [ʃuˈpetɐ]
Sonnenmilch	o leite solar [u ˈleitə suˈlar]
Sonnenöl	óleo solar [ˈɔlju suˈlar]
Spiegel	espelho [ˈʃpeʎu]
Waschmittel	o detergente para a roupa [u dətərˈʒẽntə ˈpɐra ˈʀopɐ]
Wattestäbchen	as cotonetes [ɐʒ kotuˈnɛtəʃ]
Windeln	as fraldas [ɐʒ ˈfraldɐʃ]
Zahnseide	fio dental [ˈfiu dẽnˈtal]
Zahnstocher	palito [pɐˈlitu]

EINKAUFEN
DROGERIEARTIKEL

Elektroartikel/Computer

Adapter	o adaptador [u ɐdɐptɐˈdor]
Akku	o acumulador [u ɐkumulɐˈdor]
Batterie	pilha [ˈpiʎɐ]
Föhn	o secador do cabelo [u səkɐˈdor du kɐˈbelu]
Glühbirne	lâmpada [ˈlɐ̃mpɐdɐ]
Handy	o telemóvel (*(Bras)* o celular) [u tɛlɛˈmɔvel (u seluˈlar)]
Kopfhörer	o auscultador [u auʃkultɐˈdor]
Ladegerät	o carregador de baterias [u kɐʀəgɐˈdor də bɐtəˈriɐʃ]
Ladekabel	cabo de carregamento [ˈkabu də kɐʀəgɐˈmẽntu]
Laptop	o portátil [u purˈtatil]
Lautsprecher	o altifalante [u altifɐˈlɐ̃ntə]
Memorystick	a pen [ɐ ˈpɛn]
MP3-Player	o leitor de MP3 [u leiˈtor də ˈɛmə pe treʃ]
Notebook	agenda eletrónica de bolso [ɐˈʒẽnd‿ilɛˈtrɔnikɐ də ˈbolsu]
Smartphone	o smartphone [u smartˈfonə]
Speicherkarte	o cartão de memória [u kɐrˈtɐ̃ũ də məˈmɔrjɐ]
Stecker	ficha [ˈfiʃɐ]; *(Bras)* plugue [ˈplugi]
Tablet-PC	o tablet [u ˈtɛblətə]
USB-Stick	dispositivo USB (a pen) [dəʃpuziˈtivu uɛsˈbe (ɐ pẽn]
Verlängerungsschnur	a extensão [ɐ ʃtẽˈsɐ̃ũ]

Fotoartikel

Ich brauche ... für diese Kamera.
Preciso de ... para esta máquina.
[prə'sizu də ... 'pɐrɐ 'ɛʃtɐ 'makinɐ]

- *eine Speicherkarte*
  um cartão de memória [ũ kɐr'tɐ̃u də mə'mɔrjɐ]
- *Akkus*
  os acumuladores [uz‿ɐkumulɐ'dorəʃ]
- *einen Film*
  um rolo [ũ 'ʀolu]

Ich brauche Passfotos.
Preciso de fotografias tipo passe.
[prə'sizu də futugrɐ'fiaʃ 'tipu 'pasə]

Das ist kaputt. Können Sie es bitte reparieren?
Isto está avariado. Pode repará-lo, faz favor?
['iʃtu ʃta ɐvɐ'rjadu. 'pɔdə ʀəpɐ'ralu faʃ fɐ'vor]

Auslöser	o disparador [u dəʃpɐrɐ'dor]
Blitzgerät	o flash [u flɛʃ]
Digitalkamera	máquina digital ['makinɐ diʒi'tal]
Einwegkamera	máquina fotográfica descartável ['makinɐ futu'grafikɐ deʃkɐr'tavɛl]
Filmempfindlichkeit	a sensibilidade do filme [ɐ sẽsibəli'dadə du 'filmə]
Filmkamera	máquina de filmar ['makinɐ də fil'mar]
Linse	a lente [a 'lẽntə]
Objektiv	objetiva [obʒɛ'tivɐ]
Stativ	o tripé [u tri'pɛ]
Unterwasserkamera	máquina fotográfica subaquática ['makinɐ futu'grafikɐ subɐ'qwatikɐ]

Haushaltsartikel

Abfallbeutel	saco do lixo ['saku du 'liʃu]
Alufolie	folha de alumínio ['foʎɐ d‿ɐlu'minju]
Bindfaden	o cordel [u kur'dɛl]
Dosenöffner	o abre-latas [u 'abrə 'latɐʃ]
Draht	o arame [u ɐ'rɐmə]
Flaschenöffner	o abre-cápsulas [u 'abrə 'kapsulɐʃ]
Frischhaltefolie	película transparente [pə'likulɐ trɐ̃ʃpɐ'rẽntə]
Gabel	garfo ['gɐrfu]
Glas	copo ['kɔpu]
Grill	o grelhador [u grəʎɐ'dor]
Grillkohle	o carvão [u kɐr'vɐ̃ũ]
Haushaltswaren	os artigos domésticos [uz‿ɐr'tiguʒ du'mɛʃtikuʃ]
Insektenspray	lata de inseticida ['latɐ d‿ĩnsɛti'sidɐ]
Knopf	o botão [u bu'tɐ̃ũ]
Korkenzieher	o saca-rolhas [u 'sakɐ 'ʀoʎɐʃ]
Kühlelement	o acumulador térmico [u ɐkumulɐ'dor 'tɛrmiku]
Kühltasche	mala térmica ['malɐ 'tɛrmikɐ]
Nadel	agulha [ɐ'guʎɐ]
Plastikbesteck	o talher de plástico [u tɐ'ʎɛr də 'plaʃtiku]
Plastikbeutel	saquinho de plástico [sɐ'kiɲu də 'plaʃtiku]
Schere	tesoura [tə'zorɐ]
Servietten	os guardanapos [uʒ gwɐrdɐ'napuʃ]
Sicherheitsnadel	o alfinete de segurança [u alfi'netə də səgu'rɐ̃sɐ]
Spülbürste	escova para a louça ['ʃkovɐ 'pɐra 'losɐ]

EINKAUFEN
HAUSHALTSARTIKEL

Spülmittel	o detergente para a louça [u dətər'ʒẽntə 'pɐra 'losɐ]
Spültuch	o esfregão para a louça [u ʃfrə'gɐ̃ũ 'pɐra 'losɐ]
Streichhölzer	os fósforos [uʃ 'fɔʃfuruʃ]
Taschenmesser	o canivete [u kɐni'vɛtə]
Thermosflasche®	o termos [u 'tɛrmuʃ]
Trinkflasche	o biberão de água (ou chá) [u bibə'rɐ̃ũ d‿'agwɐ (o ʃa)]
Wäscheklammern	as molas para a roupa [ɐʒ 'mɔlɐʃ 'pɐra 'ʀopɐ]

Etwas zum Anziehen

FARBEN

blau	azul [ɐ'zul]
braun	castanho [kɐʃ'tɐɲu]; *(Bras)* marrom [ma'ʀõ]
einfarbig	só de uma cor [sɔ d‿'umɐ kor]
farbig	de cor [də kor]
gelb	amarelo [ɐmɐ'rɛlu]
goldfarben	dourado [do'radu]
grau	cinzento [sĩ'zẽntu]; (*(Bras)* cinza) ['sĩzɐ]
grün	verde ['verdə]
orange	cor de laranja [kor də lɐ'rẽʒɐ]
rosa	cor-de-rosa [kor də 'ʀɔzɐ]
rot	vermelho [vər'meʎu]; encarnado [ə̃ŋkɐr'nadu]
schwarz	preto ['pretu]; negro ['negru]
silberfarben	prateado [prɐ'tjadu]
türkis	turquesa [tur'kezɐ]
weiß	branco ['brẽŋku]

KLEIDUNG

Können Sie mir bitte ... zeigen?
Pode-me mostrar ... por favor?
[ˈpɔdəmə muʃˈtrar pur fɐˈvor]

Kann ich es anprobieren?
Posso provar? [ˈpɔsu pruˈvar]

Welche (Konfektions-)Größe haben Sie?
Que número usa? [kə ˈnuməru ˈuzɐ]

Das ist mir zu ...
Está muito ... [ʃta ˈmũintu]

- *eng/weit.*
  apertado/largo. [ɐpərˈtadu/ˈlargu]
- *kurz/lang.*
  curto/comprido. [ˈkurtu/kõmˈpridu]
- *klein/groß.*
  pequeno/grande. [pəˈkenu/ˈgrɐ̃ndə]

Das passt gut. Ich nehme es.
Está bom. Levo este. [ʃta bõ. ˈlɛvu ˈeʃtə]

Das ist nicht ganz, was ich möchte.
Não é bem isto que eu quero. [nɐ̃ũ ɛ bɐ̃ĩ ˈiʃtu kjeu ˈkɛru]

Haben Sie das auch noch in einer anderen Farbe?
Também há noutra cor? [tẽmˈbɐ̃i a ˈnotrɐ kor]

Anorak	o anorak [u ɐnɔˈrak]
Ärmel	manga [ˈmɐ̃ngɐ]
Badeanzug	fato de banho [ˈfatu də ˈbɐɲu]; (*Bras*) o maiô [u maˈjo]
Badehose	o calção de banho [u kalˈsɐ̃ũ də ˈbɐɲu]
Bademantel	o roupão de banho [u ʀoˈpɐ̃ũ də ˈbɐɲu]
BH	o soutien, (*Bras*) sutiã [u suˈtjɐ̃]
Bikini	o biquíni [u biˈkini]
Bluse	blusa [ˈbluzɐ]
Handschuhe	as luvas [ɐʃ ˈluvɐʃ]

Hemd	camisa [kɐˈmizɐ]
Hose	as calças [ɐʃ ˈkalsɐʃ]
Hut	o chapéu [u ʃɐˈpɛu]
– Sonnenhut	o chapéu para o sol [u ʃɐˈpɛu ˈpɐrɐ u sɔl]
Jacke	casaco [kɐˈzaku]
Jeans	as calças de ganga [ɐʃ ˈkalsɐʒ də ˈgɐ̃gɐ]
Kinderkleidung	roupa de criança [ˈʀopɐ də krjˈɐ̃sɐ]
Kleid	vestido [vəʃˈtidu]
Kostüm	(fato de) saia e casaco [(ˈfatu də) ˈsajɐ i kɐˈzaku]; *(Bras)* o tailler [u taiˈjɛr]
Krawatte	gravata [grɐˈvatɐ]
Mantel	*(Damenmantel)* casaco comprido [kɐˈzaku kõmˈpridu]; *(Herrenmantel)* sobretudo [sobrəˈtudu]
Mütze	o boné [u bɔˈnɛ]
Pullover	camisola [kɐmiˈzɔlɐ]; o pulôver [u puˈlovɛr]
Regenjacke	casaco impermeável [kɐˈzaku ĩpərˈmjavɛl]
Reißverschluss	fecho de correr [ˈfeiʃu də kuˈʀer]
Rock	saia [ˈsajɐ]
Schal	o cachecol [u kaʃəˈkɔl]
Schirm	o guarda-chuva [u ˈgwardɐ ˈʃuvɐ]
Shorts	o calção [u kalˈsɐ̃ũ]
Slip	cueca de senhora [ˈkwɛkɐ də səˈɲorə]
Socken	as peúgas [ɐʒ ˈpjugɐʃ]
Strickjacke	casaco de malha [kɐˈzaku də ˈmaʎɐ]
Strumpfhose	o collant [u ˈkɔlẽ]
Sweatshirt	a sweatshirt [ɐ suɛtəˈʃertə]
T-Shirt	a T-shirt [ɐ ti ʃɛrt]
Weste	o colete [u kuˈletə]

SCHUHE UND TASCHEN

Ich habe Schuhgröße ...
Calço o número ... [ˈkals‿u ˈnumәru]

Sie sind zu eng/zu groß.
Estão muito apertados/grandes.
[ʃtɐ̃ũ ˈmũintu ɐpәrˈtaduʃ/ˈgrɐ̃ndәʃ]

Badeschuhe	os sapatos para banho [uʒ sɐˈpatuʃ ˈpɐrɐ ˈbɐɲu]
Flipflops	as havaianas [ɐz‿ɐvaiˈɐnɐʃ]
Gummistiefel	as galochas [ɐʒ gɐˈlɔʃɐʃ]
Gürtel	cinto [ˈsĩntu]
Handtasche	mala de mão [ˈmalɐ dә mɐ̃ũ]; carteira [kɐrˈteirɐ]
Koffer	mala [ˈmalɐ]
Reisetasche	saco de viagem [ˈsaku dә ˈvjaʒɐĩ]
Rucksack	mochila [muˈʃilɐ]
Sandalen	as sandálias [ɐʒ sɐnˈdaljɐʃ]
Schnürsenkel	os atacadores [uz‿ɐtɐkɐˈdorәʃ]
Schuh	sapato [u sɐˈpatu]
Stiefel	as botas [ɐʒ ˈbɔtɐʃ]
Strandschuhe	os sapatos de praia [uʒ sɐˈpatuʒ dә ˈprajɐ]
Tasche	saco [ˈsaku]
Turnschuhe	os ténis [uʒ ˈtɛniʃ] as sapatilhas [ɐʒ sɐpɐˈtiʎɐʃ]
Wander-/ Trekkingschuh	sapato de marcha/ de todo-terreno [sɐˈpatu dә ˈmarʃɐ/ dә ˈtodu tәˈʀenu]

Beim Optiker

Würden Sie mir bitte diese Brille/das Gestell reparieren?
Podia-me consertar estes óculos/a armação, faz favor?
[puˈdiɐmә kõsәrˈtar‿ˈeʃtәz‿ˈɔkuluʃ/ɐ armɐˈsɐ̃ũ, faʃ fɐˈvor]

Ich hätte gern ...
Queria ... [kəˈriɐ]

- *Eintageslinsen.*
  lentes descartáveis diárias.
  [ˈlẽntəʒ dəʃkɐrˈtaveiʃ diˈarjɐʃ]
- *eine Aufbewahrungslösung.*
  uma solução de conservação.
  [ˈumɐ suluˈsɐ̃ũ də kõsərvɐˈsɐ̃ũ]
- *eine Reinigungslösung.*
  um líquido de limpeza. [ũ ˈlikidu də lĩmpezɐ]
- *für harte/weiche Kontaktlinsen.*
  para lentes de conta(c)to duras/moles.
  [ˈpɐrɐ ˈlẽntəʒ də kõnˈtaktu ˈdurɐʃ/ˈmɔləʃ]
- *eine Sonnenbrille.*
  uns óculos de sol. [ũz‿ˈɔkuluʒ də sɔl]

Souvenirs kaufen

Ich hätte gern ...
Queria ... [kəˈriɐ]

- *ein hübsches Andenken.*
  uma lembrança bonita.
  [ˈumɐ lẽmˈbrɐ̃sɐ buˈnitɐ]
- *etwas Typisches aus dieser Gegend.*
  uma coisa típica desta região.
  [ˈumɐ ˈkoizɐ ˈtipikɐ ˈdɛʃtɐ rəʒiˈɐ̃ũ]

echt — autêntico [auˈtẽntiku]
Folkloreladen — lloja de artesanato e artigos regionais [ˈlɔʒɐ d‿ɐrtəzɐˈnatu i ɐrˈtiguʃ ʀəʒjuˈnajʃ]
handgemacht — feito à mão [ˈfeit‿a mɐ̃ũ]
Keramik — as cerâmicas [ɐʃ səˈrɐmikɐʃ]
Keramik aus Barcelos — cerâmica de Barcelos [səˈrɐmikɐ də bɐrˈsɛluʃ]

kitschig	parolo [pɐˈrolu]
Mitbringsel	lembrança [lẽmˈbrẽsɐ]
regionales Produkt/ Spezialität	produto/a especialidade regional [pruˈdutu/ɐ ʃpəsjɐliˈdadə ʀəʒjuˈnal]
Schmuck	as joias [ɐʒ ˈʒɔjɐʃ]
Schnitzerei	obra de talha [ˈɔbrɐ də ˈtaʎɐ]
Töpferwaren	os barros [uʒ ˈbaʀuʃ]

Im Tabakladen

Eine Schachtel/Eine Stange ...
Um maço/Um pacote ...
[ũ ˈmasu/ũm pɐˈkɔtə]

- mit/ohne Filter, bitte!
com/sem filtro, faz favor!
[kõ/sɐĩ ˈfiltru faʃ fɐˈvor]

Zehn Zigarren/Zigarillos, bitte.
Dez charutos/cigarrilhas, faz favor.
[dɛʃ ʃɐˈrutuʃ/sigɐˈʀiʎɐʃ faʃ fɐˈvor]

Aschenbecher	cinzeiro [sĩˈzeiru]
Feuerzeug	isqueiro [iʃˈkeiru]
Pfeife	cachimbo [kɐˈʃĩmbu]
Pfeifentabak	tabaco para cachimbo [tɐˈbaku ˈpɐrɐ kɐˈʃĩmbu]
Streichhölzer	os fósforos [uʒ ˈfɔʃfuruʃ]
Zigarette	cigarro [siˈgaʀu]
Zigarettentabak	tabaco para cigarros [tɐˈbaku pɐrɐ siˈgaʀuʃ]
Zigarillo	cigarrilha [sigɐˈʀiʎɐ]
Zigarre	charuto [ʃɐˈrutu]

EINKAUFEN
IM TABAKLADEN

Uhren und Schmuck

Anhänger	o medalhão [u mədɐˈʎɐ̃ũ]
Armband	pulseira [pulˈseirɐ]
Armbanduhr	relógio de pulso [ʀəˈlɔʒju də ˈpulsu]
– für Damen/ für Herren	de senhora/de homem [də səˈɲorɐ/d‿ˈɔmɐĩ]
Brosche	o broche [u ˈbrɔʃə]
Gold	ouro [ˈoru]
Kette	o colar [u kuˈlar]; (fein) fio [ˈfiu]
Krawattennadel	o alfinete de gravata [u alfiˈnetə də grɐˈvatɐ]
Kristall	o cristal [u kriʃˈtal]
Modeschmuck	bijutaria [biʒutɐˈriɐ]; *(Bras)* bijuteria [biʒuteˈriɐ]
Ohrringe	os brincos [uʒ ˈbrĩŋkuʃ]
Perle	pérola [ˈpɛrulɐ]
Reisewecker	o despertador de viagem [u dəʃpərtɐˈdor də viˈaʒɐĩ]
Ring	o anel [u ɐˈnɛl]
Schmuck	as joias [ɐʒ ˈʒɔjɐʃ]
Silber	prata [ˈpratɐ]
wasserdicht	à prova de água [a ˈprɔvɐ d‿ˈagwɐ]
wasserdichte Uhr	relógio à prova de água [ʀəˈlɔʒju a ˈprɔvɐ d‿ˈagwɐ]

Einkaufen

*die **Bäckerei***
padaria
[padɐˈriɐ]

*die **Buchhandlung***
livraria
[livrɜˈriɜ]

*der **Friseursalon***
salão de cabeleireiro
[sɐˈlẽu dә kɐbәleiˈreiru

*der **Fischmarkt***
peixaria
[pɐjʃɐˈriɐ]

*der **Souvenirladen***
loja de artesanato e artigos regionais
[ˈlɔʒɐ dɐrtәzɐˈnatu i ɐrˈtiguʃ ʀәʒjuˈnajʃ]

*die **Konditorei***
pastelaria
[pɐʃtәlɐˈriɐ]

*der **Markt***
mercado
[mәrˈkadu]

die Metzgerei
talho
[ˈtaʎu]

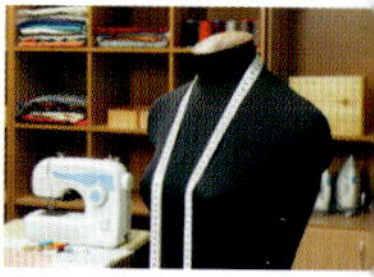

*die **Schneiderei***
loja de costura
[ˈlɔʒɐ dә kuʃˈturɐ]

*der **Baumarkt***
loja de materiais de construção e bricolage
[ˈlɔʒɐ dә mɐtәˈrjaiʒ dә kõʃtruˈsẽu i brikɔˈlaʒә]

*das **Schreibwaren-geschäft***
papelaria
[pɐpәlɐˈriɐ]

*der **Supermarkt***
supermercado
[supɛrmәrˈkadu]

Altes Hotel im Zentrum von Lissabon, Portugal.

ÜBERNACHTEN

Ein kleines Hotel in Alvito

WIE MAN SICH BETTET ...

Sie können sich nach der Zahl der Sterne richten, nach einer persönlichen Empfehlung oder ganz einfach nach Ihrem Geldbeutel ...

Ein besonderer Tipp sind die **Pousadas**: Staatlich-private, sehr gut geführte Hotels in besonders schönen Gebieten. Außerdem sind sie oft in historischen Gebäuden untergebracht.

Hotel, Pension oder Privatzimmer?

AN DER INFORMATION

Können Sie mir bitte ... empfehlen?
Faz favor, pode-me recomendar ...
[faʃ fɐˈvor ˈpɔdəmə ʀəkumẽnˈdar]

- ein gutes Hotel/ein einfaches Hotel
um bom hotel?/um hotel simples?
[ũm bõ ɔ'tɛl/ũ ɔ'tɛl 'sĩmpləʃ]

- eine Pension
uma pensão? ['umɐ pẽ'sɐũ]

- ein Privatzimmer
um quarto? [ũm 'kwartu]

Ist es zentral/ruhig/in Strandnähe gelegen?
Fica no centro/num sítio sossegado/perto da praia?
['fikɐ nu 'sẽntru/nũ 'sitju susə'gadu/'pɛrtu dɐ 'prajɐ]

Können Sie mir etwas in der Nähe empfehlen?
Pode recomendar-me alguma coisa aqui perto?
['pɔdə rəkumẽn'darm‿al'gumɐ 'koiz‿ɐ'ki 'pɛrtu]

Gibt es hier auch ...
Também há aqui ... [tẽm'bɐĩ a ɐ'ki]

- einen Campingplatz?
um parque de campismo (*(Bras)* um camping)?
[ũm 'parkə də kẽm'piʒmu (ũ 'kẽmpiŋ)]

- eine Jugendherberge?
uma pousada de juventude?
['umɐ po'zadɐ də ʒuvẽn'tudə]

Hotel

IM HOTEL ANGEKOMMEN

Ich habe ein Zimmer reserviert. Mein Name ist ...
Eu reservei um quarto. O meu nome é ...
[eu ʀəzər'vei ũm 'kwartu. u meu 'nom‿ɛ]

Haben Sie noch ... ein Zimmer frei?
Ainda tem um quarto livre ...?
[ɐ'ĩndɐ tɐĩ ũm 'kwartu 'livrə]

- ... für eine Nacht
... para uma noite ['perɐ 'umɐ 'noitə]

– ... für zwei Tage
... para dois dias [ˈpɐrɐ doiʒ ˈdiɐʃ]
– ... für eine Woche
... para uma semana [ˈpɐrɐ ˈumɐ səˈmɐnɐ]

Haben Sie Familienzimmer?
Tem quartos para famílias? [tɐĩ ˈkwartuʃ ˈpɐrɐ fɐˈmiljɐʃ]

Ich hätte gern ...
Queria ... [kəˈriɐ]

– ein Einzelzimmer
um quarto individual [ũm ˈkwartu ĩndəviˈdwal]
– ein Doppelzimmer
um quarto de casal [ũm ˈkwartu də kɐˈzal]
– ein ruhiges Zimmer
um quarto sossegado [ũm ˈkwartu susəˈgadu]
– mit Dusche
com duche (*(Bras)* ducha) [kõ ˈduʃə (ˈduʃɐ)]
– mit Bad
com casa de banho (*(Bras)* banheiro)
[kõ ˈkazɐ də ˈbɐɲu (baˈɲeru)]
– mit Balkon/Terrasse
com varanda/terraço [kõ vɐˈrɐ̃ndɐ/təˈʀasu]

Kann ich das Zimmer ansehen?
Posso ver o quarto? [ˈpɔsu ver‿u ˈkwartu]

Kann ich bitte noch ein anderes sehen?
Posso ver mais outro quarto?
[ˈpɔsu ver maiz‿ˈotru ˈkwartu]

Es ist gut, ich nehme es.
Está bem, fico com este. [ʃta bɐ̃i ˈfiku kõ ˈeʃt(ə)]

Könnten Sie bitte noch ein drittes Bett/ein Kinderbett dazustellen?
Pode pôr mais uma cama/uma cama de criança?
[ˈpɔdə por maiz‿ˈumɐ ˈkɐmɐ/ˈumɐ ˈkɐmɐ də krjˈɐ̃sɐ]

Ist das Frühstück inklusive?
O pequeno almoço está incluído?
[u pəˈken͜alˈmosu ʃta ĩŋklwˈidu]

Wo kann ich den Wagen abstellen?
Onde posso deixar o carro? [ˈõndə ˈpɔsu deiˈʃar͜u ˈkaʀu]

FRAGEN UND BITTEN

Ab wann gibt es Frühstück?
A partir de que horas se pode tomar o pequeno-almoço (*(Bras)* o café da manhã)? [ɐ pɐrˈtir də ˈkjɔrɐʃ sə ˈpɔdə tuˈmar͜u pəˈken͜alˈmosu (u kaˈfɛ da maˈɲẽ)]

Wann sind die Essenszeiten?
A que horas são as refeições? [ɐ ˈkjɔrɐʃ sɐ̃ũ ɐʒ ʀəfeiˈsõiʃ]

Wo ist der Speisesaal?
Onde é a sala de jantar? [ˈõnd͜ɛ ɐ ˈsalɐ də ʒɐñˈtar]

Gibt es ... im Zimmer?
Há ... no quarto? [a nu ˈkwartu]

- *Internetanschluss*
  ligação à Internet [ligɐˈsɐ̃u a ĩntərˈnɛtə]
- *Fernsehen*
  televisão [tələviˈsɐ̃u]

Haben Sie WLAN?
Tem Wi-Fi? [tɐ̃i waiˈfai]

Wo gibt es in der Nähe ein Internetcafé?
Onde há aqui um internet café?
[ˈõnd͜a ɐˈki ũ ĩntɐrˈnɛtə kɐˈfɛ]

Haben Sie ein Babyfon?
Tem um interfone para bebés?
[tɐĩ ũ ĩntərˈfɔnə ˈpɐrɐ bɛˈbɛʃ]

ALLES IN ORDNUNG?

Das Zimmer ist heute nicht geputzt worden.
O quarto não foi limpo hoje.
[u 'kwartu nɐũ foi 'lĩmpu 'oʒə]

Die Klimaanlage funktioniert nicht.
O ar condicionado não funciona.
[u ar kõndəsju'nadu nɐũ fũsj'onɐ]

Es kommt kein (warmes) Wasser.
Não corre água (quente). [nɐũ 'koʀ‿'agwɐ ('kẽntə)]

Die Toilette/Das Waschbecken ist verstopft.
A retrete (*(Bras)* privada)/bacia do lavatório está entupida.
[ɐ ʀə'trɛtə (pri'vadɐ)/bɐ'siɐ du lɐvɐ'tɔrju ʃta ẽntu'pidɐ]

Ich hätte gern ein anderes Zimmer.
Queria que me desse outro quarto.
[kə'riɐ kə mə 'dɛs‿'otru 'kwartu]

AUSCHECKEN UND BEZAHLEN

Ich reise heute Abend/morgen um ... Uhr ab.
Parto esta tarde/amanhã às ... horas.
['partu 'ɛʃtɐ 'tardə/amɐ'ɲẽ aʃ ... 'ɔrɐʃ]

Kann ich mein Gepäck (bis heute Abend) hier lassen?
Posso deixar a minha bagagem aqui (até hoje à noite)?
['pɔsu dei'ʃar ɐ 'miɲɐ bɐ'gaʒẽi ɐ'ki (ɐ'tɛ oʒ‿a 'noitə)]

Kann ich bitte meinen Pass zurückhaben?
Pode-me devolver o passaporte, por favor?
['pɔdəmə dəvol'ver u pasɐ'pɔrtə pur fɐ'vor]

Vielen Dank für alles! Auf Wiedersehen!
Muito obrigado/obrigada por tudo! Adeus!
['mũint‿obri'gadu/obri'gadɐ pur 'tudu. ɐ'deuʃ]

Abendessen	o jantar [u ʒɐñ'tar]
Abfalleimer	o balde do lixo [u 'baldə du 'liʃu]
Anmeldung	a rece(p)ção [ɐ ʀəsɛ'sɐũ]

Aufzug	o elevador [u iləvɐˈdor]
Badetuch	o toalhão de banho [ũ twɐˈʎɐũ də ˈbɐɲu]
Badezimmer	casa de banho [ˈkazɐ də ˈbɐɲu]; *(Bras)* banheiro [baˈɲeru]
Balkon	varanda [vɐˈrɐ̃ndɐ]
barrierefrei	sem obstáculos [sɐĩ obʃˈtakuluʃ]
Bett	cama [ˈkɐmɐ]
Bettdecke	colcha [ˈkolʃɐ]
Bettwäsche	roupa de cama [ˈʀopɐ də ˈkɐmɐ]
Dusche	o duche [u ˈduʃə]; *(Bras)* ducha [ˈduʃɐ]
Duschsitz	assento para o duche [ɐˈsẽntu ˈper‿u ˈduʃə]
Duschvorhang/ Schiebetür	cortina do duche/porta do duche [kurˈtinɐ du ˈduʃə/ˈpɔrtɐ du ˈduʃə]
ebenerdig	ao nível do chão [au ˈnivɛl du ʃɐũ]
Etage	o andar [u ɐ̃ˈdar]
Fernseher	a televisão [ɐ tələviˈzɐũ]
Frühstück	pequeno-almoço [pəˈken‿alˈmosu]; *(Bras)* o café da manhã [u kaˈfɛ da maˈɲɐ̃]
Frühstücksraum	sala do pequeno-almoço (*(Bras)* do café da manhã) [ˈsalɐ du pəˈken‿alˈmosu (du kaˈfɛ da maˈɲɐ̃)]
Garage	a garagem [ɐ gɐˈraʒɐĩ]
Glas	copo [ˈkɔpu]
Glühbirne	lâmpada [ˈlɐ̃mpɐdɐ]
Halbpension	a meia pensão [ɐ ˈmejɐ pẽˈsɐũ]
Handtuch	toalha [ˈtwaʎɐ]
Hauptsaison	a estação alta [ɐ ʃtɐˈsɐũ ˈaltɐ]
Kinderbetreuung	o babysitting [u ˈbeibiˈsitiŋ]

Kinderbett	cama de criança ['kɐmɐ də krj'ẽsɐ]
Klimaanlage	o ar condicionado [u ar kõndəsju'nadu]
Lampe	candeeiro [kɐñ'djeiru]
Licht	a luz [ɐ luʃ]
Matratze	o colchão [u kol'ʃɐũ]
Minibar	o minibar [u mini'bar]
Mittagessen	almoço [al'mosu]
Motel	o motel [u mo'tɛl]
Nachsaison	a estação baixa [ɐ ʃtɐ'sɐũ 'baiʃɐ]
Parkplatz	o parque de estacionamento [u 'parkə də‿ʃtɐsjunɐ'mẽntu]
Pension	a pensão [ɐ pẽ'sɐũ]
Preisliste (z. B. für die Minibar)	lista de preços ['liʃtɐ də 'presuʃ]
reinigen	limpar [lĩm'par]
reparieren	reparar [rəpɐ'rar]
Reservierung	reserva [ʀə'zɛrvɐ]
Restaurant	o restaurante [u ʀəʃtau'rãntə]
Rezeption	a rece(p)ção [ɐ ʀəsɛ(p)'sɐ̃w̃]
rollstuhlgerecht	equipado para cadeira de rodas [iki'padu 'pɐrɐ kɐ'deirɐ də 'rɔdɐʃ]
Safe	o cofre [u 'kɔfrə]
Schlüssel	a chave [ɐ 'ʃavə]
Schrank	armário [ɐr'marju]
Speisesaal	sala de jantar ['salɐ də ʒɐñ'tar]
Spiegel	espelho ['ʃpeʎu]
Steckdose	tomada [tu'madɐ]
Stecker	ficha ['fiʃɐ]; *(Bras)* plugue ['plugi]
stufenloser Zugang	acesso sem degraus [ɐ'sɛsu sɐĩ də'grauʃ]
Swimmingpool	piscina [pəʃ'sinɐ]
Toilette	casa de banho ['kazɐ də 'bɐɲu]; *(Bras)* banheiro [ba'ɲeru]

HOTEL ÜBERNACHTEN

Toilettenpapier	o papel higiénico (ê) [u pɐˈpɛl‿iˈʒjɛniku]
Übernachtung	dormida [durˈmidɐ]; *(Bras)* o pernoite [u perˈnoiti]
Ventilator	o ventilador [u vẽntilɐˈdor]
Vollpension	a pensão completa [ɐ pẽˈsɐ̃ũ kõmˈplɛtɐ]
Vorsaison	a estação baixa [ɐ ʃtɐˈsɐ̃ũ ˈbaiʃɐ]
Waschbecken	lavatório [lɐvɐˈtɔrju]
Wasser	água [ˈagwɐ]
- kaltes Wasser	água fria [ˈagwɐ ˈfriɐ]
- warmes Wasser	água quente [ˈagwɐ ˈkẽntə]
Wasserglas	copo de água [ˈkɔpu d‿ˈagwɐ]
WLAN	Wi-Fi [waiˈfai]
Wolldecke	manta de lã [ˈmɐ̃ntɐ də lɐ̃]
Zimmer	quarto [ˈkwartu]

Ferienhäuser und Ferienwohnungen

Ich habe bei Ihnen ... gebucht/gemietet.
Reservei/aluguei aqui ... [ʀəzərˈvei/ɐluˈgei ɐˈki]

- die Wohnung ...
o apartamento. [u ɐpɐrtɐˈmẽntu]

- das Haus ...
a casa. [ɐ ˈkazɐ]

Wo bekommen wir die Schlüssel?
Onde buscamos a chave? [ˈõndə buʃˈkɐmuz‿ɐ ˈʃavə]

Ist der Strom-/Wasserverbrauch im Mietpreis enthalten?
O consumo de eletricidade/de água está incluído no aluguer? [u kõˈsumu d‿ilɛtrəsiˈdadə/d‿ˈagwɐ ʃta ĩŋˈklwidu nu ɐluˈgɛr]

Sind Haustiere erlaubt?
São permitidos animais domésticos?
[sɐ̃ũ pərmi'tiduz‿ɐni'maiʒ du'mɛʃtikuʃ]

Müssen wir die Endreinigung selbst übernehmen?
Temos de tratar nós da limpeza final?
['temuʒ də trɐ'tar nɔʒ dɐ lĩm'pezɐ fi'nal]

Bekomme ich die Kaution zurück?
Pode devolver-me a caução?
['pɔdə dəvol'verm‿ɐ kau'sɐ̃u]

Wo gibt es hier ein Lebensmittelgeschäft?
Onde há aqui uma mercearia?
['õnd‿a ə'ki 'umɐ mərsjə'riɐ]

DIE WICHTIGSTEN WÖRTER

Anreisetag	o dia da chegada [u 'diɐ dɐ ʃə'gadɐ]
Anzahlung	o sinal [u si'nal]
Bauernhof	quinta ['kĩntɐ]
Bungalow	o bangaló (ô) [u bɐ̃ŋgɐ'lɔ]
Endreinigung	limpeza final [lĩm'pezɐ fi'nal]
Ferienhaus	casa de férias ['kazɐ də 'fɛrjɐʃ]

GEHEIMTIPP Wagen Sie einen Sprung ins Landesinnere! In der Provinz gibt es schöne Herrenhäuser mit geschmackvoller Einrichtung. Diese gehören oft dem Landadel, der Sie sehr gut empfangen wird.

Ein zusätzlicher Vorteil: Sie werden hier kaum Ihren Nachbarn von Zuhause treffen, sondern eher portugiesische Touristen. Das ist doch der Sinn der Sache, oder?! Fragen Sie beim Portugiesischen Verkehrsamt nach solchen Häusern (**Turismo de Habitação**).

Haustiere	os animais domésticos [uzˌɐniˈmaiʒ duˈmɛʃtikuʃ]
Kaution	a caução [ɐ kauˈsɐ̃u]
Küche	cozinha [kuˈziɲɐ]
Miete	renda [ˈʀẽndɐ]
Müll	lixo [ˈliʃu]
Nebenkosten	as despesas extraordinárias [ɐʒ dəʃˈpezɐzˌəʃtrɐordiˈnarjɐʃ]
Schlafzimmer	quarto de dormir [ˈkwartu də durˈmir]
Schlüsselübergabe	entrega das chaves [ẽnˈtrɛgɐ dɐʃ ˈʃavəʃ]
Strom	a eletricidade [ɐ ilɛtrəsiˈdadə]
Stromspannung	a voltagem [ɐ volˈtaʒɐĩ]
vermieten	alugar [ɐluˈgar]
Wohnzimmer	sala de estar [ˈsalɐ dəˌʃtar]

WAS MAN SO BRAUCHT

Backofen	forno [ˈfornu]
Etagenbett	os beliches [uʒ bəˈliʃəʃ]
Geschirr	louça [ˈlosɐ]
Geschirrtuch	pano da louça [ˈpɐnu dɐ ˈlosɐ]
Geschirrspülmaschine	máquina de lavar a louça [ˈmakinɐ də lɐˈvar ɐ ˈlosɐ]

Glas/Gläser	copo/os copos ['kɔpu/uʒ 'kɔpuʃ]
Herd	o fogão [u fu'gɐ̃ũ]
Kaffeefilter	filtro de café ['filtru də kɐ'fɛ]
Kehrschaufel	a pá [ɐ pa]
Kühlschrank	frigorífico [frigu'rifiku]; *(Bras)* geladeira [ʒela'derɐ]
Pfanne	frigideira [friʒi'deirɐ]
Putzmittel	o detergente [u dətər'ʒẽntə]
Schlafcouch	o sofá-cama [u so'fa 'kɐmɐ]
Schneebesen	o batedor de claras [u bɐtə'dor də 'klarɐʃ]
Schneidebrett	tábua para cortar ['tabuɐ 'pɐrɐ kur'tar]
Schöpfkelle	concha ['kõʃɐ]
Schüssel/n	tigela/as tigelas [ti'ʒɛlɐ/ɐʒ ti'ʒɛlɐʃ]
Staubsauger	o aspirador [u ɐʃpirɐ'dor]
Topf	tacho ['taʃu]
Waschmaschine	máquina de lavar a roupa ['makinɐ də lɐ'var ɐ 'ʀopɐ]
Wasserkocher	o fervedor elétrico [u fərvə'dor i'lɛtriku]
Wischmopp	o espanador [u ʃpɐnɐ'dor]
Zentralheizung	aquecimento central [ɐkɛsi'mẽntu sẽn'tral]

Camping

Haben Sie noch Platz für einen Wohnwagen/ein Zelt?
Ainda tem lugar para uma caravana (*(Bras)* um trailer)/ uma tenda? [ɐ'ĩndɐ tɐĩ lu'gar 'pɐrɐ 'umɐ kɐrɐ'vɐnɐ (ũ 'treilɐ)/'umɐ 'tẽndɐ]

Wie hoch ist die Gebühr pro Tag und Person?
Quanto se paga por dia e por pessoa? ['kwɐ̃ntu sə 'pagɐ pur 'diɐ i pur pə'soɐ]

Wir bleiben ... Tage/Wochen.
Pensamos ficar ... dias/semanas.
[pẽˈsɐmuʃ fiˈkar ... ˈdiɐʃ/səˈmɐnɐʃ]

Wo sind ...
Onde são ... [ˈõndə sɐũ]

- die Toiletten?
as casas de banho ((*Bras*) os banheiros)?
[ɐʒ ˈkazɐʒ də ˈbɐɲu (uz baˈɲerus)]
- die Waschräume?
os lavabos? [uʒ lɐˈvabuʃ]
- die Duschen?
os duches ((*Bras*) as duchas)? [uʒ ˈduʃəʃ (az ˈduʃɐs)]

Gibt es hier Stromanschluss?
Há aqui corrente elétrica? [a ɐˈki kuˈʀẽntə iˈlɛtrikɐ]

Wo kann ich Gasflaschen umtauschen?
Onde se buscam botijas de gás?
[ˈõndə sə ˈbuʃkɐũ buˈtiʒɐʒ də gaʃ]

Camping — o campismo ((*Bras*) o camping) [u kẽmˈpiʒmu (u ˈkẽmpiŋ)]
Campingausweis — o cartão de campista [u kɐrˈtɐũ də kẽmˈpiʃtɐ]
Campingplatz — o parque de campismo [u ˈparkə də kẽmˈpiʒmu]; (*Bras*) o camping [u ˈkẽmpiŋ]
Gasflasche — botija de gás [buˈtiʒɐ də gaʃ]
Gaskocher — o fogão a gás [u fuˈgɐũ ɐ gaʃ]
Hammer — martelo [mɐrˈtɛlu]
Hering — estaca [ʃˈtakɐ]
Kocher — o fogão [u fuˈgɐũ]
Schlafsack — o saco-cama [u ˈsaku ˈkɐmɐ]
Steckdose — tomada [tuˈmadɐ]
Stecker — ficha [ˈfiʃɐ]; (*Bras*) plugue [ˈplugi]
Strom — a corrente [ɐ kuˈʀẽntə]
Taschenlampe — lanterna de mão [lẽnˈtɛrnɐ də mɐ̃u]

ÜBERNACHTEN
CAMPING

Trinkwasser	água potável ['agwɐ pu'tavɛl]; a marcação prévia [ɐ mɐrkɐ'sɐ̃ũ 'prɛvjɐ]
Waschraum	os lavabos [uʒ lɐ'vabuʃ]
Wäschetrockner	secadora de roupa [səkɐ'dorɐ də 'ʀopɐ]
Wasser	água ['agwɐ]
Wasserkanister	o bidão de água [u bi'dɐ̃ũ d‿'agwɐ]
Wohnmobil	autocaravana [autɔkɐrɐ'vɐnɐ]
Wohnwagen	caravana ((*Bras*) o trailer) [kɐrɐ'vɐnɐ (u 'treilɐ)]
Zelt	tenda ['tẽndɐ]
zelten	acampar [ɐkɐ̃m'par]

FÜR ALLE FÄLLE

In der Apotheke

RASCH UND UNKOMPLIZIERT

Wenn es sich um Kleinigkeiten handelt, können Sie ruhig zur **farmácia** (*Apotheke*) gehen. Dort ist man gern bereit, Ihnen rasch und unkompliziert zu helfen. Apotheken sind von 9 bis 12 und von 14 bis 19 Uhr geöffnet. An der Tür steht zur Information die Liste der Dienst habenden Apotheken in der Nähe.

Könnten Sie mir bitte sagen, wo die nächste Apotheke (mit Nachtdienst) ist?
Pode-me dizer onde é a farmácia (de serviço) mais próxima?
[ˈpɔdəmə diˈzer ˈond‿ɛ ɐ fɐrˈmasjɐ (də sərˈvisu) maiʃ ˈprɔsimɐ]

Könnten Sie mir bitte etwas gegen ... geben?
Pode-me dar qualquer coisa para ..., faz favor?
[ˈpɔdəmə dar kwalˈkɛr ˈkoizɐ ˈpɐrɐ ... faʃ fɐˈvor]

Abführmittel (rezeptpflichtig!) ... o laxativo [u lɐʃɐˈtivu]
Aspirin ... aspirina [ɐʃpiˈrinɐ]
Beruhigungsmittel ... o calmante [u kalˈmɐ̃ntə]
Brandsalbe ... pomada para queimaduras [puˈmadɐ ˈpɐrɐ keimɐˈdurɐʃ]
Desinfektionsmittel ... o desinfetante [u dəzĩfɛˈtɐ̃ntə]
Elastikbinde ... ligadura elástica [ligɐˈdur‿iˈlaʃtikɐ]
Fieberthermometer ... termómetro (ô) [tərˈmɔmətru]
Halstabletten ... os comprimidos para a garganta [uʒ kõmpriˈmiduʃ ˈpɐr‿a gɐrˈgɐ̃ntɐ]
Hustensaft ... o xarope para a tosse [u ʃɐˈrɔpə ˈpɐr‿a ˈtɔsə]

FÜR ALLE FÄLLE | IN DER APOTHEKE

Läuse	piolhos [pi'oʎuʃ]
Mittel gegen Insektenstiche	produto contra picadas de insetos [pru'dutu 'kõntrɐ pi'kadɐʒ d‿ĩn'sɛtuʃ]
Kondom	preservativo [prəzərvɐ'tivu]
Kopfschmerztabletten	os comprimidos para a dor de cabeça [uʒ kõmpri'miduʃ 'per‿a dor də kɐ'besɐ]
Kreislaufmittel	remédio para a circulação [ʀə'mɛdju 'per‿a sirkulɐ'sɐ̃ũ]
Medikament	medicamento [mədikɐ'mẽntu]
Mullbinde	a gaze [ɐ 'gazə]
Ohrentropfen	as gotas para os ouvidos [ɐʒ 'gotɐʃ 'per‿uz‿o'viduʃ]
Pflaster	adesivo [ɐdə'zivu]
Salbe	pomada [pu'madɐ]
Schlaftabletten	os soníferos [uʒ su'nifəruʃ]
Schmerztabletten	os comprimidos contra as dores [uʃ kõmpri'miduʃ 'kõntraʒ 'dorəʃ]
Sonnenbrandsalbe	pomada para queimaduras do sol [pu'madɐ 'perɐ keimɐ'durɐʒ du sɔl]
Vitamintabletten	(comprimidos de) vitaminas [kõmpri'miduʒ də vitɐ'minɐʃ]
Zäpfchen	supositório [supuzi'tɔrju]

Beim Arzt

Könnten Sie mir einen/eine ... empfehlen?
Pode-me indicar um/uma ...
['pɔdəm‿ĩndi'kar‿ũm/'umɐ]

– Arzt/Ärztin
médico/médica?
['mɛdiku/'mɛdikɐ]

- Augenarzt
oftalmologista? [ɔftalmulu'ʒiʃtɐ]

- Frauenarzt
ginecologista? [ʒinəkulu'ʒiʃtɐ]

- Hals-Nasen-Ohren-Arzt
otorrinolaringologista? [ɔtoʀinolɐrĩŋgulu'ʒiʃtɐ]

- Hautarzt
dermatologista? [dɛrmɐtulu'ʒiʃtɐ]

- Kinderarzt
pediatra? [pə'djatrɐ]

- Praktischen Arzt
médico de clínica geral? ['mɛdiku də 'klinikɐ ʒə'ral]

- Urologen
urologista? [urulu'ʒiʃtɐ]

- Zahnarzt
dentista? [dẽn'tiʃtɐ]

Wo ist ihre/seine Praxis?
Onde é o consultório? ['õnd‿ɛ u kõsul'tɔrju]

BESCHWERDEN BESCHREIBEN

Ich habe Fieber.
Tenho febre. ['teɲu 'fɛbrə]

Mir ist oft schlecht/übel.
Sinto-me contantemente mal. ['sĩntumə kõʃ'tẽtə'mẽt(ə) mal]

Mir ist oft schwindlig.
Tenho vertigens com frequência. [teɲu vər'tiʒɐĩʃ kõ frə'kwẽsjɐ]

Ich bin ohnmächtig geworden.
Desmaiei. [dəʃmɐ'jei]

Ich habe Kopfschmerzen/Halsschmerzen.
Dói-me a cabeça/a garganta.
[ˈdɔim‿ɐ kɐˈbesɐ/‿ɐ gɐrˈgɐ̃ntɐ]

Ich bin ...
Fui ... [fui]

– gestochen worden.
picado. [piˈkadu]
– gebissen worden.
mordido. [murˈdidu]

Ich habe mir den Magen verdorben.
Comi qualquer coisa que me fez mal.
[kuˈmi kwalˈkɛr ˈkoizɐ kə mə feʒ mal]

Ich vertrage das Essen/die Hitze nicht.
Não me dou bem com a comida/o calor.
[nɐ̃ũ mə do bɐ̃ĩ kõ ɐ kuˈmidɐ/u kɐˈlor]

Ich bin allergisch gegen ...
Sou alérgico/alérgica a ...
[so ɐˈlɛrʒiku/ɐˈlɛrʒikɐ ɐ]

– Antibiotika.
antibióticos. [ɐ̃ntibjˈɔtikuʃ]
– Bienen.
abelhas. [ɐˈbeiʎɐʃ]
– Pollen.
pólen. [ˈpɔlen]

Ich bin gegen ... geimpft.
Estou vacinado/vacinada contra ...
[sto vɐsiˈnadu/vɐsiˈnadɐ ˈkõntrɐ]

– Hepatitis A/B/A und B
hepatite A/B/A e B.
[epɐˈtitə a/be/a i be]
– Tetanus
tétano. [ˈtɛtɐnu]
– Typhus
tifo. [ˈtifu]

Ich habe einen hohen/niedrigen Blutdruck.
Tenho a tensão arterial ((*Bras*) pressão sanguínea) alta/baixa.
[teɲ‿ɐ tẽˈsɐũ ɐrtəˈrjal (preˈsɐũ sẽŋˈginjɐ) ˈaltɐ/ˈbaiʃɐ]

Ich bin ...
Sou ... [so]

- *Allergiker/in.*
  uma pessoa alérgica. [ˈumɐ pəˈsoɐ ɐˈlɛrʒikɐ]
- *Diabetiker/in.*
  diabético/diabética. [djɐˈbɛtiku/djɐˈbɛtikɐ]
- *Epileptiker/in.*
  epilético/epilética. [ipiˈlɛtiku/ipiˈlɛtikɐ]
- *körperbehindert.*
  deficiente físico. [dəfəsiˈẽntə ˈfiziku]
- *sehbehindert.*
  deficiente visual. [dəfəsiˈẽntə vizuˈal]

Ich habe ...
Tenho ... [ˈteɲu ...]

- *multiple Sklerose.*
  esclerose múltipla. [ʃkləˈrɔzə ˈmultiplɐ]
- *einen Herzschrittmacher.*
  um pace-maker. [ũ ˈpeisə ˈmeikə]

Ich bin schwanger.
Estou grávida. [ʃto ˈgravidɐ]

Ich hatte vor kurzem ...
Tive há pouco tempo ... [ˈtiv‿a ˈpoku ˈtẽmpu]

BEI DER UNTERSUCHUNG

Wo tut es weh?
Onde é que lhe dói? [ˈõnd‿ɛ kə ʎə dɔi]

Ich habe hier Schmerzen.
Dói-me aqui. [ˈdɔim‿ɐˈki]

FÜR ALLE FÄLLE BEIM ARZT

Ich brauche eine Blut-/Urinprobe.
É preciso uma análise de sangue/urina.
[ɛ prəˈsizu um‿aˈnalizə də ˈsẽŋgə/uˈrinɐ]

Sie müssen geröntgt werden.
Tem que tirar uma radiografia.
[tɐĩ ke tiˈrar‿ˈumɐ ʀadjugrɐˈfiɐ]

Sie müssen operiert werden.
Tem de ser operado/operada.
[tɐĩ də ser‿opəˈradu/‿opəˈradɐ]

Es ist nichts Ernstes.
Não é nada de grave. [nɐũ ɛ ˈnadɐ də ˈgravə]

Haben Sie einen Impfschein?
Tem um certificado de vacina?
[tɐĩ ũ sərtəfiˈkadu də vɐˈsinɐ]

Ich bin gegen ... geimpft.
Estou vacinado/vacinada contra ...
[ʃto vɐsiˈnadu/vɐsiˈnadɐ ˈkõntrɐ]

Im Krankenhaus

Wie lange muss ich hier bleiben?
Quanto tempo terei de aqui ficar?
[ˈkwɐñtu ˈtẽmpu təˈrei d‿ɐˈki fiˈkar]

Geben Sie mir bitte ...
Dê-me por favor ... [ˈdemə pur fɐˈvor]

- *ein Glas Wasser.*
  um copo de água. [ũm ˈkɔpu d‿ˈagwɐ]
- *eine Schmerztablette.*
  um analgésico. [ũ ɐnalˈʒɛziku]
- *eine Schlaftablette.*
  um sonífero. [ũ suˈnifəru]
- *eine Wärmflasche.*
  um saco de água quente. [ũ ˈsaku d‿ˈagwɐ ˈkẽntə]

Ich kann nicht einschlafen.
Não consigo adormecer. [nɐ̃ũ kõ'sigu ɐdurmə'ser]

Wann darf ich aufstehen?
Quando é que posso levantar-me?
['kwɐ̃dwɛ kə 'pɔsu ləvɐ̃'tarmə]

KRANKHEITEN UND BESCHWERDEN

Abszess	abcesso [ɐb'sɛsu]
Allergie	alergia [ɐlər'ʒiɐ]
Angina	angina [ɐ̃'ʒinɐ]
ansteckend	contagioso [kõntɐ'ʒjozu]
Asthma	asma ['aʒmɐ]
Bänderriss	rotura de ligamentos [ʀu'turɐ də ligɐ'mẽntuʃ]
Bindehaut-entzündung	a conjuntivite [ɐ kõnʒũnti'vitə]
Blähungen	flatulência [flɐtu'lẽsjɐ]
Blinddar-mentzündung	a apendicite [apẽndə'sitə]
Bluthochdruck	a tensão ((*Bras*) a pressão) alta [ɐ tẽn'sɐ̃ũ (ɐ pre'sɐ̃ũ) 'altɐ]
Blutvergiftung	septicemia [sɛptisə'miɐ]
Borreliose	a borreliose [ɐ buʀəli'oz]
Brechreiz	as náuseas [ɐʒ 'nauzjɐʃ]
Bronchitis	a bronquite [ɐ brõŋ'kitə]
Bruch	(*Knochenbruch*) fratura [fra'turɐ]
Diabetes	a diabetes [ɐ djɐ'bɛtəʃ]
Diphtherie	difteria [diftə'riɐ]
Durchfall	diarreia [djɐ'ʀejɐ]
Entzündung	a inflamação [ɐ ĩflɐmɐ'sɐ̃ũ]
Epilepsie	epilepsia [ipilɛp'sjɐ]
Erkältung	a constipação [ɐ kõʃtipa'sɐ̃ũ]; (*Bras*) resfriado [ʀes'frjadu]
Fieber	a febre [ɐ 'fɛbrə]
Gehirnerschütterung	traumatismo craniano [traumɐ'tiʒmu krɐni'ɐnu]

Gehirnschlag	apoplexia cerebral [ɐpoplɛˈksiɐ sərəˈbral]
Gelbsucht	icterícia [iktəˈrisjɐ]
Geschlechtskrankheit	doença venérea [ˈdwẽsɐ vəˈnɛrjɐ]
geschwollen	inchado [ĩˈʃadu]
Geschwulst	o tumor [u tuˈmor]
Geschwür	úlcera [ˈulsərɐ]
Gleichgewichtsstörungen	as perturbações de equilíbrio [ɐʃ pərturbɐˈsõiʒ d͜ikiliˈbrju]
Grippe	a gripe [ɐ ˈgripə]
Halsschmerzen	as dores de garganta [ɐʒ ˈdorəʒ də gɐrˈgɐ̃tɐ]
Hämorriden	as hemorroidas [ɐz͜emuˈʀɔidɐʃ]
Herzanfall	o ataque cardíaco [u ɐˈtakə kɐrˈdiɐku]
Herzbeschwerden	as perturbações cardíacas [ɐʒ pərturbɐˈsõiʃ kɐrˈdiɐkɐʃ]
Herzfehler	deficiência cardíaca [dəfiˈsjẽsjɐ kɐrˈdiɐkɐ]
Hirnhautentzündung	a meningite [ɐ mənĩnˈʒitə]
Infektion	a infeção [ɐ ĩfɛˈsɐ̃ũ]
Insektenstich	picada de inseto [piˈkadɐ d͜ĩnˈsɛtu]
Ischias	ciática [ˈsjatikɐ]
jucken	fazer comichão [fɐˈzer kumiˈʃɐ̃ũ]
Kinderkrankheit	doença infantil [dwˈẽs͜ĩfɐ̃nˈtil]
Knochenbruch	fratura [fraˈturɐ]
Kopfschmerzen	a dor de cabeça [ɐ dor də kɐˈbesɐ]; espasmo [ˈʃpaʒmu]
Krankheit	doença [ˈdwẽsɐ]
Krebs	cancro [ˈkɐ̃ŋkru]; *(Bras)* o câncer [u ˈkɐ̃sɛr]
Kreislaufstörung	a perturbação circulatória [ɐ pərturbɐˈsɐ̃ũ sirkulɐˈtɔrjɐ]

Lähmung	paralisia [pɐrɐlə'ziɐ]
Lebensmittelvergiftung	a intoxicação alimentar [ɐ ĩntɔksikɐ'sɐũ ɐlimẽn'tar]
Leistenbruch	hérnia inguinal ['ɛrnjɐ ĩŋgi'nal]
Lungenentzündung	pneumonia [pneumu'niɐ]
Magenschmerzen	a dor de estômago [ɐ dor də 'ʃtomɐgu]
Malaria	malária [mɐ'larjɐ]
Mandelentzündung	a amigdalite [a‿amigdɐ'litə]
Migräne	enxaqueca [ẽʃɐ'kɛkɐ]
Mittelohrentzündung	a otite [ɐ ɔ'titə]
Nierenstein	cálculo renal ['kalkulu ʀə'nal]
niesen	espirrar [ʃpi'ʀar]
Ohnmacht	desmaio [dəʒ'maju]
Pilzinfektion	a micose [ɐ mi'kɔzə]
Rheuma	reumatismo [ʀeumɐ'tiʒmu]
Röteln	rubéola [ʀu'bɛulɐ]
Rückenschmerzen	a dor nas costas [ɐ dor nɐʃ 'kɔʃtɐʃ]
Salmonellen	as salmonelas [ɐʒ salmu'nɛlɐʃ]
Scharlach	escarlatina [ʃkɐrlɐ'tinɐ]
Schlaflosigkeit	insónia [ĩ'sɔnjɐ]
Schlaganfall	(o ataque de) apoplexia [(u ɐ'takə d‿) ɐpoplɛ'ksiɐ]
Schmerzen	as dores [ɐʒ 'dorəʃ]
Schüttelfrost	os calafrios [uʃ kɐlɐ'friuʃ]
Sehstörungen	as perturbações na vista [ɐʃ pərturbɐ'sõiʃ nɐ 'viʃtɐ]
Seitenstich	pontada [põn'tadɐ]
Sodbrennen	azia [ɐ'ziɐ]
Sonnenbrand	queimadura do sol [keimɐ'durɐ du sɔl]
Sonnenstich	a insolação [ɐ ĩsulɐ'sɐũ]
Stirnhöhlenentzündung	a sinusite [ɐ sinu'zitə]
Tetanus	tétano ['tɛtɐnu]

Übelkeit	náusea ['nauzjɐ]; enjoo [ẽ'ʒou]
Verbrennung	queimadura [keimɐ'durɐ]
Verdauungsstörung	a indigestão [ɐ ĩndiʒəʃ'tɐũ]
Vergiftung	envenenamento [ẽvənənɐ'mẽntu]; a intoxicação [ɐ ĩntɔksikɐ'sɐũ]
verletzen	ferir [fə'rir]
Verletzung	ferida [fə'ridɐ]
wehtun	doer [dwer]
Wunde	ferida [fə'ridɐ]
Zecke	carraça [kɐ'ʀasɐ]
Zerrung	a distensão [ɐ dəʃtẽ'sɐũ]
Zöliakie	doença celíaca ['dwẽsɐ sə'liɐkɐ]

IM KRANKENHAUS - WORTSCHATZ

Attest	atestado [ɐtəʃ'tadu]
Bescheinigung	atestado [ɐtəʃ'tadu]; certificado [sərtəfi'kadu]
Besuchszeit	as horas da visita [ɐz‿'ɔrɐʒ dɐ və'zitɐ]
bewusstlos	sem sentidos [sɐĩ sẽn'tiduʃ]
Blut	o sangue [u 'sẽŋgə]
Blutdruck	a tensão arterial [ɐ tẽ'sɐũ ɐrtə'rjal]; *(Bras)* a pressão sanguínea [a pre'sɐũ sẽŋ'ginjɐ]
bluten	sangrar [sẽŋ'grar]
Blutgruppe	grupo sanguíneo ['grupu sẽŋ'g(w)inju]
Brust	peito ['peitu]
Bypass	o bypass [u bai'pas]
Chirurg/in	o cirurgião/a cirurgiã [u sirur'ʒjẽu/ɐ sirur'ʒjẽ]
Darm	intestino [ĩntəʃ'tinu]
desinfizieren	desinfetar [dəzĩfɛ'tar]
Diagnose	diagnóstico [djɐg'nɔʃtiku]
Diät	dieta ['djɛtɐ]

Eiter	o pus [u puʃ]
sich erbrechen	vomitar [vumi'tar]
Facharzt	o especialista [u ʃpəsjɐ'liʃtɐ]
Gallenblase	vesícula biliar [və'zikulɐ bi'ljar]
Gehirn	cérebro ['sɛrəbru]
Gehör	ouvido [o'vidu]
Gelenk	a articulação [a͜artikulɐ'sɐũ]
Geschlechtsorgane	os órgãos genitais/sexuais [uz͜'ɔrgɐũʒ ʒəni'taiʃ/sɛk'swaiʃ]; *(Kehle)* garganta [gɐʀ'gɐ̃tɐ]
Haut	a pele [ɐ 'pɛlə]
Herz	o coração [u kurɐ'sɐũ]
Herzschrittmacher	o pace-maker [u 'peisə 'meikɐ]
Herzspezialist	o cardiologista [u kɐrdjulu'ʒiʃtɐ]
Husten	a tosse [ɐ 'tɔsə]
Impfpass	certificado de vacina [sərtəfi'kadu də vɐ'sinɐ]
Impfung	vacina [vɐ'sinɐ]
Infusion	a infusão [ɐ ĩfu'zɐũ]
Knochen	osso ['osu]
krank	doente ['dwẽntə]
Krankenhaus	o hospital [u oʃpi'tal]
Krankenkasse	Caixa de Previdência ['kaiʃɐ də prəvi'dẽsjɐ]
Krankenschwester	enfermeira [ẽfər'meirɐ]
Leber	fígado ['figɐdu]
Lunge	o pulmão [u pul'mɐũ]
Magen	estômago ['ʃtomɐgu]
Mandeln	as amígdalas [ɐz͜ɐ'migdɐlɐʃ]
Menstruation	a menstruação [ɐ mẽʃtrwɐ'sɐũ]
Mund	boca ['bokɐ]
Muskel	músculo ['muʃkulu]
nähen	coser [ku'zer]; dar pontos [dar 'põntuʃ]
Narkose	anestesia [ɐnəʃtə'ziɐ]
Nase	o nariz [u nɐ'riʃ]

FÜR ALLE FÄLLE IM KRANKENHAUS

Nerv	nervo [ˈnervu]
nervös	nervoso [nərˈvozu]
Niere	o rim [u ʀĩ]
Operation	a operação [ɐ opərɐˈsɐ̃ũ]
Prothese	a prótese [ɐ ˈprɔtəzə]
Puls	pulso [ˈpulsu]
Rippe	costela [kuʃˈtɛlɐ]
röntgen	radiografar [ʀadjugrɐˈfar]
Röntgenaufnahme	radiografia [ʀadjugrɐˈfiɐ]
Schiene	tala [ˈtalɐ]
Schwangerschaft	a gravidez [ɐ grɐviˈdeʃ]
schwitzen	suar [swar]
Speiseröhre	esófago [iˈzɔfɐgu]
Sprechstunde	(as horas de) consulta [(ɐz ˈɔrɐʒ də) kõˈsultɐ]
Spritze	a injeção [ɐ ĩʒɛˈsɐ̃ũ]
Station	serviço [sərˈvisu]
Stich	picada [piˈkadɐ]; *(einer Naht)* ponto [ˈpõntu]
Stuhlgang	a evacuação [ɐ ivɐkwɐˈsɐ̃ũ]; as fezes [ɐʃ ˈfɛzəʃ]
Trommelfell	(membrana do) tímpano [(mẽmˈbrɐnɐ du) ˈtĩmpɐnu]
Ultraschall-untersuchung	o exame por meio de ultrassons [u iˈzɐmə pur ˈmɐju d‿ultrɐ sõʃ]
Unterleib	o abdómen [u ɐbˈdɔmẽ]
Untersuchung	o exame [u iˈzɐmə]
Urin	urina [uˈrinɐ]
Verband	penso [ˈpẽsu]; ligadura [ligɐˈdurɐ]
verbinden	fazer o penso [fɐˈzer‿u ˈpẽsu]; ligar [liˈgar]
Verdauung	a digestão [ɐ diʒəʃˈtɐ̃ũ]
verschreiben	receitar [ʀəseiˈtar]
Virus	o vírus [u ˈviruʃ]

Wartezimmer	sala de espera ['salɐ də‿'ʃpɛrɐ]
Wirbelsäule	coluna vertebral [ku'lunɐ vərtə'bral]
Zunge	língua ['lĩŋgwɐ]

Beim Zahnarzt

Ich habe (starke) Zahnschmerzen.
Tenho uma (grande) dor de dentes.
['teɲ‿'umɐ ('grɐ̃ndə) dor də 'dẽntəʃ]

Ich habe eine Füllung verloren.
Caíu-me um chumbo.
[kɐ'ium‿ũ 'ʃũmbu]

Mir ist ein Zahn abgebrochen.
Partiu-se-me um dente.
[pɐr'tiusəm‿ũ 'dẽntə]

Backenzahn	o dente molar [u 'dẽntə mu'lar]
Brücke	a ponte [ɐ 'põntə]
Kiefer	maxilar [ma'ksilɐr]
Krone	coroa [ku'roɐ]
Loch	buraco [bu'raku]
Plombe	chumbo ['ʃũmbu]
Prothese	a prótese [ɐ 'prɔtəzə]
Schneidezahn	o dente incisivo [u 'dẽntə ĩnsi'zivu]
Weisheitszahn	o dente do siso [u 'dẽntə du 'sizu]
Zahn	o dente [u 'dẽntə]
Zahnfleisch	gengiva [ʒẽ'ʒivɐ]
Zahnschmerzen	a dor de dentes [ɐ dor də 'dẽntəʃ]
ziehen	arrancar [ɐʀɐ̃ŋ'kar]

Bank

Können Sie mir bitte sagen, wo hier eine Bank ist?
Pode-me dizer onde há aqui um banco?
[ˈpɔdəmə diˈzer ˈõnd‿a ɐˈki ũ ˈbɐ̃ŋku]

Ich möchte ... Euro (Schweizer Franken) in ... wechseln.
Queria trocar ... euros (francos suíços) para ...
[kəˈriɐ truˈkar ... ˈeuruʃ (ˈfrɐ̃ŋkuʃ ˈswisuʃ) ˈpɐrɐ]

RUND UMS GELD

Wenn Sie zur Bank wollen, lassen Sie es sich nicht zu spät einfallen: Banken schließen zwar nicht während der Mittagszeit; sie sind aber nur montags bis freitags von 8.30 bis 15 Uhr geöffnet. Ganz wichtige Schalter in Lissabon oder in touristischen Zentren haben allerdings bis 18 Uhr offen.

Ich möchte diesen Reisescheck einlösen.
Queria receber este traveller.
[kəˈriɐ ʀəsəˈber ˈeʃtə ˈtrɐvəˈlɛr]

Der Geldautomat akzeptiert meine Karte nicht.
A máquina do multibanco não aceita o meu cartão.
[ɐ ˈmakinɐ du multiˈbɐ̃ŋku nɐ̃u ɐˈseitɐ u meu kɐrˈtɐ̃u]

Der Geldautomat gibt meine Karte nicht mehr heraus.
A máquina do multibanco não me devolve o meu cartão.
[ɐ ˈmakinɐ du multiˈbɐ̃ŋku nɐ̃u mə dəˈvɔlv‿u meu kɐrˈtɐ̃u]

auszahlen	pagar [pɐˈgar]
Bank	banco [ˈbɐ̃ŋku]
Bankkarte	o cartão multibanco [u kɐrˈtɐ̃u multiˈbɐ̃ŋku]

bar	a dinheiro [ɐ dəˈɲeiru]; a pronto [ɐ ˈprõntu]
Bargeld	dinheiro numerário [dəˈɲeiru numəˈrarju]
Bearbeitungsgebühr	a comissão [ɐ kumiˈsɐ̃ũ]
Betrag	importância [ĩmpurˈtɐ̃sjɐ]; quantia [kwɐ̃ˈtiɐ]
Cent	cêntimo [ˈsẽntimu]
Euro	euro [ˈeuru]
Geld	dinheiro [dəˈɲeiru]
Geldautomat	multibanco [multiˈbɐ̃ŋku]
Geldschein	nota [ˈnɔtɐ]
Geldwechsel	câmbio [ˈkɐ̃mbju]
Kleingeld	dinheiro miúdo [dəˈɲeiru ˈmjudu]; troco [ˈtroku]
Konto	conta [ˈkõntɐ]
Kreditkarte	o cartão de crédito [u kɐrˈtɐ̃ũ də ˈkrɛditu]
Ladeterminal	multibanco para carregar [multiˈbɐ̃ŋku ˈpɐrɐ kɐʀəˈgar]
Münze	moeda [ˈmwɛdɐ]
Quittung	recibo [ʀəˈsibu]
Reisescheck	o traveller [u trɐvəlɛr]
Scheck	o cheque [u ˈʃɛkə]
Schweizer Franken	franco suíço [ˈfrɐ̃ŋku ˈswisu]
Überweisung	transferência [trɐ̃ʃfəˈrẽsjɐ]
umtauschen	trocar [truˈkar]
Währung	moeda [ˈmwɛdɐ]
Wechselkurs	(taxa de) câmbio [(ˈtaʃɐ də) ˈka˜mbju]
Zahlung	pagamento [pɐgɐˈmẽntu]

FÜR ALLE FÄLLE BANK

Fundbüro

Können Sie mir bitte sagen, wo das Fundbüro ist?
Pode-me dizer onde são os perdidos e achados?
[ˈpɔdəmə diˈzer ˈõndə sɐũ uʃ pərˈdiduz‿i ɐˈʃaduʃ]

Ich habe ... verloren.
Perdi ... [pərˈdi]

Würden Sie mich bitte benachrichtigen, wenn sie gefunden werden sollte?
Avisa-me, por favor, se alguém a achar?
[ɐˈvizɐmə pur fɐˈvor sjalˈgɐĩ ɐ ɐˈʃar]

Hier ist meine Hotelanschrift/Heimatadresse.
Aqui tem o endereço do meu hotel/o meu endereço em casa. [ɐˈki tɐĩ u ẽndəˈresu du meu ɔˈtɛl/u meu ẽndəˈresu ɐĩ ˈkasɐ]

Im Internetcafé

Wo gibt es in der Nähe ein Internetcafé?
Onde há aqui um internet café?
[ˈõnd‿a ɐˈki ũ ĩntɐrˈnɛtə kɐˈfɛ]

Ich möchte ...
Queria ... [kəˈriɐ]

- *im Internet surfen.*
  navegar na internet. [nɐvəˈgar nɐ ĩntərˈnɛtə]
- *einen Drucker benutzen.*
  usar uma impressora. [uˈzar‿ˈum‿ ĩmprəˈsorɐ]
- *einen Scanner benutzen.*
  usar um o scanner. [uˈzar‿ũ u ˈskɐnɐr]
- *eine CD brennen.*
  gravar um CD. [grɐˈvar ũ ceˈde]

Wie viel kostet eine Stunde?/Viertelstunde?
Quanto custa uma hora?/um quarto de hora?
[ˈkwɐ̃ntu ˈkuʃt‿ˈumɐ ˈɔrɐ/ũ ˈkwartu d‿ˈɔra]

Kann ich ... mit diesem Computer verbinden?
Posso ligar ... a este computador?
[ˈposu liˈgar … ɐ eʃtə kõmputɐˈdor]

- *meinen USB-Stick*
  o meu dispositivo a pen [u meu dəʃpuziˈtivu ˈpɛn]
- *meine Kamera*
  a minha máquina fotográfica [ɐ ˈmiɲɐ ˈmakinɐ futuˈgrafikɐ]
- *meinen MP3-Player*
  o meu leitor de MP3 [u meu leiˈtor də ämpeˈtreʃ]

Kann ich eine Seite ausdrucken?
Posso imprimir uma página?
[ˈpɔsu ĩmprəˈmir ˈumɐ ˈpaʒinɐ]

Ich habe Probleme mit dem Computer.
Tenho problemas com o computador.
[ˈteɲu pruˈblemɐʃ kõ u kõmputɐˈdor]

Kann ich bei Ihnen Fotos von meiner Digitalkamera auf CD brennen?
Posso gravar num CD fotografias da minha máquina fotográfica digital? [ˈpɔsu grɐˈvar nũ seˈde futugrɐˈfiɐʒ dɐ ˈmiɲɐ ˈmakinɐ futuˈgrafikɐ diʒiˈtal]

FÜR ALLE FÄLLE BEI DER POLIZEI

Bei der Polizei

Könnten Sie mir bitte sagen, wo das nächste Polizeirevier ist?
Pode-me dizer onde é a esquadra da polícia mais próxima? [ˈpɔdəmə diˈzer ˈõnd‿ɛ ɐ ˈʃkwadrɐ dɐ puˈlisjɐ maiʃ ˈprɔsimɐ]

Ich möchte ... anzeigen.
Quero participar ...
[ˈkɛru pərtəsiˈpar‿]

- einen Diebstahl
um roubo.
[ũ ˈʀobu]

- einen Überfall
um assalto.
[ũ ɐˈsaltu]

Mir ist ... gestohlen worden.
Roubaram-me ...
[ʀoˈbarɐũm‿]

- die Handtasche
a mala de mão ((*Bras*) a bolsa).
[‿ɐ ˈmalɐ də maˇu (a ˈbolsɐ)]

- die Brieftasche
a carteira.
[‿ɐ kɐrˈteirɐ]

- mein Fotoapparat
a máquina fotográfica.
[‿a ˈmakinɐ futuˈgrafikɐ]

- mein Auto/mein Fahrrad
o carro/a bicicleta.
[‿u ˈkaʀu/‿ɐ bəsiˈklɛtɐ]

Mein Auto ist aufgebrochen worden.
Arrombaram-me a porta do carro.
[ɐʀõmˈbarɐũm‿ɐ ˈpɔrtɐ du ˈkaʀu]

Aus meinem Auto ist ... gestohlen worden.
Roubaram-me do carro ...
[ʀoˈbarɐũmə du ˈkaʀu]

Mein Sohn/Meine Tochter ist verschwunden.
O meu filho/A minha filha desapareceu.
[u meu ˈfiʎu/ɐ ˈmiɲɐ ˈfiʎɐ dəzɐpɐrəˈseu]

Können Sie mir bitte helfen?
Pode-me ajudar, por favor? [ˈpɔdəm‿ɐʒuˈdar pur fɐˈvor]

Wenden Sie sich bitte an das deutsche/österreichische/ Schweizer Konsulat.
Dirija-se, faz favor, ao consulado alemão/austríaco/ suíço. [diˈriʒɐsə faʃ fɐˈvor‿ɐu kõsuˈladu ɐləˈmɐ̃ũ/ auʃˈtriɐku/ˈswisu]

aufbrechen	arrombar [ɐʀõmˈbar]
belästigen	importunar [ĩmpurtuˈnar]
beschlagnahmen	confiscar [kõnfiʃˈkar]
Brieftasche	carteira [kɐrˈteirɐ]
Dieb	o ladrão [u lɐˈdrɐ̃ũ]
Diebstahl	roubo [ˈʀobu]
Geldbörse	o porta-moedas [u ˈpɔrtɐ ˈmwɛdɐʃ]
Papiere	os documentos [uʒ dukuˈmẽntuʃ]
Personalausweis	o bilhete (*(Bras)* a carteira) de identidade [u biˈʎet(ə) (a karˈterɐ) d‿idẽtiˈdad(ə)]
Polizei	polícia [puˈlisjɐ]
Polizeiwagen	carro da polícia [ˈkaʀu dɐ puˈlisjɐ]
Polizist/in	o polícia/a mulher polícia [u puˈlisjɐ/ɐ muˈʎɛr puˈlisjɐ]
Rauschgift	droga [ˈdrɔgɐ]; *(Bras)* os entorpecentes [uz‿ẽntorpeˈsẽntis]
Rechtsanwalt	advogado [ɐdvuˈgadu]
Reisepass	o passaporte [u pasɐˈpɔrtə]
Richter	o juiz [u ʒuˈiʃ]
Scheck	o cheque [u ˈʃɛkə]
Scheckkarte	o cartão eurocheque [u kɐrˈtɐ̃ũ eurɔˈʃɛkə]
Schlüssel	a chave [ɐ ˈʃavə]
Schmuggel	contrabando [kõntrɐˈbɐ̃ndu]
Schuld	culpa [ˈkulpɐ]
sexuelle Belästigung	o assédio sexual [u ɐˈsɛdju sɛksuˈal]

Taschendieb	o carteirista [u kɐrtei'riʃtɐ]
Überfall	assalto [ɐ'saltu]; a agressão [a‿agrə'sɐ̃ũ]
Untersuchungshaft	a prisão preventiva [ɐ pri'zɐ̃ũ prəvẽn'tivɐ]
Verbrechen	o crime [u 'krimə]
Vergewaltigung	a violação [ɐ vjulɐ'sɐ̃ũ]
verhaften	prender [prẽn'der]
verlieren	perder [pər'der]
Zeuge	testemunha [təʃtə'muɲɐ]
zusammenschlagen	espancar [ʃpẽŋ'kar]

Auf der Post

Können Sie mir bitte sagen, wo ... ist?
Pode-me dizer onde é ... ['pɔdəmə di'zer 'õnd‿ɛ]

– das nächste Postamt
o correio mais próximo? [u ku'ʀeju maiʃ 'prɔsimu]
– der nächste Briefkasten
a caixa de correio mais próxima?
[ɐ 'kaiʃɐ də ku'ʀeju maiʃ 'prɔsimɐ]

Was kostet ein Brief/eine Postkarte ...
Quanto custa uma carta/um postal ...
['kwɐñtu 'kuʃtɐ 'umɐ 'kartɐ/ũm puʃ'tal]

– nach Deutschland?
para a Alemanha? ['per‿alə'mɐɲɐ]
– nach Österreich?
para a Áustria? ['per‿a‿'auʃtrjɐ]
– in die Schweiz?
para a Suíça? ['per‿a 'swisɐ]

Diesen Brief bitte per ...
Queria mandar esta carta ...
[kə'riɐ mɐñ'dar‿'ɛʃtɐ 'kartɐ]

– Luftpost.
por avião. [pur‿ɐvi'ɐ̃ũ]

– *Express.*
por expresso. [pur 'ʃprɛsu]
– *Einschreiben.*
registada (*(Bras)* registrada).
[rəʒiʃ'tadɐ (reʒiʃ'tradɐ)]

Absender	o remetente [u ʀəmə'tẽntə]
Adresse	endereço [ẽndə'resu]
Brief	carta ['kartɐ]
Briefkasten	caixa do correio ['kaiʃɐ du ku'ʀeju]
Briefmarke	selo ['selu]
Eilbrief	carta por expresso ['kartɐ pur 'ʃprɛsu]
Einschreibebrief	carta registada ['kartɐ ʀəʒiʃ'tadɐ]
Empfänger	destinatário [dəʃtinɐ'tarju]
Faxgerät	o fax [u faks]
frankieren	franquiar [frẽŋ'kjar]
Gebühr	taxa ['taʃɐ]
Gewicht	peso ['pezu]
Leerung	recolha [ʀə'koʎɐ]
nachsenden	remeter [ʀəmə'ter]
Päckchen	encomenda postal pequena [ẽŋku'mẽndɐ puʃ'tal pə'kenɐ]
Paket	encomenda postal [ẽŋku'mẽndɐ puʃ'tal]
Porto	o porte [u 'pɔrtə]; franquia [frẽŋ'kiɐ]
Postamt	correio [ku'ʀeju]
Postkarte	o postal [u puʃ'tal]
Postleitzahl	código postal ['kɔdigu puʃ'tal]
Schnellpost	correio azul [ku'ʀeju ɐ'zul]
Wertangabe	a declaração de valor [ɐ dəklɐrɐ'sɐ̃ũ də vɐ'lor]
Zollerklärung	a declaração para a alfândega [ɐ dəklɐrɐ'sɐ̃ũ 'pɐr‿al'fɐ̃ndəgɐ]

Möchten Sie eine Nachricht hinterlassen?
Quer deixar recado? [kɛr dei'ʃar ʀə'kadu]

Anruf	chamada [ʃɐ'madɐ]
anrufen	telefonar [tələfu'nar]
Auskunft	(as) informações [(ɐz‿) ĩfurmɐ'sõiʃ]
Auslandsgespräch	chamada internacional [ʃɐ'mad‿ĩntərnɐsju'nal]
besetzt	impedido [ĩmpə'didu]
Ferngespräch	chamada interurbana [ʃɐ'mad‿ĩntɛrur'bɐnɐ]
Gebühr	taxa ['taʃɐ]
Gespräch	chamada [ʃɐ'madɐ]
Handy	o telemóvel [u tɛlɛ'mɔvɛl]; *(Bras)* o celular [u selu'lar]
Ortsgespräch	chamada local [ʃɐ'madɐ lu'kal]
R-Gespräch	chamada a pagar no destino [ʃɐ'mada pɐ'gar nu dəʃ'tinu]
Telefon	o telefone [u tələ'fɔnə]
Telefonbuch	lista telefónica ['liʃtɐ tələ'fɔnikɐ]
Telefonkarte	o cartão telefónico [u kɐr'tɐũ tələ'fɔniku]
Telefonnummer	número de telefone ['numəru də tələ'fɔnə]
Telefonzelle	cabina telefónica [ka'binɐ tələ'fɔnikɐ]
Verbindung	a ligação [ɐ ligɐ'sɐũ]
Vorwahlnummer	indicativo [ĩndikɐ'tivu]; *(Bras)* prefixo [pre'fiksu]

Telefonieren

Mein Akku ist leer. Haben Sie ein Ladekabel für mich?
O meu acumulador está vazio. Tem um cabo de carregamento? [u meu ɐkumulɐ'dor sta vɐ'ziu. tɐ̃i ũ 'kabu də kɐʀəgɐ'mẽntu]

Ich hätte gerne ..., bitte.
Queria ... , por favor. [kə'riɐ ... pur fɐ'vor]

- ein Handy mit einer Prepaid-Karte
um telemóvel com cartão pré-pago
[ũ tɛlɛ'mɔvel kõ kɐr'tɐ̃u prɛ'pagu]

- eine SIM-Karte
um cartão SIM [ũ kɐr'tɐ̃u sĩ]

Ladegerät	o carregador de baterias [u kɐʀəgɐ'dor də bɐtə'riɐʃ]
Prepaid-Guthaben	crédito pré-pago ['krɛditu prɛ'pagu]
SIM-Karte	o cartão SIM [u kɐr'tɐ̃u sĩ]
Smartphone	o Smartphone [u smart'fonə]

Toilette und Bad

Wo ist bitte die Toilette?
Por favor, onde é a casa de banho/*(Bras)* o banheiro?
[pur fɐ'vor õnd‿ɛ ɐ 'kasɐ də 'bɐɲu/u ba'ɲeru]

Würden Sie mir bitte den Schlüssel für die Toiletten geben?
Podia dar-me a chave da casa de banho/*(Bras)* do banheiro? [pu'diɐ 'darm‿ɐ 'ʃavə dɐ 'kasɐ de 'bɐɲu/du ba'ɲeru]

Damen	senhoras [sə'ɲorɐʃ]
Handtuch	toalha ['twaʎɐ]
Herren	homens ['ɔmɐ̃ĩʃ]
Seife	o sabonete [u sɐbu'netə]
Stehklosett	o urinol [u uri'nɔl]
Toilettenpapier	o papel higiénico (ê) [u pɐ'pɛl‿i'ʒjɛniku]

FÜR ALLE FÄLLE TOILETTE UND BAD

Im Notfall

die ***Brandbekämpfung***
combate ao fogo
[kõ'bat‿au 'fogu]

der ***Diebstahl***
roubo
['ʀobu]

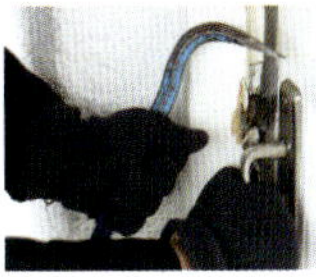

der ***Einbruch***
assalto
[ɐ'saltu]

der ***Feuerlöscher***
extintor de incêndio
[ʃtĩn'tor d‿ĩ'sẽndju]

der ***Notausgang***
saída de emergência
[sɐ'idɐ d‿imər'ʒẽsjɐ]

der ***Rettungsring***
bóia salva-vidas
['bɔjɐ 'salvɐ 'vidɐʃ]

die ***Seerettung***
o resgate do mar
[u ʀəʒ'gat(ə) du 'mar]

der ***Rettungshub-schrauber***
helicóptero de salvamento
[ɛli'kɔptəru də salvɐ'mẽtu]

die ***Notrufnummer***
número de emergência
['numəru d‿imər'ʒẽsjɐ]

der ***Sammelpunkt***
ponto de reunião
['põtu də rjuni'ɐ̃u]

die ***Schwimmweste***
colete salva-vidas
[ku'letə 'salvɐ 'vidɐʃ]

der ***Taschendiebstahl***
carteirista
[kɐrtei'riʃtɐ]

WÖRTERBUCH

A

a [ɐ] *(in Richtung auf, zeitlich)* gegen; **ao Porto** [au 'portu] nach Porto
abafado [ɐbɐ'fadu] schwül
abcesso [ɐb'sɛsu] Abszess
aberto [ɐ'bɛrtu] auf; geöffnet; offen
aborrecido [ɐbuʀə'sidu] langweilig
abre-cápsulas ['abrə 'kapsulɐʃ] *(m)* Flaschenöffner
abre-latas ['abrə 'latɐʃ] *(m)* Dosenöffner
abrir [ɐ'brir] aufmachen; öffnen
absolutamente [ɐbsulutɐ'mẽtə] unbedingt
acabar [ɐkɐ'bar] aufhören; enden; beenden
açafrão [ɐsɐ'frɐ̃u] *(m)* Safran
acampar [ɐkɐ̃'par] zelten
aceitar [ɐsei'tar] annehmen; übernehmen
acelerador [ɐsələrɐ'dor] *(m)* Gaspedal
acelerador manual [ɐsələrɐ'dor mɐnu'al] *(m)* Handgas *(Auto)*
acender [ɐsẽ'der] *(Licht)* anmachen; einschalten; anzünden
acesso sem degraus [ɐ'sɛsu sɐ̃i də'grauʃ] stufenloser Zugang
achar [ɐ'ʃar] finden; meinen
acidente [ɐsi'dẽtə] *(m)* Unfall
ácido ['asidu] sauer
acordado [ɐkur'dadu] wach
acordar [ɐkur'dar] aufwachen; aufwecken; wecken
açougue [a'sogi] *(Bras) (m)* Metzgerei
açúcar [ɐ'sukar] *(m)* Zucker
acumulador [ɐkumulɐ'dor] *(m)* Akku
adaptador [ɐdɐptɐ'dor] *(m)* Adapter
adesivo [ɐdə'zivu] Pflaster
adoçante [ɐdu'sɐ̃tə] *(m)* Süßstoff
adulto, adulta [ɐ'dultu, ɐ'dultɐ] Erwachsene/r
advogado, advogada [ɐdvu'gadu, ɐdvu'gadɐ] Rechtsanwalt, -anwältin
aeroporto [ɐɛro'portu] Flughafen
agência de viagens [ɐ'ʒẽsjɐ də 'viaʒɐ̃iʃ] Reisebüro
agora [ɐ'gɔrɐ] jetzt; nun
agradável [ɐgrɐ'davɛl] angenehm
agradecer [ɐgrɐdə'ser] danken
agressão [agrə'sɐ̃u] *(f)* Überfall
água ['agwɐ] Wasser
água de refrigeração ['agwɐ də ʀəfriʒərɐ'sɐ̃u] Kühlwasser
água fria ['agwɐ 'friɐ] kaltes Wasser
água mineral ['agwɐ minə'ral] Mineralwasser
água potável ['agwɐ pu'tavɛl] Trinkwasser
agulha [ɐ'guʎɐ] Nadel
aí [ɐ'i] da *(Ort)*
ainda [ɐ'ĩndɐ] noch; noch immer; **~ não** [ɐ'ĩndɐ nɐ̃u] noch nicht
ajuda [ɐ'ʒudɐ] Hilfe
aldeia [al'dejɐ] Dorf
alegre [ɐ'lɛgrə] heiter; lustig
alemão [ɐlə'mɐ̃u] deutsch
alemão [ɐlə'mɐ̃u] *(m)* der Deutsche
alergia [ɐlər'ʒiɐ] Allergie
alfândega [al'fɐ̃dəgɐ] Zoll
alfinete de segurança [alfi'netə də səgu'rɐ̃sɐ] *(m)* Sicherheitsnadel
algo ['algu] etwas

alguém [al'gẽi] jemand
alguma coisa [al'gumɐ 'koizɐ] etwas; irgendetwas
algumas [al'gumɐʃ] einige
alguns, algumas [al'gũʃ, al'gumɐʃ] einige; ein paar
ali [ɐ'li] da; dort
almoço [al'mosu] Mittagessen
alojamento [ɐluʒɐ'mẽtu] Unterkunft
alternador [altərnɐ'dor] *(m)* Lichtmaschine
alto ['altu] hoch; laut
alto! ['altu] halt!
alugar [ɐlu'gar] mieten; vermieten
amanhã [amɐ'ɲɐ̃] morgen
amarelo [ɐmɐ'rɛlu] gelb
amargo [ɐ'margu] bitter
amável [ɐ'mavɛl] freundlich; liebenswürdig
ambos, ambas ['ɐ̃buʃ, 'ɐ̃bɐʃ] beide
amêndoas [ɐ'mẽdwɐʃ] *(Plural)* Mandeln *(Frucht)*
amígdalas [ɐ'migdɐlɐʃ] *(Plural)* Mandeln *(Organ)*
andar [ɐ̃'dar] *(m)* Stock(werk); gehen; laufen
andar de bicicleta [ɐ̃'dar də bisi'klɛtɐ] Rad fahren
anedota [ɐnə'dɔtɐ] Witz
anel [ɐ'nɛl] *(m)* Ring
anestesia [ɐnəʃtə'ziɐ] Narkose
animal [ɐni'mal] *(m)* Tier
anoraque [ɐnɔ'rak] *(m)* Anorak
anotar [ɐnu'tar] aufschreiben
anteontem [ɐ̃n'tjõtẽi] vorgestern
antes ['ɐ̃təʃ] eher; früher; vorher; lieber; vielmehr;
~ de ['ɐ̃təʒ də] bevor, vor
antigamente [ɐ̃tigɐ'mẽtə] damals; früher
antigo [ɐ̃'tigu] *(aus früheren Zeiten)* alt
anular a reserva [ɐnu'lar‿ɐ ʀə'zɛrvɐ] *(Zimmer)* abbestellen
ao meio-dia [ɐu 'mɐju 'diɐ] mittags
ao nível do chão [au 'nivɛl du ʃɐ̃u] ebenerdig
apanhar [ɐpɐ'ɲar] fangen
apartamento [ɐpɐrtɐ'mẽtu] Wohnung; Apartment
apelido [ɐpə'lidu] *(m)* Familienname
aprender [ɐprẽ'der] lernen
apressado [ɐprə'sadu] eilig
apressar-se [ɐprə'sarsə] sich beeilen
aquecedor de biberão [ɐkɛsə'dor də bibə'rɐ̃u] *(m)* Fläschchenwärmer
aqui [ɐ'ki] hier
ar [ar] *(m)* Luft; Anschein
ar condicionado [ar kõdəsju'nadu] *(m)* Klimaanlage
área de repouso ['arjɐ də ʀə'pozu] Rastplatz
área de serviço ['arjɐ də sər'visu] Raststätte
arenque [ɐ'rẽkə] *(m)* Hering *(Fisch)*
armário [ɐr'marju] Schrank
arrombar [ɐʀõ'bar] aufbrechen
arroz [ɐ'ʀoʃ] *(m)* Reis
arte ['artə] *(f)* Kunst
articulação [artikulɐ'sɐ̃u] *(f)* Gelenk
artigos de drogaria [ɐr'tiguʃ də drugɐ'riɐ] *(Plural)* Drogerieartikel
artigos domésticos [ɐr'tiguʒ du'mɛʃtikuʃ] *(Plural)* Haushaltswaren
ato ['atu] Akt
às vezes [aʃ 'vezəʃ] manchmal
às/à/ao [aʃ/a/au] um *(Zeitangabe)*
asma ['aʃmɐ] Asthma
aspirina [ɐʃpi'rinɐ] Aspirin®
assado [ɐ'sadu] gar; gebacken; gebraten
assalto [ɐ'saltu] Überfall
assédio sexual [ɐ'sɛdju sɛksu'al] sexuelle Belästigung

assento de automóvel para criança [ɐˈsẽtu d͜autuˈmɔvɛl ˈpɐrɐ krjˈɐ̃sɐ] Kindersitz *(fürs Auto)*
assento para criança [ɐˈsẽtu ˈpɐrɐ krjˈɐ̃sɐ] Kindersitz
assustar [ɐsuʃˈtar] erschrecken
atacadores [ɐtɐkɐˈdorəʃ] *(Plural)* Schnürsenkel
ataque cardíaco [ɐˈtakə kɐrˈdiɐku] *(m)* Herzanfall
até [ɐˈtɛ] bis; sogar; **~ agora** [ɐˈtɛ ɐˈgɔrɐ] bis jetzt
aterragem [təˈʀaʒɐ̃i] *(f)* Landung
aterrissagem [ateʀiˈsaʒɐ̃i] *(Bras) (f)* Landung
atestado [ɐtəʃˈtadu] Bescheinigung; Attest
atrás [ɐˈtraʃ] hinten; **~ de** [ɐˈtraʒ də] hinter
atraso [ɐˈtrazu] Verspätung
através de [ɐtrɐˈvɛʒ də] quer durch
auscultador [ɐuʃkultɐˈdor] *(m)* Hörer; Kopfhörer
Áustria [ˈauʃtrjɐ] Österreich
austríaco, austríaca [auʃˈtriɐku, auʃˈtriɐkɐ] Österreicher(in); österreichisch
autêntico [auˈtẽtiku] echt
autocaravana [autɔkɐrɐˈvɐnɐ] Wohnmobil
autocarro [autoˈkaʀu] *(m)* Bus
autoestrada [ˈauto ˈʃtradɐ] Autobahn
automóvel [autuˈmɔvɛl] *(m)* Auto
autoridades [auturiˈdadəʃ] *(Plural)* Behörde
avaria [ɐvɐˈriɐ] Panne
avó [ɐˈvɔ] *(f)* Großmutter
avô [ɐˈvo] *(m)* Großvater
azeite [ɐˈzeitə] *(m)* Olivenöl
azul [ɐˈzul] blau

B

babysitting [ˈbeibiˈsitĩg] *(m)* Kinderbetreuung
bagagem [bɐˈgaʒɐ̃i] *(f)* Gepäck
baile [ˈbailə] *(m)* Ball *(Fest)*
baixo [ˈbaiʃu] nieder; niedrig; tief; leise; **(lá) em ~** [(la) ɐ̃i ˈbaiʃu] (dort) unten; **para ~** [ˈpɐrɐ ˈbaiʃu] abwärts, bergab; **por ~ de** [pur ˈbaiʃu də] unterhalb
banco [ˈbɐ̃ku] Bank *(Geldinstitut; Sitzbank)*
banheira [bɐˈɲeirɐ] Badewanne
banheiro [bɐˈɲeiru] *(m)* Bademeister *(Bras)* Badezimmer; Toilette
bar [bar] *(m)* Bar
barato [bɐˈratu] billig
barbearia [bɐrbjɐˈriɐ] Friseur *(für Herren)*
barros [ˈbaʀuʃ] *(Plural)* Töpferwaren
batedor de claras [bɐtəˈdor dəˈklarɐʃ] *(m)* Schneebesen
bebé [bɛˈbɛ] *(m)* Baby
beber [bəˈber] trinken
bebida [bəˈbidɐ] Getränk
beliche [bəˈliʃə] *(m)* Etagenbett
bem [bɐ̃i] *(Adverb)* gut
bem cozido [bɐ̃i kuˈzidu] gar
bem passado [bɐ̃i pɐˈsadu] durchgebraten
biberão de água (ou chá) [bibəˈrɐ̃u d͜ˈagwɐ (o ʃa)] *(m)* Trinkflasche
bicicleta [bisiˈklɛtɐ] Fahrrad
bicicleta adaptada [bisiˈklɛtɐ ɐdɐpˈtadɐ] Handbike
bicicleta handcycle [bisiˈklɛtɐ ɐ̃dˈsajkəl] Handbike
bidão de água [biˈdɐ̃u d͜ˈagwɐ] *(m)* Wasserkanister

PORTUGIESISCH – DEUTSCH
WÖRTERBUCH

bidão de gasolina [bi'dɐ̃u də gɐzu'linɐ] *(m)* Benzinkanister
bijutaria [biʒutɐ'riɐ] Modeschmuck
bilhete [bi'ʎetə] *(m)* Eintrittskarte; Fahrschein
bilhete de ida e volta [bi'ʎetə d‿'idɐ i 'vɔltɐ] *(m)* Rückfahrkarte
bilhete de identidade [bi'ʎetə d‿idẽti'dadə] Personalausweis
bilhete diário [bi'ʎetə di'arju] *(m)* Tageskarte
bilheteira [biʎə'teirɐ] Kasse; Fahrkartenschalter
biquíni [bi'kini] *(m)* Bikini
blues [blus] *(Plural)* Blues
blusa ['bluzɐ] Bluse
boca ['bokɐ] Mund
bocado [bu'kadu] Stück
boia salva-vidas ['bɔjɐ 'salvɐ 'vidɐʃ] Rettungsring
bola ['bɔlɐ] Ball
bolo ['bolu] Kuchen
bom [bõ] *(Adjektiv)* gut
bomba de ar ['bõbɐ d‿ar] Luftpumpe
bomba para gasolina ['bõbɐ 'pɐrɐ gɐzu'linɐ] Benzinpumpe
bombeiros [bõ'beiruʃ] *(Plural)* Feuerwehr
bonde ['bõndi] *(Bras) (m)* Straßenbahn
botão [bu'tɐ̃u] *(m)* Knopf
botija de gás [bu'tiʒɐ də gaʃ] Gasflasche
branco ['brɐ̃ku] weiß
breve ['brɛvə] kurz; *(kurzgefasst)* **em ~** [ɐ̃i 'brɛvə] bald
brincos ['brĩkuʃ] *(Plural)* Ohrringe
bronquite [brõ'kitə] *(f)* Bronchitis
buraco [bu'raku] Loch
buzina [bu'zinɐ] Hupe
bypass [bai'pas] *(m)* Bypass

C

cabaré [ka'barɛ] *(m)* Kabarett
cabeleireiro [kɐbəlei'reiru] Friseur *(für Damen)*
cabelo [kɐ'belu] Haar
cabina telefónica (ô) [ka'binɐ tələ'fɔnikɐ] Telefonzelle
cabo de carregamento ['kabu də kɐʀəgɐ'mẽtu] Ladekabel
cabo de reboque ['kabu də ʀə'bɔkə] Abschleppseil
cachecol [kaʃə'kɔl] *(m)* Schal
cacilheiro [kɐsi'ʎeiru] Fähre *(in Lissabon)*
cada ['kɐdɐ] jeder; *(als Adjektiv)* **~ um** ['kɐdɐ ũ] jeder *(als Pronomen)*
cadeira [kɐ'deirɐ] Stuhl
cadeira de rodas [kɐ'deirɐ də 'rɔdɐʃ] Rollstuhl
café [kɐ'fɛ] *(m)* Café; Kaffee
café da manhã [ka'fɛ da ma'ɲɐ̃] *(Bras) (m)* Frühstück
cair [kɐ'ir] fallen; stürzen
cais ['kaiʃ] *(m)* Kai
caixa de remendos ['kaiʃɐ də rə'mẽduʃ] Flickzeug
Caixa de Seguro de Doença ['kaiʃɐ də sə'guru də 'dwẽsɐ] Krankenkasse
caixa de velocidades ['kaiʃɐ də vəlusi'dadəʃ] Getriebe
caixa do correio ['kaiʃɐ du ku'ʀeju] Briefkasten
calafrios [kɐlɐ'friuʃ] *(Plural)* Schüttelfrost
calção [kal'sɐ̃u] *(m)* Shorts
calças ['kalsɐʃ] *(Plural)* Hose
calças de ganga ['kalsɐʃ də 'gɐ̃gɐ] *(Plural)* Jeans
calmante [kal'mɐ̃tə] *(m)* Beruhigungsmittel
cama ['kɐmɐ] Bett; **ir para a ~** [ir 'pɐr‿a 'kɐmɐ] zu Bett gehen

cama de criança ['kɐmɐ də krj'ɐ̃sɐ] Kinderbett
camarote [kɐmɐ'rɔtə] *(m)* Kabine; Loge
câmbio ['kɐ̃bju] Umrechnung; Wechselkurs
caminhar [kɐmi'ɲar] wandern
camisa [kɐ'mizɐ] Hemd
camisola [kɐmi'zɔlɐ] Pullover *(Bras)* Nachthemd
camping ['kɐ̃piŋ] *(Bras) (m)* Campingplatz
campismo [kɐ̃'piʒmu] Camping
cancelar [kɐ̃sə'lar] *(Fahr-, Flugkarten)* abbestellen
câncer ['kɐ̃sɛr] *(Bras) (m)* Krebs
cancro ['kɐ̃kru] Krebs
candeeiro [kɐ̃'djeiru] Lampe
canivete [kɐni'vɛtə] *(m)* Taschenmesser
cantar [kɐ̃'tar] singen
capacete [kɐpɐ'setə] *(m)* Sturzhelm
capital [kɐpi'tal] *(f)* Hauptstadt
caravana [kɐrɐ'vɐnɐ] *(f)* Wohnwagen
cardápio [kar'dapju] *(Bras)* Speisekarte; Menü
carne ['karnə] *(f)* Fleisch
carne de borrego ['karnə də bu'ʀegu] *(f)* Lammfleisch
carne de carneiro ['karnə də kɐr'neiru] *(f)* Hammelfleisch
carne de porco ['karnə də 'porku] *(f)* Schweinefleisch
carne de vitela ['karnə də vi'tɛlɐ] *(f)* Kalbfleisch
carne picada ['karnə pi'kadɐ] *(f)* Hackfleisch
caro ['karu] teuer; lieb
carraça [kɐ'ʀasɐ] Zecke
carregador de baterias [kɐʀəgɐ'dor də bɐtə'riɐʃ] *(m)* Ladegerät
carro ['kaʀu] Auto; Wagen
carro de bagagem ['kaʀu də bɐ'gaʒɐ̃i] Gepäckwagen
carro de reboque ['kaʀu də ʀə'bɔkə] Abschleppwagen
carruagem de salão [kɐʀu'aʒɐ̃i də sɐ'lɐ̃u] *(f)* Großraumwagen
carta de condução ['kartɐ də kõdu'sɐ̃u] Führerschein
carta ['kartɐ] Brief
carta regist(r)ada ['kartɐ ʀəʒiʃ't(r) adɐ] Einschreibebrief
carta verde ['kartɐ 'verdə] grüne Versicherungskarte
cartão de campista [kɐr'tɐ̃u də kɐ̃m'piʃtɐ] *(m)* Campingausweis
cartão de crédito [kɐr'tɐ̃u də 'krɛditu] *(m)* Kreditkarte
cartão de embarque [kɐr'tɐ̃u d‿ẽ'barkə] *(m)* Bordkarte
cartão de memória [kɐr'tɐ̃u də mə'mɔrjɐ] *(m)* Speicherkarte
cartão telefónico [kɐr'tɐ̃u tələ'fɔniku] *(m)* Telefonkarte
carteira [kɐr'teirɐ] Brieftasche; (Hand-)Tasche
carteira de condução [kar'terɐ də kõdu'sɐ̃u] *(Bras)* Führerschein
carteira de identidade [kar'terɐ d‿idẽnti'dadə] *(Bras)* Personalausweis
carteirista [kɐrtei'riʃtɐ] *(m)* Taschendieb
carvão [kɐr'vɐ̃u] *(m)* Grillkohle
casa ['kazɐ] Haus; Wohnung; **em ~** [ɐ̃i 'kazɐ] daheim, zu Hause
casa de banho ['kazɐ də 'bɐɲu] Badezimmer; Toilette
casa de banho para deficientes ['kasɐ də 'bɐɲu 'pɐrɐ dəfəsi'ẽntəʃ] Behindertentoilette
casaco [kɐ'zaku] Jacke

casaco comprido [kɐˈzaku kõmˈpridu] Damenmantel
castanho [kɐʃˈtɐɲu] braun
caução [kauˈsɐ̃u] *(f)* Kaution
cedo [ˈsedu] früh
celular [seluˈlar] *(Bras) (m)* Handy
central [sẽˈtral] zentral
centro comercial [ˈsẽtru kumərsiˈal] Einkaufszentrum
cérebro [ˈsɛrəbru] Gehirn
certificado [sərtəfiˈkadu] Bescheinigung
certo [ˈsɛrtu] bestimmt; gewiss; sicher; **estar ~** [ʃtar ˈsɛrtu] stimmen
cerveja [sərˈveʒɐ] Bier
chá [ʃa] *(m)* Tee
chamada a pagar no destino [ʃɐˈmad‿a pɐˈgar nu dəʃˈtinu] R-Gespräch
chamada [ʃɐˈmadɐ] Anruf
chamada internacional [ʃɐˈmad‿ĩtərnɐsjuˈnal] Auslandsgespräch
chamada interurbana [ʃɐˈmad‿ĩtɛrurˈbɐnɐ] Ferngespräch
chamada local [ʃɐˈmadɐ luˈkal] Ortsgespräch
chamar-se [ʃɐˈmarsə] heißen
champô [ʃẽˈpo] *(m)* Shampoo
chapéu [ʃɐˈpɛu] *(m)* Hut
chapéu para o sol [ʃɐˈpɛu ˈpɐrɐ u sɔl] *(m)* Sonnenhut
chave [ˈʃavə] *(f)* Schlüssel; **fechar à ~** [fəˈʃar‿a ˈʃavə] abschließen
chave de ignição [ˈʃavə d‿igniˈsɐ̃u] *(f)* Zündschlüssel
chávena [ˈʃavənɐ] Tasse
chegada [ʃəˈgadɐ] Ankunft
chegar [ʃəˈgar] ankommen; eintreffen; (aus-)reichen
cheio [ˈʃeju] voll
cheirar [ʃeiˈrar] riechen; **~ mal** [ʃeiˈrar mal] stinken
chocolate [ʃukuˈlatə] *(m)* Schokolade
chouriço [ʃoˈrisu] scharfe Paprikawurst
chupeta [ʃuˈpetɐ] Schnuller
chuva [ˈʃuvɐ] Regen
ciática [ˈsjatikɐ] Ischias
cidadão da UE [sidɐˈdɐ̃u dɐ uɛ] *(m)* EU-Bürger
cigarro [siˈgaʀu] Zigarette
cinema [siˈnemɐ] *(m)* Kino
cinto [ˈsĩtu] Gürtel
cinto de segurança [ˈsĩtu də səguˈrɐ̃sɐ] Sicherheitsgurt
cinza [ˈsĩzɐ] *(Bras)* grau
cinzeiro [sĩˈzeiru] Aschenbecher
cinzento [sĩˈzẽtu] grau
classe [ˈklasə] *(f)* Klasse
clima [ˈklimɐ] *(m)* Klima
cobertor [kubərˈtor] *(m)* wollene Bettdecke
código postal [ˈkɔdigu puʃˈtal] Postleitzahl
cofre [ˈkɔfrə] *(m)* Safe
cogumelo [kuguˈmɛlu] Pilz *(Essen)*
coisa [ˈkoizɐ] Ding; Sache
colar [kuˈlar] *(m)* Kollier
colcha [ˈkolʃɐ] Tagesdecke
colchão [kolˈʃɐ̃u] *(m)* Matratze
colecionar [kulɛsjuˈnar] sammeln
colete [kuˈletə] *(m)* Weste
colete de salvação [kuˈletə də salvɐˈsɐ̃u] *(m)* Schwimmweste
colher [kuˈʎɛr] *(f)* Löffel
colher de chá [kuˈʎɛr də ʃa] *(f)* Teelöffel
collants [ˈkɔlẽʃ] *(Plural)* Strumpfhose
colorau [kuluˈrau] *(m)* Paprika
coluna vertebral [kuˈlunɐ vərtəˈbral] Wirbelsäule
com certeza [kõ sərˈtezɐ] sicher; bestimmt
com cuidado [kõ kuiˈdadu] vorsichtig

com poucas calorias [kõ ˈpokɐʃ kɐluˈriɐʃ] kalorienarm
comandante [kumɐ̃ˈdɐ̃ntə] *(m)* Kapitän
comboio [kõˈbɔju] *(m)* Zug
comboio para transporte de automóveis [kõˈbɔju ˈpɐrɐ trɐ̃ʃˈpɔrtə d‿autuˈmɔveiʃ] *(m)* Autoreisezug
começar [kuməˈsar] anfangen; beginnen
comer [kuˈmer] essen; **não poder ~** [nɐ̃u puˈder kuˈmer] *(Speisen)* nicht vertragen
comerciante de objetos de arte [kumərsiˈɐ̃tə d‿ɔbˈʒɛtuʒ d‿artə] *(m)* Kunsthändler
comestível [kuməʃˈtivɛl] essbar
comida [kuˈmidɐ] Essen; Nahrung; Verpflegung
comida para bebés [kuˈmidɐ ˈpɐrɐ bɛˈbɛʃ] Babynahrung
comissão [kumiˈsɐ̃u] *(f)* Bearbeitungsgebühr
como [ˈkomu] *(Grund)* da; *(Frage, Vergleich)* wie
cómoda muda-fraldas [ˈkɔmudɐ ˈmudɐ ˈfraldɐʃ] Wickeltisch
cómodo [ˈkɔmudu] bequem
compartimento [kõpɐrtiˈmẽtu] Abteil
completo [kõˈplɛtu] besetzt; voll; ganz; vollständig
compor-se de [kõˈporsə də] bestehen aus
comprar [kõˈprar] (ein)kaufen
compreender [kõprjẽˈder] verstehen
comprido [kõˈpridu] lang
comprimido [kõpriˈmidu] Tablette
comprimidos contra as dores [kõpriˈmiduʃ ˈkõtr‿aʒ ˈdorəʃ] *(Plural)* Schmerztabletten
comprimidos para a dor de cabeça [kõpriˈmiduʃ ˈpɐra dor də kɐˈbesɐ] *(Plural)* Kopfschmerztabletten
comprimidos para a garganta [kõpriˈmiduʃ ˈpɐr‿a gɐrˈgɐ̃ntɐ] *(Plural)* Halstabletten
concerto [kõˈsertu] Konzert
concha [ˈkõʃɐ] Muschel; Schöpfkelle
condimento [kõdiˈmẽtu] Gewürz
condutor, condutora [kõduˈtor, kõduˈtorɐ] Fahrer(in)
conduzir [kõduˈzir] Auto fahren
conexão [konɛˈksɐ̃u] *(Bras)* *(f)* Anschluss
confiscar [kõfiʃˈkar] beschlagnahmen
confortável [kõfurˈtavɛl] gemütlich; bequem
conhecer [kuɲəˈser] kennen; kennen lernen
conhecido, conhecida [kuɲəˈsidu, kuɲəˈsidɐ] Bekannte/r; bekannt
constipação [kõʃtipaˈsɐ̃u] *(f)* Erkältung; Schnupfen
consulado [kõsuˈladu] Konsulat
conta [ˈkõntɐ] Konto; Rechnung; *(im Restaurant, etc.)* **enganar-se na ~** [ẽgɐˈnarsə nɐ ˈkõntɐ] sich verrechnen; **tomar ~ (de)** [tuˈmar ˈkõtɐ (də)] aufpassen (auf)
contagioso [kõtɐˈʒjozu] ansteckend
conta-quilómetros [ˈkõtɐ kiˈlɔmətruʃ] *(m)* Tachometer
contar [kõˈtar] erzählen; zählen
continente [kõtiˈnẽtə] *(m)* Festland
contra [ˈkõtrɐ] *(wider)* gegen; **ser ~** [ser ˈkõtrɐ] dagegen sein
contrabando [kõtrɐˈbɐ̃du] Schmuggel

contrário [kõ'trarju] Gegenteil; **pelo ~** ['pelu kõ'trarju] im Gegenteil
controle de passaportes [kõ'trolə də pasɐ'pɔrtəʃ] *(m)* Passkontrolle
controle de segurança [kõ'trɔlə də səgu'rẽsɐ] *(m)* Sicherheitskontrolle
conversa [kõ'vɛrsɐ] Gespräch; Unterhaltung
convidar [kõvi'dar] auffordern; einladen
copo ['kɔpu] Glas
copo de água ['kɔpu d‿'agwɐ] Wasserglas
coração [kurɐ'sɐ̃u] *(m)* Herz
coradas [kɔ'radɐʃ] geröstet *(Kartoffeln)*
cordel [kur'dɛl] *(m)* Bindfaden
cor-de-rosa [kor də 'ʀɔzɐ] rosa
coro ['koru] Chor
corpo ['korpu] Körper
corredor [kuʀə'dor] *(m)* Gang; Flur
corrente [ku'ʀẽtə] *(f)* Kette; Strömung; *(Elektrizität)* Strom
corrente [ku'ʀẽtə] *(als Adjektiv)* üblich; gewöhnlich
correr [ku'ʀer] fließen; laufen; rennen
coser [ku'zer] nähen
costa ['kɔʃtɐ] Küste; Ufer
cotonetes [kotu'nɛtəʃ] *(Plural)* Wattestäbchen
couvert [ku'vɛr] *(m)* Gedeck
cozido [ku'zidu] gekocht *(gegart)*
cozinhar [kuzə'ɲar] kochen *(Essen zubereiten)*
cozinheiro [kuzə'ɲeiru] Koch
creme ['krɛmə] *(m)* Creme
creme para as mãos ['krɛmə 'pɐr‿aʒ mɐ̃uʃ] *(m)* Handcreme
criança ['krjẽsɐ] Kind
crime ['krimə] *(m)* Verbrechen
cru [kru] roh
cruzamento [kruzɐ'mẽtu] Kreuzung
cruzeiro [kru'zeiru] Kreuzfahrt
cruzeta [kru'zetɐ] Kleiderbügel
culpa ['kulpɐ] Schuld
cumprimentar [kũprimẽ'tar] (be)grüßen
cumprir [kũ'prir] *(Wort)* halten
curto ['kurtu] *(räumlich)* kurz
curto prazo; a ~ [ɐ 'kurtu 'prazu] kurzfristig
curva ['kurvɐ] Kurve
custar [kuʃ'tar] kosten

D

D. ['donɐ] Frau
dano ['dɐnu] Beschädigung; Schaden
dar [dar] geben
dar pontos [dar 'põtuʃ] nähen *(Arzt)*
data ['datɐ] Datum; Termin
data de nascimento ['datɐ də nɐʃsi'mẽtu] Geburtsdatum
de [də] ab; von; aus
de cor [də kor] farbig
de hora a hora [d‿'ɔr‿a 'ɔrɐ] stündlich; jede Stunde
de manhã [də mɐ'ɲɐ̃] am Vormittag; morgens; vormittags
de noite [də 'noitə] nachts; abends
de tarde [də 'tardə] nachmittags
debaixo de [də'baiʃu də] unter
defeito [də'feitu] Fehler; *(den man hat)* Mangel
deficiente visual [dəfəsi'ẽtə vizu'al] *(f/m)* Sehbehinderte/r; sehbehindert

delgado [dɛlˈgadu] dünn; schlank
delicioso [dəliˈsjozu] lecker
demasiado [dəmɐˈzjadu] zu *(mit Adjektiv)*
dente [ˈdẽtə] *(m)* Zahn
dente do siso [ˈdẽtə du ˈsizu] *(m)* Weisheitszahn
depois [dəˈpoiʃ] danach; dann; nachher; **~ de** [dəˈpoiʒ də] *(zeitlich)* nach
depois de amanhã [dəˈpoiʒ d‿amɐˈɲɐ̃] übermorgen
depositar [dəpuziˈtar] hinterlegen
depósito [dəˈpɔzitu] (Flaschen-)Pfand; Behälter
depressa [dəˈprɛsɐ] *(Adverb)* rasch; schnell
descansar [dəʃkɐ̃ˈsar] sich ausruhen; sich erholen; (aus)ruhen
descer [dəʃˈser] aussteigen
desconhecido [dəʃkuɲəˈsidu] fremd; unbekannt
desde [ˈdeʒdə] seit *(als Präposition)* ab; **~ que** [ˈdeʒdə kə] seit *(als Konjunktion)*
desenhos animados [dəˈseɲuz‿ɐniˈmaduʃ] *(Plural)* Zeichentrickfilm
desfiladeiro [dəʃfilɐˈdeiru] Gebirgspass
desinfetar [dəzĩfɛˈtar] desinfizieren
desodorizante [dəzoduriˈzɐ̃tə] *(m)* Deo(dorant)
desporto [dəʃˈportu] Sport
destinatário [dəʃtinɐˈtarju] Empfänger
detergente para a louça [dətərˈʒẽtə ˈpɐr‿ɐ ˈlosɐ] *(m)* Spülmittel
detergente para a roupa [dətərˈʒẽtə ˈpɐr‿ɐ ˈʀopɐ] *(m)* Waschmittel
determinado [dətərmiˈnadu] bestimmt
devagar [dəvɐˈgar] *(Adverb)* langsam
dia [ˈdiɐ] *(m)* Tag; **nos ~s úteis** [nuʒˈdiɐz‿ˈuteiʃ] werktags, wochentags
dia útil [ˈdiɐ ˈutil] *(m)* Werktag
diabetes [djɐˈbɛtəʃ] *(f)* Diabetes
diabético [djɐˈbɛtiku] Diabetiker
diagnóstico [djɐgˈnɔʃtiku] Diagnose
diante de [ˈdjɐ̃ntə də] *(räumlich)* vor
diarreia [djɐˈʀejɐ] Durchfall
dieta [ˈdjɛtɐ] Diät; Schonkost
diferente [difəˈrẽtə] anders; verschieden
difícil [diˈfisil] schwer; schwierig
digestão [diʒəʃˈtɐ̃u] *(f)* Verdauung
dínamo [ˈdinɐmu] Lichtmaschine
dinheiro [dəˈɲeiru] Geld; **a ~** [ɐ dəˈɲeiru] bar
direção [dirɛˈsɐ̃u] *(f)* Direktion; Richtung
direito [diˈreitu] gerade; rechte(r, -s); **à ~** [a diˈreitɐ] rechts
direitos alfandegários [diˈreituz‿alfɐ̃ndəˈgarjuʃ] *(Plural)* Zollgebühren
discar [disˈkar] *(Bras)* wählen *(Telefon)*
disparador [dəʃpɐrɐˈdor] *(m)* Auslöser
distante [diʃˈtɐ̃ntə] entfernt; weit; abgelegen
distensão [diʃtẽˈsɐ̃u] *(f)* Zerrung
divertido [divərˈtidu] lustig; unterhaltend
dívida [ˈdividɐ] (Geld-)Schuld
dizer [diˈzer] sagen
do que [du kə] *(bei Vergleich)* als

doce [ˈdosə]
(als Adjektiv) süß;
(als Substantiv)
Marmelade
doces [ˈdosəʃ] *(Plural)*
Süßigkeiten
documentos [dukuˈmẽtuʃ]
(Plural) Papiere
doença [ˈdwẽsɐ]
Krankheit
doença infantil
[dwˈẽs‿ĩfẽˈtil]
Kinderkrankheit
doente [ˈdwẽtə] krank
doer [dwer] schmerzen
domicílio [dumiˈsilju]
Wohnort
domingo [duˈmĩgu]
Sonntag
dores [ˈdorəʃ] *(Plural)*
Schmerzen; **~ de cabeça**
[dorəʒ də kɐˈbesɐ]
Kopfschmerzen; **~ de dentes** [dorəʒ də ˈdẽntəʃ]
Zahnschmerzen;
~ de estômago
[dorəʒ də ˈʃtomɐgu]
Magenschmerzen;
~ de garganta [ˈdorəʒ də gɐrˈgẽntɐ] Halsschmerzen;
~ nas costas [dorəʒ nɐʃ ˈkɔʃtɐʃ] Rückenschmerzen
dormida [durˈmidɐ]
Übernachtung
dormir [durˈmir] schlafen
dose [ˈdɔzə] *(f)* Portion
dourado [doˈradu]
goldfarben
drogaria [drugɐˈriɐ]
Drogerie
ducha [ˈduʃɐ] *(Bras) (f)*
Dusche
duche [ˈduʃə] *(m)*
Dusche
duplo [ˈduplu] doppelt
durante [duˈrẽtə]
während *(als Präposition)*
durante o dia [duˈrẽt‿u ˈdiɐ]
tagsüber
duro [ˈduru] hart

E

e [i] und
ela [ˈɛlɐ] *(Singular: f)* sie;
~s [ˈɛlɐʃ] *(Plural)* sie
elevador [iləvɐˈdor] *(m)*
Fahrstuhl
elevador [iləvɐˈdor] *(m)*
Fahrstuhl
eletricidade [ilɛtrəsiˈdadə]
(f) Strom
elétrico [iˈlɛtriku] elektrisch
elétrico [iˈlɛtriku] *(m)*
Straßenbahn
em [ɐ̃i] an; auf; in
embora [ẽˈbɔrɐ] obwohl;
ir-se ~ [irs‿ẽˈbɔrɐ]
weggehen
embraiagem [ẽbrɐˈjaʒɐ̃i] *(f)*
Kupplung
embrulhar [ẽbruˈʎar]
einpacken
ementa [iˈmẽtɐ]
Speisekarte; Menü
emergência [imərˈʒẽsjɐ]
Notfall
empregado, empregada
[ẽprəˈgadu, ẽprəˈgadɐ]
Kellner(in)
emprego [ẽˈpregu] (An-)
Stellung; Arbeit; Gebrauch;
Verwendung
emprestar [ẽprəʃˈtar] (ver)
leihen; **pedir ~**
[pəˈdir‿ẽprəʃˈtadu] (ent)
leihen
encarnado [ẽkɐrˈnadu] rot
encharcado [ẽʃɐrˈkadu]
nass; durchnässt
enchidos [ẽˈʃiduʃ] *(Plural)*
Wurst
encomenda postal
[ẽkuˈmẽdɐ puʃˈtal]
Paket; **~ postal pequena**
[ẽkuˈmẽdɐ puʃˈtal pəˈkenɐ] Päckchen
encontrar [ẽkõˈtrar]
begegnen; treffen; finden
encontrar-se [ẽkõˈtrarsə]
sich befinden
endereço [ẽdəˈresu]
Adresse

PORTUGIESISCH - DEUTSCH
WÖRTERBUCH

enfermeira [ẽfərˈmeirɐ] Krankenschwester
enjoo [ẽˈʒou] Übelkeit
enquanto [ẽˈkwẽntu] während *(als Konjunktion)*
ensinar [ẽsiˈnar] lehren; unterrichten
então [ẽˈtɐ̃u] also; *(Zeit)* da; damals; dann; nun
entrada [ẽˈtradɐ] Eingang; Einfahrt; Einreise; Eintritt; Vorspeise
entre [ˈẽtrə] unter; zwischen
entrega da bagagem [ẽˈtrɛgɐ dɐ bɐˈgaʒɐ̃i] Gepäckausgabe
entregar [ẽtrəˈgar] überbringen; abgeben
envelope [ẽvəˈlɔpə] *(m)* Briefumschlag
envenenamento [ẽvənənɐˈmẽntu] Vergiftung
enxaqueca [ẽʃɐˈkɛkɐ] Migräne
equipado para cadeira de rodas [ikiˈpadu ˈpɐrɐ kɐˈdeirɐ də ˈrɔdɐʃ] rollstuhlgerecht
equipado para deficientes [ikiˈpadu ˈpɐrɐ dəfəsiˈẽntəʃ] behindertengerecht
errado [iˈʀadu] falsch
erro [ˈeʀu] Fehler; Irrtum
ervas aromáticas [ˈɛrvɐz ɐruˈmatikɐʃ] *(Plural)* Kräuter
escala [ˈʃkalɐ] Zwischenlandung
escape [ˈʃkapə] *(m)* Auspuff
escola [ˈʃkɔlɐ] Schule
escolher [ʃkuˈʎer] aussuchen; wählen
escova de dentes [ˈʃkovɐ də ˈdẽntəʃ] Zahnbürste
escova para a louça [ˈʃkovɐ ˈpɐr‿a ˈlosɐ] Spülbürste
escrever [ʃkrəˈver] schreiben
escuro [ˈʃkuru] dunkel
esferográfica [ʃfɛrɔˈgrafikɐ] Kugelschreiber
esófago [iˈzɔfɐgu] Speiseröhre
espancar [ʃpɐ̃ŋˈkar] zusammenschlagen
Espanha [ˈʃpɐɲɐ] Spanien
espanhol, espanhola [ʃpɐˈɲɔl, ʃpɐˈɲɔlɐ] Spanier(in); spanisch
especialidade [ʃpəsjɐliˈdadə] *(f)* Spezialität
espelho [ˈʃpeʎu] Spiegel
esperar [ʃpəˈrar] erwarten; hoffen; warten
espetáculo [ʃpɛˈtakulu] Show; Vorstellung
espinha [ˈʃpiɲɐ] Gräte
espirrar [ʃpiˈʀar] niesen
esporte [isˈpɔrti] *(Bras)* Sport
esquerdo [ˈʃkerdu] linke(r, -s); **à esquerda** [a ˈʃkerdɐ] links
esse, essa [ˈesə, ˈɛsɐ] diese(r, -s)
este, esta [ˈeʃtə, ˈɛʃtɐ] diese(r, -s)
estação [ʃtɐˈsɐ̃u] *(f)* Saison; Bahnhof; **~ do ano** [ʃtɐˈsɐ̃u du ˈɐnu] (f) Jahreszeit
estação alta [ʃtɐˈsɐ̃u ˈaltɐ] *(f)* Hauptsaison
estação baixa [ʃtɐˈsɐ̃u ˈbaiʃɐ] *(f)* Vor-/Nachsaison
estação central [ʃtɐˈsɐ̃u sẽnˈtral] *(f)* Hauptbahnhof
estação rodoviária [ʃtɐˈsɐ̃u ʀɔdɔˈvjarjɐ] *(f)* Busbahnhof
estacionamento para deficientes [ʃtɐsjunɐˈmẽtu ˈpɐrɐ dəfəsiˈẽtəʃ] Behindertenparkplatz
estacionar [ʃtɐsjuˈnar] *(Auto)* abstellen; parken
estar [ʃtar] sein; sich befinden; **~ em pé** [ʃtar‿ɐ̃i pɛ] stehen
estômago [ˈʃtomɐgu] Magen
estrada [ˈʃtradɐ] (Land-) Straße

estrada principal ['ʃradɐ prĩsi'pal] Hauptstraße
estragado [ʃtrɐ'gadu] *(Obst)* faul; verdorben; kaputt
estrangeiro [ʃtrɐ̃'ʒeiru] Ausland; Ausländer; der Fremde; fremd; ausländisch
estufado [ʃtu'fadu] gedämpft; gedünstet; geschmort
eu [eu] ich
euro ['euru] Euro
Europa [eu'rɔpɐ] Europa
europeu [euru'peu] europäisch
europeu, europeia [euru'peu, euru'pejɐ] Europäer(in)
exame [i'zɐmə] *(m)* Untersuchung
exceto [ʃ'sɛtu] außer
excursão [ʃkur'sɐ̃u] *(f)* Ausflug; Tour
excursão a terra [ʃkur'sɐ̃u ɐ 'tɛʀɐ] *(f)* Landausflug
extensão [ʃtẽ'sɐ̃u] *(f)* Verlängerungsschnur
extintor de incêndios [ʃtĩn'tor d͜ ĩ'sẽndjuʃ] *(m)* Feuerlöscher

F

fábrica ['fabrikɐ] Fabrik
faca ['fakɐ] Messer
fácil ['fasil] einfach; leicht
falar [fɐ'lar] reden; sprechen
falha ['faʎɐ] Defekt
faltar [fal'tar] fehlen
família [fɐ'miljɐ] Familie
farinha [fɐ'riɲɐ] Mehl
farmácia [fɐr'masjɐ] Apotheke
farol [fɐ'rɔl] *(m)* Leuchtturm; Scheinwerfer
fatia [fɐ'tiɐ] Scheibe
fatigante [fɐti'gẽtə] anstrengend
fato de banho ['fatu də 'bɐɲu] *(m)* Badeanzug
fator de proteção solar [fa'tor də prutɛ'sɐ̃u su'lar] *(m)* Lichtschutzfaktor
fatura [fa'turɐ] Rechnung
fax [faks] *(m)* Fax; Faxgerät
fazer [fɐ'zer] machen; tun
febre ['fɛbrə] *(f)* Fieber
fechado [fə'ʃadu] geschlossen; zu
feira da ladra ['feirɐ dɐ 'ladrɐ] Flohmarkt
feito à mão ['feitu a mɐ̃u] handgemacht
feliz [fə'liʃ] glücklich
férias ['fɛrjɐʃ] *(Plural)* Ferien; Urlaub
ferida [fə'ridɐ] Verletzung; Wunde
ferir [fə'rir] verletzen
ferramenta [fəʀɐ'mẽtɐ] Werkzeug
ferry-boat ['fɛʀi bot] *(m)* Fähre
fervedor elétrico [fərvə'dor i'lɛtriku] *(m)* Wasserkocher
ferver [fər'ver] kochen *(Flüssigkeiten)*
fervido [fər'vidu] gekocht *(Flüssigkeiten)*
fevereiro [fəvə'reiru] Februar
fígado ['figɐdu] Leber
filha ['fiʎɐ] Tochter
filme ['filmə] *(m)* Film
filtro de café ['filtru də kɐ'fɛ] Kaffeefilter
fio ['fiu] Kette *(fein)*
flash [flɛʃ] *(m)* Blitzgerät
flocos de aveia ['flɔkuʒ d͜ ɐ'veiɐ] *(Plural)* Haferflocken
flor [flor] *(f)* Blume
floresta [flu'rɛʃtɐ] Wald
fogão [fu'gɐ̃u] *(m)* Herd; Kocher; **~ a gás** [fu'gɐ̃u ɐ gaʃ] Gasherd, Gaskocher; **~ elétrico** [fu'gɐ̃u i'lɛtriku] Elektroherd
fogo ['fogu] Feuer; **~ de artifício** ['fogu d͜ ɐrtə'fisju] Feuerwerk

folha de alumínio ['foʎɐ d̮ɐlu'minju] Alufolie
fora ['fɔrɐ] außen; draußen; **~ da validade** ['fɔrɐ dɐ vɐli'dadə] abgelaufen; **~ de** ['fɔrɐ də] außerhalb; **~ de jogo** ['fɔrɐ də 'ʒogu] abseits; **~ do vulgar** ['fɔrɐ du vul'gar] außergewöhnlich
forno ['fornu] Backofen
fósforo ['fɔʃfuru] Streichholz
fotografia [futugrɐ'fiɐ] Foto; Aufnahme; Bild
fraldas ['fraldɐʃ] *(Plural)* Windeln
franco suíço ['frẽŋku 'swisu] Schweizer Franken
frango ['frẽgu] Hähnchen
franquia [frẽŋ'kiɐ] Porto
fratura [fra'turɐ] Knochenbruch
freio ['freju] *(Bras) (m)* Bremse; **~ de mão** ['freju də mẽu] *(m)* Handbremse; **~ de emergência** ['freju d̮imər'ʒẽsjɐ] *(m)* Notbremse
frente, **à ~** [a 'frẽtə] vorn, em ~ [ẽi 'frẽtə] gegenüber, geradeaus, para a ~ ['per̮a 'frẽtə] vorwärts
fresco ['freʃku] frisch; kühl
frigideira [friʒi'deirɐ] Bratpfanne
frigorífico [frigu'rifiku] Kühlschrank
frio ['friu] kalt *(m)* Kälte; **ter ~** [ter 'friu] frieren
frito ['fritu] gebraten
fronteira [frõ'teirɐ] Grenze
fruta ['frutɐ] Obst
fumador [fumɐ'dor] *(m)* Raucher
fumar [fu'mar] rauchen
funcionar [fũsju'nar] funktionieren
fundo ['fũdu] tief
furioso [fu'rjozu] wütend
furo ['furu] Platten

G

gancho ['gẽʃu] Haken
garagem [gɐ'raʒẽi] *(f)* Garage
garçom, garçonete [gar'sõ, garso'nɛti] *(Bras)* Kellner(in)
garfo ['garfu] Gabel
garrafa [gɐ'ʀafɐ] Flasche
gaze ['gazə] *(f)* Mullbinde
geladeira [ʒela'derɐ] *(Bras)* Kühlschrank
gelado [ʒə'ladu] Speiseeis
gelado, **estar ~** [ʃtar ʒə'ladu] frieren
gelo ['ʒelu] Eis
gente ['ʒẽtə] *(f)* Leute
gordo ['gordu] dick; fett
gorjeta [gur'ʒetɐ] Trinkgeld
graça ['grasɐ] Witz; **de ~** [də'grasɐ] gratis
grande ['grẽdə] groß; bedeutend
grande armazém ['grɐnd̮armɐ'zẽi] *(m)* Kaufhaus
gratuito [grɐ'tuitu] gratis; kostenlos
gravidez [grɐvi'deʃ] *(f)* Schwangerschaft
grelhador [grəʎɐ'dor] *(m)* Grill
gripe ['gripə] *(f)* Grippe
grupo sanguíneo ['grupu sẽ'g(w)inju] Blutgruppe
GPS [ʒepe'ɛsə] Navigationsgerät
guarda-chuva ['gwardɐ 'ʃuvɐ] *(m)* Schirm
guardanapo [gwɐrdɐ'napu] Serviette
guia turístico ['giɐ tu'riʃtiku] *(m)* Reiseführer

H

há [a] es gibt; vor *(in der Vergangenheit)*
havaianas [ɐvai'ɐnɐʃ] *(Plural)* Flipflops®

hérnia inguinal [ˈɛrnjɐ ĩŋgiˈnal] Leistenbruch
hoje [ˈoʒə] heute
homem [ˈɔmɐ̃i] *(m)* Mann; Mensch
homens [ˈɔmɐ̃iʃ] *(Plural)* Herren
hora [ˈɔrɐ] Stunde
hora de chegada [ˈɔrɐ də ʃəˈgadɐ] Ankunftszeit
horário [oˈrarju] Fahrplan
horas da visita [ˈɔrɐʒ dɐ vəˈzitɐ] *(Plural)* Besuchszeit
hospital [oʃpiˈtal] *(m)* Krankenhaus

I

ideia [iˈdejɐ] Gedanke; Idee
ignição [igniˈsɐ̃u] *(f)* Zündung
impedido [ĩpəˈdidu] besetzt
importância [ĩpurˈtɐ̃sjɐ] Bedeutung; Wichtigkeit; **sem ~** [sɐ̃i ĩpurˈtɐ̃sjɐ] unwichtig
importante [ĩpurˈtɐ̃ntə] bedeutend; groß; wichtig
importunar [ĩpurtuˈnar] belästigen
impressionante [ĩprəsjuˈnɐ̃ntə] beeindruckend
inadequado [inɐdəˈkwadu] ungeeignet
inchado [ĩˈʃadu] geschwollen; dick
inde(m)nizar [ĩdə(m)niˈzar] *(Schaden)* ersetzen
indicativo [ĩdikɐˈtivu] Vorwahlnummer
indigestão [ĩdiʒəʃˈtɐ̃u] *(f)* Verdauungsstörung
infe(c)ção [ĩfɛˈsɐ̃u] *(f)* Infektion
infelizmente [ĩfəliʒˈmẽntə] leider
informação [ĩfurmɐˈsɐ̃u] *(f)* Auskunft; Bescheid
informar [ĩfurˈmar] informieren; unterrichten; Bescheid sagen; **~-se** [ĩfurˈmarsə] sich erkundigen
infusão [ĩfuˈzɐ̃u] *(f)* Infusion
injeção [ĩʒɛˈsɐ̃u] *(f)* Spritze
insolação [ĩsulɐˈsɐ̃u] *(f)* Sonnenstich
insónia (ô) [ĩˈsɔnjɐ] Schlaflosigkeit
insuportável [ĩsupurˈtavɛl] unerträglich
inteiramente [ĩteirɐˈmẽntə] ganz
inteiro [ĩˈteiru] vollständig; ganz
intercomunicador para bebés [ĩtərkumunikɐˈdor ˈpɐrɐ bɛˈbɛʃ] Babyfon®
interessante [ĩtərəˈsɐ̃ntə] interessant
interromper [ĩtəʀõmˈper] abbrechen; unterbrechen
intervalo [ĩtərˈvalu] Pause
intestino [ĩtəʃˈtinu] Darm
intoxicação [ĩtɔksikɐˈsɐ̃u] *(f)* Vergiftung
intoxicação alimentar [ĩtɔksikɐˈsɐ̃u ɐlimẽnˈtar] *(f)* Lebensmittelvergiftung
inverno [ĩˈvɛrnu] Winter
ioga [iˈɔgɐ] *(m)* Yoga
iogurte [joˈgurtə] *(m)* Joghurt
IP (itinerário principal) [iˈpe (itənəˈrarju prĩsiˈpal)] Schnellstraße
ir [ir] fahren; gehen; **~ a pé** [ir‿ɐ pɛ] *(zu Fuß)* gehen; **~ buscar** [ir buʃˈkar] holen; **~-se embora** [irs‿ẽmˈbɔrɐ] weggehen
irmã [irˈmɐ̃] *(f)* Schwester
irmão [irˈmɐ̃u] *(m)* Bruder

J

já [ʒa] sofort; gleich; bereits; schon; **~ que** [ʒa kə] *(Grund)* da

janeiro [ʒɐˈneiru] Januar
janela [ʒɐˈnɛlɐ] Fenster
jantar [ʒɐ̃ˈtar] *(m)* Abendessen
joias [ˈʒɔjɐʃ] *(Plural)* Schmuck
jornal [ʒurˈnal] *(m)* Zeitung
juiz, juíza [ʒuˈiʃ, ʒuˈizɐ] Richter(in)
julho [ˈʒuʎu] Juli
junho [ˈʒuɲu] Juni
juntamente [ʒũtɐˈmẽtə] zusammen
junto de [ˈʒũtu də] neben
juntos [ˈʒũntuʃ] zusammen; gemeinsam
justamente [ʒuʃtɐˈmẽtə] *(zeitlich)* gerade

K

ketchup [kɛˈtʃɐp] *(m)* Ketschup
kiwi [ˈkivi] *(m)* Kiwi

L

lá [la] da; dort; dorthin
lá dentro [la ˈdẽtru] drin; drinnen
lá fora [la ˈfɔrɐ] draußen
ladrão [lɐˈdrɐ̃u] *(m)* Dieb
lago [ˈlagu] *(Binnengewässer)* See
lâmpada [ˈlɐ̃pɐdɐ] Glühbirne
largo [ˈlargu] breit; weit
largura [lɐrˈgurɐ] Breite
lata [ˈlatɐ] Dose
lata de gasolina [ˈlatɐ də gɐzuˈlinɐ] *(Bras) (f)* Benzinkanister
lavabos [lɐˈvabuʃ] *(Plural)* Waschraum
lavandaria [lɐvɐ̃dɐˈriɐ] Wäscherei
lavatório [lɐvɐˈtɔrju] (Hand-)Waschbecken
legendas [ləˈʒẽdɐʃ] *(Plural)* Untertitel
leite [ˈleitə] *(m)* Milch
leite magro [ˈleitə ˈmagru] *(m)* fettarme Milch
lembrança [lẽˈbrɐ̃sɐ] Mitbringsel
lenços de papel [ˈlẽsuʒ də pɐˈpɛl] *(Plural)* Papiertaschentücher
lente [ˈlẽtə] *(f)* Linse
lento [ˈlẽtu] langsam
ler [ler] lesen
leste [ˈlɛʃtə] *(m)* Osten; **a ~ de** [ɐˈlɛʃtə də] östlich von
levar [ləˈvar] tragen; forttragen; mitnehmen
leve [ˈlɛvə] *(Gewicht)* leicht
lhes [ʎəʃ] euch *(Dativ)*
ligação [ligɐˈsɐ̃u] *(f)* Verbindung *(Zug; Telefon)*
ligadura [ligɐˈdurɐ] Verband
ligadura elástica [ligɐˈdur‿iˈlaʃtikɐ] Elastikbinde
ligar [liˈgar] einschalten; verbinden
limpa-para-brisas [ˈlĩpɐ ˈparɐ ˈbrizɐʃ] *(m)* Scheibenwischer
limpar [lĩˈpar] putzen; reinigen
lindo [ˈlĩdu] schön
língua [ˈlĩgwɐ] Sprache
linha [ˈliɲɐ] *(Elektrizität, Telefon)* Leitung; Linie; (Bahn-)Strecke
líquido anticongelante [ˈlikidu ɐ̃tikõʒəˈlẽntə] Frostschutzmittel
líquido dos travões [ˈlikidu duʃ trɐˈvõiʃ] Bremsflüssigkeit
líquido dos freios [ˈlikidu dus ˈfrejus] *(Bras)* Bremsflüssigkeit
lista [ˈliʃtɐ] Liste; (Speise-)Karte
livre de taxa alfandegária [ˈlivrə də ˈtaʃ‿alfẽdəˈgarjɐ] zollfrei
livro [ˈlivru] Buch
lixo [ˈliʃu] Abfall; Müll

local de nascimento [lu'kal də nɐʃsi'mẽtu] *(m)* Geburtsort
logo ['lɔgu] bald; sofort
loja de artigos elétricos ['lɔʒɐ d‿ɐr'tiguz‿i'lɛtrikuʃ] Elektrohandlung
loja de bebidas alcoólicas ['lɔʒɐ də bə'bidɐz‿al'kwɔlikɐʃ] Spirituosengeschäft
loja de computadores ['lɔʒɐ də kõputɐ'dorəʃ] Computerfachgeschäft
loja de duty-free ['lɔʒɐ də 'djuti fri] zollfreier Laden
loja franca ['lɔʒɐ 'frẽkɐ] zollfreier Laden
longo ['lõgu] *(Weg)* weit
louça ['losɐ] Geschirr
louro ['loru] blond; Lorbeer
lugar [lu'gar] *(m)* Ort; Stelle; Platz; Sitz; **em ~ de** [ẽi lu'gar də] statt; **em primeiro ~** [ẽi pri'meiru lu'gar] zuerst, zunächst; **em último ~** [ẽi 'ultimu lu'gar] zuletzt
lugar à janela [lu'gar‿a ʒɐ'nɛlɐ] *(m)* Fensterplatz
luz [luʃ] *(f)* Licht
luzes dos travões ['luzəʒ duʃ trɐ'võiʃ] *(Plural)* Bremslichter
luzes dos freios ['luzəʒ dus 'frejus] *(Bras) (Plural)* Bremslichter
luzes traseiras ['luzəʃ trɐ'zeirɐʃ] *(Plural)* Rücklicht

M

macaco [mɐ'kaku] *(Auto)* Wagenheber; *(Tier)* Affe
macio [mɐ'siu] weich
mãe [mẽi] *(f)* Mutter
magro ['magru] mager
maio ['maju] Mai
maiô [ma'jo] *(Bras) (m)* Badeanzug
mais [maiʃ] mehr; plus; **~ (do) que** [maiʃ (du) kə] mehr als; **de ~** [də maiʃ] zu viel, zu sehr
mais cedo [maiʃ 'sedu] früher
mais tarde [maiʃ 'tardə] später
mal [mal] schlecht; kaum
mala ['malɐ] Koffer
mala de mão ['malɐ də mẽu] Handtasche
mala de primeiros socorros ['malɐ də pri'meiruʃ su'kɔʀuʃ] Verbandskasten
mala do carro ['malɐ du 'kaʀu] Kofferraum
mala térmica ['malɐ 'tɛrmikɐ] Kühltasche
mancha ['mẽʃɐ] Fleck
mandar [mẽn'dar] befehlen; schicken; senden
manga ['mẽgɐ] Ärmel; Mango
manhã [mɐ'ɲẽ] *(f)* Vormittag; Morgen
manta de lã ['mẽntɐ də lẽ] Wolldecke
manteiga [mẽn'teigɐ] Butter
mapa ['mapɐ] *(m)* Landkarte
mapa das estradas ['mapɐ dɐʃ‿ʃ'tradɐʃ] *(m)* Straßenkarte
máquina automática de bilhetes ['makinɐ autu'matikɐ də bə'ʎetəʃ] Fahrkartenautomat
máquina de lavar a louça ['makinɐ də lɐ'var ɐ 'losɐ] Geschirrspülmaschine
máquina de lavar a roupa ['makinɐ də lɐ'var ɐ 'ʀopɐ] Waschmaschine
máquina fotográfica ['makinɐ futu'grafikɐ] Fotoapparat
máquina fotográfica subaquática ['makinɐ futu'grafikɐ subɐ'qwatikɐ] Unterwasserkamera

mar [mar] *(m)* Meer; See
marcar [mɐrˈkar] *(Platz)* buchen; vorbestellen; wählen *(Telefon)*
marcha [ˈmarʃɐ] schnelles Gehen
marcha à ré [ˈmarʃ‿a ʀɛ] *(Bras)* Rückwärtsgang
março [ˈmarsu] März
maré baixa [mɐˈrɛ ˈbaiʃɐ] *(f)* Ebbe
marido [mɐˈridu] (Ehe-)Mann
marmelada [mɐrməˈlada] (Quitten-)Marmelade
marrom [maˈʀõ] *(Bras)* braun
martelo [mɐrˈtɛlu] Hammer
mas [mɐʃ] aber; doch; sondern
massa [ˈmasɐ] Nudeln
mata [ˈmatɐ] Wald
mau [mau] böse; schlecht; schlimm
máximos [ˈmasimuʃ] *(Plural)* Fernlicht
me [mə] mir; mich
medicamento [mədikɐˈmẽtu] Medikament
meia-pensão [ˈmejɐ pẽˈsɐ̃u] *(f)* Halbpension
meio [ˈmeju] Mitte; Mittel; halb; **por ~ de** [pur ˈmeju də] durch, mittels
meio-bilhete [ˈmeju bəˈʎetə] *(m)* Kinderfahrkarte; Kindereintrittskarte
meio-dia [ˈmeju ˈdiɐ] *(m)* Mittag
mel [mɛl] *(m)* Honig
melhor [məˈʎɔr] besser; **o/a ~** [u/ɐ …] beste(r, -s)
menina [məˈninɐ] Fräulein; Mädchen
meningite [mənĩˈʒitə] *(f)* Hirnhautentzündung
menu [meˈnju] *(m)* Menü
mercado [mərˈkadu] Markt
mercearia [mərsjɐˈriɐ] Lebensmittelgeschäft
mergulhar [mərguˈʎar] tauchen
mês [meʃ] *(m)* Monat; **por ~** [pur meʃ] monatlich
mesa [ˈmezɐ] Tisch
mesmo [ˈmeʒmu] selbst; sogar; dasselbe; **ao ~ tempo** [au ˈmeʒmu ˈtẽpu] gleichzeitig
metro [ˈmɛtru] Meter; **~ quadrado** [ˈmɛtru kwaˈdradu] Quadratmeter
metro [ˈmɛtru] *(m)* U-Bahn
metrô [meˈtro] *(Bras)* *(m)* U-Bahn
metropolitano [mətrupuliˈtɐnu] U-Bahn
meu [meu] mein; meine
mim [mĩ] mir; mich; **por ~** [pur mĩ] meinetwegen
minha [ˈmiɲɐ] mein; meine
miúdos [mjuduʃ] *(Plural)* Kleingeld
moça [ˈmosɐ] Mädchen
mochila [muˈʃilɐ] Rucksack
moeda [ˈmwɛdɐ] Münze; Währung
molas para a roupa [ˈmɔlɐʃ ˈpɐra ˈʀopɐ] *(Plural)* Wäscheklammern
mole [ˈmɔlə] weich
molhado [muˈʎadu] nass
monte [ˈmõtə] *(m)* Berg
morar [muˈrar] wohnen
mosquito [muʃˈkitu] Mücke
mostarda [muʃˈtardɐ] Senf
mostrar [muʃˈtrar] (vor) zeigen
motel [moˈtɛl] *(m)* Motel
motor [muˈtor] *(m)* Motor
motor de arranque [muˈtor d‿ɐˈʀɐ̃nkə] *(m)* Anlasser
mudança de óleo [muˈdɐ̃sɐ d‿ˈɔlju] Ölwechsel
mudar o voo [muˈdar‿u ˈvou] umbuchen
muesli [ˈmusli] *(m)* Müsli
muitas vezes [ˈmũitɐʃ ˈvezəʃ] oft; häufig
muito [ˈmũitu] sehr; viel
mulher [muˈʎɛr] *(f)* Frau; Ehefrau
multa [ˈmultɐ] Geldstrafe

multibanco [multiˈbɐ̃ku] Geldautomat
mundo [ˈmũdu] Welt
músculo [ˈmuʃkulu] Muskel
museu [muˈzeu] *(m)* Museum

N

nacional [nɐsjuˈnal] einheimisch
nacionalidade [nɐsjunɐliˈdadə] *(f)* Staatsangehörigkeit
nada [ˈnadɐ] nichts
nadar [nɐˈdar] schwimmen
não [nɐ̃u] nicht; nein
nariz [nɐˈriʃ] *(m)* Nase
natas [ˈnatɐʃ] *(Plural)* Sahne
natural [nɐtuˈral] natürlich; einheimisch
náusea [ˈnauzjɐ] Übelkeit
náuseas [ˈnauzjɐʃ] *(Plural)* Brechreiz
negro [ˈnegru] schwarz
nenhum [nəˈɲũ] kein
nevoeiro [nəˈvweiru] Nebel
ninguém [nĩˈgɐ̃i] keiner; niemand
no caso de [nu ˈkazu də] falls
no domingo [nu duˈmĩgu] am Sonntag
no fim de semana [nu fĩ də səˈmɐnɐ] am Wochenende
noite [ˈnoitə] *(f)* Nacht; Abend *(nach Einbruch der Dunkelheit)*
nome [ˈnomə] *(m)* Name
nome de batismo [ˈnomə də baˈtiʒmu] *(m)* Vorname
nome de solteira [ˈnomə də solˈteirɐ] *(m)* Geburtsname
norte [ˈnɔrtə] *(m)* Norden
nós [nɔʃ] wir
nos [nuʃ] uns
nosso, nossa [ˈnɔsu, nɔsɐ] unser(e)
nota [ˈnɔtɐ] Aufzeichnung; (Geld-)Schein
notebook [notəˈbuk] *(m)* Notebook
notícia [nuˈtisjɐ] Nachricht
novembro [nuˈvẽbru] November
novo [ˈnovu] neu; frisch; jung; **de ~** [də ˈnovu] wieder
noz-moscada [nɔʒ muʃˈkadɐ] *(f)* Muskatnuss
nu [nu] nackt; *(m)* Akt *(Malerei)*
número [ˈnuməru] Nummer; Zahl
número da porta [ˈnuməru dɐ ˈpɔrtɐ] Hausnummer
número de telefone [ˈnuməru də tələˈfɔnə] Telefonnummer
nunca [ˈnũŋkɐ] nie; je

O

objetiva [obʒɛˈtivɐ] Objektiv
obliterador de bilhetes [oblitərɐˈdor də bəˈʎetəʃ] *(m)* Fahrscheinentwerter
obra de talha [ˈɔbrɐ də ˈtaʎɐ] Schnitzerei
oculista [ɔkuˈliʃtɐ] *(m)* Optiker
ocupado [okuˈpadu] beschäftigt *(Platz)* besetzt
oficina [ofəˈsinɐ] Werkstatt
óleo [ˈɔlju] Öl
óleo solar [ˈɔlju suˈlar] Sonnenöl
ondulação [õdulɐˈsɐ̃u] *(f)* Seegang
ônibus [ˈonibus] *(Bras) (m)* (Stadt-)Bus
ontem [ˈõtɐ̃i] gestern
ópera [ˈɔpərɐ] Oper
operação [opərɐˈsɐ̃u] *(f)* Operation
opinião [opəˈnjɐ̃u] *(f)* Ansicht; Meinung

orquestra [or'kɛʃtrɐ] Orchester
osso ['osu] Knochen
otite [ɔ'titə] *(f)* Mittelohrentzündung
ou [o] oder
ouro ['oru] Gold
outro ['otru] ein anderer
outubro [o'tubru] Oktober
ouvido [o'vidu] Gehör; Ohr
ouvir [o'vir] hören
ovos ['ɔvuʃ] *(Plural)* Eier

P

pá [pa] *(f)* Kehrschaufel
padaria [padɐ'riɐ] Bäckerei
pãezinhos [pɐ̃i'ziɲuʃ] *(Plural)* Brötchen
pagar [pɐ'gar] bezahlen; zahlen
pai [pai] *(m)* Vater; **~s** ['paiʃ] *(Plural)* Eltern
país [pɐ'iʃ] *(m)* Land; Inland
palhinha [pɐ'ʎiɲɐ] Strohhalm
palito [pɐ'litu] Zahnstocher
pano da louça ['pɐnu dɐ 'losɐ] Geschirrtuch
pão [pɐ̃u] *(m)* Brot
pão branco [pɐ̃u 'brɐ̃ku] *(m)* Weißbrot
pão integral [u pɐ̃u ĩntə'gral] *(m)* Vollkornbrot
papel [pɐ'pɛl] *(m)* Papier
papel principal [pɐ'pɛl prĩsi'pal] *(m)* Hauptrolle
par [par] *(m)* Paar
para ['pɐrɐ] für; **~ o Porto** ['pɐrɐ u 'portu] nach Porto
para cima ['pɐrɐ 'simɐ] aufwärts
para-choques ['parɐ 'ʃɔkəʃ] *(m)* Stoßstange
parada [pa'radɐ] *(Bras) (f)* Haltestelle
paragem [pɐ'raʒɐ̃i] *(f)* Aufenthalt; Haltestelle
parar [pɐ'rar] halten; **ficar parado** [fi'kar pɐ'radu] anhalten, stehen bleiben
parede [pɐ'redə] *(f)* Wand
parque de campismo ['parkə də kɐ̃'piʒmu] *(m)* Campingplatz
parque de estacionamento ['parkə də‿ʃtɐsjunɐ'mẽtu] *(m)* Parkplatz
participar [pɐrtəsi'par] melden; mitteilen; **~ (em)** [pɐrtəsi'par (ɐ̃i)] teilnehmen (an)
partida [pɐr'tidɐ] Abfahrt; Abflug
partido [pɐr'tidu] gebrochen; Partei
passageiro [pɐsɐ'ʒeiru] Fahrgast
passaporte [pasɐ'pɔrtə] *(m)* Pass; Reisepass; Ausweis
pasta dentrífica ['paʃtɐ dẽ'tifrikɐ] Zahncreme; Zahnpasta
pastilha elástica [pɐʃ'tiʎ‿i'laʃtikɐ] Kaugummi
peça ['pɛsɐ] Stück
peça de teatro ['pɛsɐ də 'tjatru] Theaterstück
peça popular ['pɛsɐ pupu'lar] Volksstück
pedido [pə'didu] Bitte
pedir emprestado [pə'dir‿ẽprəʃ'tadu] leihen *(von jemandem)*
pegar [pe'gar] *(Bras)* benutzen *(Verkehrsmittel)*
peito ['peitu] Brust
peixaria [peiʃɐ'riɐ] Fischgeschäft
peixe ['peiʃə] *(m)* Fisch
pele ['pɛlə] *(f)* Haut; Fell; Pelz
película transparente [pə'likulɐ trɐ̃nʃpɐ'rẽntə] Frischhaltefolie
pen drive [pẽn'draivə] *(m)* Memorystick
pensão [pẽ'sɐ̃u] *(f)* Pension

pensão completa [pẽˈsɐ̃u kõmˈplɛtɐ] *(f)* Vollpension
penso [ˈpẽsu] Verband; **fazer o ~** [fɐˈzer‿u ˈpẽsu] verbinden
pente [ˈpẽtə] *(m)* Kamm
penúltimo, penúltima [pəˈnultimu, pəˈnultimɐ] vorletzte(r, -s)
pequeno [pəˈkenu] klein
pequeno-almoço [pəˈken‿alˈmosu] Frühstück
perder [pərˈder] verlieren; **~-se** [pərˈdersə] sich verirren
pergunta [pərˈgũtɐ] Frage
perguntar [pərgũnˈtar] fragen
perigoso [pəriˈgozu] gefährlich
pernoitar [pərnoiˈtar] übernachten
pernoite [perˈnoiti] *(Bras)* *(m)* Übernachtung
perto [ˈpɛrtu] nahe; **~ de** [ˈpɛrtu də] (nahe) bei
perturbação circulatória [pərturbɐˈsɐ̃u sirkulɐˈtɔrjɐ] *(f)* Kreislaufstörung
perturbações cardíacas [pərturbɐˈsõiʃ kɐrˈdiɐkɐʃ] *(Plural)* Herzbeschwerden
peso [ˈpezu] Gewicht
pessoa [pəˈsoɐ] Person
pessoa acompanhante [pəˈsoɐ ɐkõmpɐˈɲẽtə] Begleitperson
pessoa em cadeira de rodas [pəˈsoɐ ɐ̃i kɐˈdeirɐ də ˈrɔdɐʃ] Rollstuhlfahrer(in)
picante [piˈkɐ̃ntə] scharf
pilha [ˈpiʎɐ] Batterie
piloto [piˈlotu] Pilot
pimenta [piˈmẽtɐ] Pfeffer
pincel de barba [pĩˈsɛl də ˈbarbɐ] *(m)* Rasierpinsel
piscina [pəʃˈsinɐ] Schwimmbad; Swimmingpool
placa de matrícula [ˈplakɐ də mɐˈtrikulɐ] Nummernschild
planície [plɐˈnisjə] *(f)* Ebene
pneu [pneu] *(m)* Mantel *(Reifen)*
pneu de inverno [pneu d‿ĩˈvɛrnu] *(m)* Winterreifen
pneumonia [pneumuˈniɐ] Lungenentzündung
pobre [ˈpɔbrə] arm
poder [puˈder] können; dürfen
polícia [puˈlisjɐ] Polizei
polícia, mulher-polícia [puˈlisjɐ, muˈʎɛr puˈlisjɐ] Polizist(in)
pomada [puˈmadɐ] Salbe
ponte [ˈpõntə] *(f)* Brücke
pontual [põˈtwal] pünktlich
pôr [por] stellen; setzen; legen
por [pur] *(Grund)* aus; *(mittels)* durch; *(Passiv)* durch; von; für; pro; **~ cima de** [pur ˈsimɐ də] über; **~ isso** [pur‿ˈisu] daher, deshalb
por dia [pur ˈdiɐ] pro Tag
por hora [pur‿ˈɔrɐ] pro Stunde
por meio de [pur ˈmeju də] mittels; durch
porém [puˈrɐ̃i] doch; jedoch
portagem [purˈtaʒɐ̃i] *(f)* Maut
portanto [purˈtɐ̃tu] also
portátil [purˈtatil] *(m)* Laptop
porte [ˈpɔrtə] *(m)* Porto
porto [ˈportu] Hafen
Portugal [purtuˈgal] Portugal
português, portuguesa [purtuˈgeʃ, purtuˈgezɐ] Portugiese, Portugiesin
português [purtuˈgeʃ] Portugiesisch; **em ~** [ɐ̃i purtuˈgeʃ] auf Portugiesisch

possível [pu'sivɛl] möglich
postal [puʃ'tal] *(m)* Postkarte
posterior [puʃtə'rjor] später
posto de socorros ['poʃtu də su'kɔʀuʃ] Pannenhilfe
pouco ['poku] wenig; **um ~** [ũm 'poku] ein bisschen, etwas
praça ['prasɐ] Platz *(in der Stadt)*
praça de táxis ['prasɐ də 'taksiʃ] Taxistand
praia ['prajɐ] Strand
praticar [prɐti'kar] üben
prático ['pratiku] praktisch
prato ['pratu] *(Essen)* Gang; Gericht; Teller; Platte
prato de criança ['pratu də krj'ẽsɐ] Kinderteller
prato de sopa ['pratu də 'sopɐ] Suppenteller
prato do dia ['pratu du 'diɐ] Tagesgericht
prato principal ['pratu prĩsi'pal] Hauptspeise
precisar de [prəsi'zar də] benötigen; brauchen
preço ['presu] Preis; **~ de entrada** ['presu d‿ẽn'tradɐ] Eintrittspreis; **~ total** ['presu tu'tal] Pauschale
prefixo [pre'fiksu] *(Bras)* Vorwahlnummer
prejuízo [prə'ʒwizu] Schaden
prender [prẽn'der] verhaften
preto ['pretu] schwarz
primo, prima ['primu, 'primɐ] Cousin, Cousine
prisão preventiva [pri'zɐ̃u prəvẽ'tivɐ] *(f)* Untersuchungshaft
problema [pru'blemɐ] *(m)* Problem
procurar [proku'rar] suchen; nachsehen; sich umsehen
profissão [prufi'sɐ̃u] *(f)* Beruf
programa [pru'gremɐ] *(m)* Programm
programa da temporada [pru'gremɐ dɐ tẽmpu'radɐ] *(m)* Spielplan
proibido [prwi'bidu] verboten
prolongar [prulõ'gar] verlängern
pronto ['prõtu] bereit; fertig
pronunciar [prunũ'sjar] aussprechen
protetor contra insetos [prutɛ'tor 'kõntrɐ ĩn'sɛtuʃ] *(m)* Mückenschutz
provável [pru'vavɛl] wahrscheinlich
provavelmente [pruvavɛl'mẽtə] wahrscheinlich
próximo, próxima ['prɔsimu, 'prɔsimɐ] nächste(r, -s)
pulmão [pul'mɐ̃u] *(m)* Lunge
pulôver [pu'lover] *(m)* Pullover
pulseira [pul'seirɐ] Armband
pulso ['pulsu] Puls
puxar [pu'ʃar] ziehen

Q

quadro ['kwadru] Gemälde; Bild
qualidade [kwɐli'dadə] *(f)* Eigenschaft; Qualität
quando ['kwɐ̃du] *(zeitlich)* als; wenn
quantia [kwɐ̃'tiɐ] Betrag
quarta-feira ['kwartɐ 'feirɐ] Mittwoch
quarto ['kwartu] Schlafzimmer; Raum; Viertel; **um ~ de hora** [ũ 'kwartu d‿'ɔrɐ] eine Viertelstunde
quase ['kwazə] beinahe; fast

que [kə] *(bei Vergleich)* als; dass; was; **~ ... ?** [kə] was für ein/eine ... ?; **~ espécie de ...?** [kə‿ˈʃpɛsjə də] was für ein/eine ...?
queijo [ˈkeiʒu] Käse
queijo de leite de cabra [ˈkeiʒu də ˈleitə də ˈkabrɐ] Ziegenkäse
quente [ˈkẽtə] heiß; warm
quilo [ˈkilu] *(m)* Kilogramm
quilograma [kiluˈgrɐmɐ] *(m)* Kilogramm
quilómetro (ô) [kiˈlɔmətru] Kilometer
quinta-feira [ˈkĩtɐ ˈfeirɐ] Donnerstag

R

radiador [ʀɐdjɐˈdor] *(m)* Kühler
radiografar [ʀadjugrɐˈfar] röntgen
radiografia [ʀadjugrɐˈfiɐ] Röntgenaufnahme
rápido [ˈʀapidu] rasch; schnell
raramente [ʀarɐˈmẽtə] selten
raro [ˈʀaru] selten
realmente [ʀjalˈmẽtə] wirklich
rebocar [ʀəbuˈkar] abschleppen
rebuçados [ʀəbuˈsaduʃ] *(Plural)* Bonbons
receber [ʀəsəˈber] bekommen; empfangen; erhalten
receção [ʀəsɛˈsɐ̃u] *(f)* Rezeption; Anmeldung
receitar [ʀəseiˈtar] verschreiben
recentemente [ʀəsẽntəˈmẽtə] kürzlich
recibo [ʀəˈsibu] Quittung
recolha [ʀəˈkoʎɐ] Leerung
rede [ˈʀedə] *(f)* Netz
redondo [ʀəˈdõdu] rund
redução [ʀəduˈsɐ̃u] *(f)* Ermäßigung
região [ʀəʒjˈɐ̃u] *(f)* Gegend; Region
regular [ʀəguˈlar] regelmäßig; regeln
regularmente [ʀəgularˈmẽntə] regelmäßig
relação [ʀəlɐˈsɐ̃u] *(f)* Verbindung
relógio de pulso [ʀəˈlɔʒju də ˈpulsu] Armbanduhr
remetente [ʀəməˈtẽtə] *(m)* Absender
reparar [ʀəpɐˈrar] *(Schaden)* ersetzen; reparieren
repetir [ʀəpəˈtir] wiederholen
representação [ʀəprəzẽtɐˈsɐ̃u] *(f)* Vorstellung *(Theater)*
requeijão [rəkeiˈʒɐ̃u] *(m)* Quark; Weichkäse *(typisch aus Portugal)*
reserva [ʀəˈzɛrvɐ] Buchung; Reservierung; Platzkarte
reserva natural [ʀəˈzɛrvɐ nɐtuˈral] Naturschutzgebiet
reserva por Internet [ʀəˈsɛrvɐ pur ĩntɐrˈnɛtə] Internetbuchung
reservar [ʀəzərˈvar] buchen; reservieren; vorbestellen
resfriado [ʀesˈfrjadu] Erkältung; Schnupfen
respirar [ʀəʃpiˈrar] atmen
responder [ʀəʃpõˈder] antworten; erwidern
restaurante [ʀəʃtauˈrɐ̃tə] *(m)* Restaurant
reumatismo [ʀeumɐˈtiʒmu] Rheuma
revisor [ʀəviˈzor] *(m)* Kontrolleur
revisor, revisora [ʀəviˈzor, ʀəviˈzorɐ] Schaffner(in)
revista [ʀəˈviʃtɐ] Zeitschrift; Illustrierte; Kabarett
rim [ʀĩ] *(m)* Niere
rio [ˈʀiu] Fluss; Strom
rir [ʀir] lachen
rock [ʀɔk] *(m)* Rock

roda ['ʀɔdɐ] Rad
roda sobresselente ['ʀɔdɐ sobrəsə'lẽtə] Ersatzrad
rotura de ligamentos [ʀu'turɐ də ligɐ'mẽtuʃ] Bänderriss
roubo ['ʀobu] Diebstahl
roupa ['ʀopɐ] Kleidung; mudar de ~ [mu'dar də 'ʀopɐ] sich umziehen
roupa de cama ['ʀopɐ də 'kɐmɐ] Bettwäsche
rua ['ʀuɐ] (Wohn-)Straße
rua lateral ['ʀuɐ lɐtə'ral] Nebenstraße
rua principal ['ʀuɐ prĩsi'pal] Hauptstraße
rubéola [ʀu'bɛulɐ] Röteln

S

sábado ['sabɐdu] Samstag
saber [sɐ'ber] wissen
sabonete [sɐbu'netə] *(m)* Seife
saca-rolhas ['sakɐ 'ʀoʎɐʃ] *(m)* Korkenzieher
saco ['saku] *(größere)* Tüte
saco de viagem ['saku də 'vjaʒẽi] Reisetasche
saia ['sajɐ] Rock
saída [sɐ'idɐ] Ausfahrt; Ausgang
saída de emergência [sɐ'idɐ d‿imər'ʒẽsjɐ] Notausgang
sal [sal] *(m)* Salz
sala ['salɐ] Saal; ~ de espera ['salɐ də‿'ʃpɛrɐ] Wartezimmer, Wartesaal; ~ de estar ['salɐ də‿ʃtar] Wohnzimmer, Aufenthaltsraum; ~ de jantar ['salɐ də ʒɐ̃'tar] Esszimmer, Speisesaal; ~ de televisão ['salɐ də tələvi'zɐ̃u] Fernsehraum; ~ do pequeno-almoço ['salɐ du pə'ken‿al'mosu] Frühstücksraum
salada [sɐ'ladɐ] Salat
salame [sɐ'lɐmə] *(m)* Salami
salmonelas [salmu'nɛlɐʃ] *(Plural)* Salmonellen
salão de lavandaria [sɐ'lɐ̃u də lɐvɐ̃dɐ'riɐ] *(m)* Waschsalon
saleiro [sɐ'leiru] Salzstreuer
salsa ['salsɐ] Petersilie
salva ['salvɐ] Salbei
salva-vidas ['salva 'vidɐs] *(Bras) (m)* Bademeister
sandálias [sɐ̃'daljɐʃ] *(Plural)* Sandalen
sangrar [sɐ̃'grar] bluten
sangue ['sɐ̃gə] *(m)* Blut
sapataria [sɐpɐtɐ'riɐ] Schuhgeschäft
sapatilhas [sɐpɐ'tiʎɐʃ] *(Plural)* Turnschuhe
sapato [sɐ'patu] Schuh
sapatos de praia [sɐ'patuʒ də 'prajɐ] *(Plural)* Strandschuhe
saquinho de plástico [sɐ'kiɲu də 'plaʃtiku] Plastikbeutel
satisfeito [sɐtəʃ'feitu] zufrieden; satt; ficar ~ com [fi'kar sɐtəʃ'feitu kõ] sich freuen über
saudável [sɐu'davɛl] gesund
se [sə] *(Pronomen)* sich; man; ob; wenn *(Bedingung)*
secadora de roupa [səkɐ'dorɐ də 'ʀopɐ] Wäschetrockner
seco ['seku] trocken
segundo, segunda [sə'gũdu, sə'gũdɐ] zweite(r, -s)
segunda-feira [sə'gũdɐ 'feirɐ] Montag
segundo [sə'gũdu] Sekunde
segurar [səgu'rar] (fest) halten; versichern
seguro [sə'guru] sicher; zuverlässig; Versicherung
seguro contra terceiros, roubo e incêndio [sə'guru 'kõtrɐ tər'seiruʒ 'ʀob‿i ĩ'sẽndju] Teilkasko

seguro contra todos os riscos [sə'guru 'kõtrɐ 'toduz‿uʒ 'ʀiʃkuʃ] Vollkasko
selo ['selu] Briefmarke
sem [sɐ̃i] ohne
sem álcool [sɐ̃i 'alkwɔl] alkoholfrei
sem obstáculos [sɐ̃i obʃ'takuluʃ] barrierefrei
sem sentidos [sɐ̃i sẽ'tiduʃ] bewusstlos
semáforo [sə'mafuru] Ampel
semana [sə'mɐnɐ] Woche; **todas as ~s** ['todɐz‿ɐʃ sə'mɐnɐʃ] wöchentlich
dentro de uma semana ['dẽtru d‿'umɐ sə'mɐnɐ] in einer Woche
semelhante [səmə'ʎɐ̃tə] ähnlich
sempre ['sẽprə] immer; stets
senhor [sə'ɲor] *(m)* Herr
senhoras [sə'ɲorɐʃ] Damen
sensibilidade do filme [sẽsibəli'dadə du 'filmə] *(f)* Filmempfindlichkeit
septicemia [sɛptisə'miɐ] Blutvergiftung
ser a favor de [ser ɐ fɐ'vor də] dafür sein
ser [ser] sein *(Verb)*
serviço [sər'visu] Bedienung; Dienst
serviço de reboque [sər'visu də ʀə'bɔkə] Abschleppdienst
sessão [sə'sɐ̃u] *(f)* Vorstellung *(Kino)*
setembro [sə'tẽbru] September
significado [signifi'kadu] Sinn; Bedeutung
simpático [sĩ'patiku] nett; sympathisch
simples ['sĩpləʃ] einfach
sinal itinerário [si'nal itənə'rarju] *(m)* Wegweiser
smartphone [smart'fonə] *(m)* Smartphone
só [sɔ] *(nicht früher als)* erst; nur; allein; einzeln
só de uma cor [sɔ d‿'umɐ kor] einfarbig
sobre ['sobrə] auf; über
sobrenome [sobre'nomi] *(Bras) (m)* Familienname
sobretudo [sobrə'tudu] Herrenmantel
sofá-cama [so'fa 'kɐmɐ] *(m)* Schlafcouch
soletrar [sulə'trar] buchstabieren
solteiro [sol'teiru] Junggeselle; ledig
sonho ['soɲu] Traum
soníferos [su'nifəruʃ] *(Plural)* Schlaftabletten
sopa ['sopɐ] Suppe
sorte ['sɔrtə] *(f)* Glück
soutien [su'tjẽ] *(m)* BH
sozinho [sɔ'ziɲu] einsam; allein
suar [swar] schwitzen
suave ['swavə] mild
subir [su'bir] einsteigen
substituir [subʃti'twir] ersetzen
suco de laranja ['suku də lɐ'rɐ̃ʒɐ] *(Bras)* Orangensaft
suculento [suku'lẽntu] saftig
Suíça ['swisɐ] Schweiz
suíço, suíça ['swisu, 'swisɐ] Schweizer(in)
sujeito a taxa alfandegária [su'ʒeit‿ɐ 'taʃ‿alfẽdə'garjɐ] zollpflichtig
sul [sul] *(m)* Süden
sumo de laranja ['sumu də lɐ'rɐ̃ʒɐ] Orangensaft
supermercado [supɛrmər'kadu] Supermarkt
surdo, surda ['surdu, 'surdɐ] Gehörlose/r
sutiã [su'tjẽ] *(Bras) (m)* BH

T

tabacaria [tɐbɐkɐ'riɐ] Tabakladen
tábua para cortar ['tabuɐ 'pɐrɐ kur'tar] Schneidebrett

tacho [ˈtaʃu] Topf
tala [ˈtalɐ] Schiene
talher [tɐˈʎɛr] *(m)* Besteck
talho [ˈtaʎu] Metzgerei
também [tɐ̃ˈbɐ̃i] auch; **~ não** [tɐ̃ˈbɐ̃i nɐ̃u] auch nicht
tarde [ˈtardə] *(f)* Nachmittag; spät
tarifa de fim de semana [tɐˈrifɐ də fĩ də səˈmɐnɐ] Wochenendpauschale
taxa de segurança [ˈtaʃɐ də səguˈrɐ̃sɐ] Sicherheitsgebühr
te [tə] dich; dir
teatro [ˈtjatru] Theater
telefonar [tələfuˈnar] anrufen; telefonieren
telefone [tələˈfɔnə] *(m)* Telefon
telemóvel [tɛlɛˈmɔvɛl] *(m)* Handy
televisão [tələviˈzɐ̃u] *(f)* Fernseher
telhado [təˈʎadu] Dach
temperar [tẽpəˈrar] würzen
tempo [ˈtẽpu] Zeit; Wetter; **ao mesmo ~** [au ˈmeʒmu ˈtẽpu] gleichzeitig
tenda [ˈtẽndɐ] Zelt
ténis [ˈtɛniʃ] *(Plural)* Turnschuhe
tenro [ˈtẽʀu] zart
tensão arterial [tẽˈsɐ̃u ɐrtəˈrjal] *(f)* Blutdruck
ter [ter] haben; **~ de/que** [ter də/kə] müssen
ter fome [ter ˈfɔmə] hungrig sein
ter sede [ter ˈsedə] durstig sein
terça-feira [ˈtersɐ ˈfeirɐ] Dienstag
terceiro, terceira [tərˈseiru, tərˈseirɐ] dritte(r, -s)
terminal [tərmiˈnal] *(m)* Terminal
termos [ˈtɛrmuʃ] *(m)* Thermosflasche®
terra [ˈtɛʀɐ] Erde; Land; **~ natal** [ˈtɛʀɐ nɐˈtal] Heimat
terra firme [ˈtɛʀɐ ˈfirmə] Festland
tesoura [təˈzorɐ] Schere
tetina [təˈtinɐ] Sauger
teto [ˈtɛtu] Decke
teu [teu] dein; deine
ti [ti] dich; dir
típico [ˈtipiku] typisch
toalha [ˈtwaʎɐ] Handtuch; **~ de mesa** [ˈtwaʎɐ də ˈmezɐ] Tischtuch
todo [ˈtodu] ganz; **~s** [ˈtoduʃ] alle
todos os dias [ˈtoduz‿uʒ ˈdiɐʃ] täglich; jeden Tag
tomar [tuˈmar] nehmen; trinken; **~ conta (de)** [tuˈmar ˈkõntɐ (də)] aufpassen (auf); **~ o pequeno-almoço** [tuˈmar‿u pəˈken‿alˈmosu] frühstücken
tornar-se [turˈnarsə] werden
torrada [tuˈʀadɐ] Toast
tosse [ˈtɔsə] *(f)* Husten
total [tuˈtal] *(m)* ganz; das Ganze
trabalhar [trɐbɐˈʎar] arbeiten
trabalho [trɐˈbaʎu] Arbeit
tragédia [trɐˈʒɛdjɐ] Tragödie
trailer [ˈtreilɐ] *(Bras) (m)* Wohnwagen
transferência [trɐ̃ʃfəˈrẽsjɐ] Überweisung
traumatismo craniano [traumɐˈtiʒmu krɐ̃niˈɐnu] Gehirnerschütterung
travão [trɐˈvɐ̃u] *(m)* Bremse
travão de mão [trɐˈvɐ̃u də mɐ̃u] *(m)* Handbremse
travessa [trɐˈvɛsɐ] Gasse; Schüssel
trazer [trɐˈzer] tragen; her-/mitbringen
trem [trɐ̃i] *(Bras) (m)* Zug; **~ para transporte de**

automóveis [trɐ̃i ˈpɐrɐ trɐ̃ʃˈpɔrtə d‿autuˈmɔveiʃ] *(m)* Autoreisezug; **~ suburbano** [trɐ̃i suburˈbɐnu] *(m)* Nahverkehrszug; **~ rápido suburbano** [trɐ̃i ˈʀapidu suburˈbɐnu] *(m)* S-Bahn
triângulo [triˈɐ̃gulu] (Warn)dreieck
triste [ˈtriʃtə] traurig
trocar [truˈkar] (aus)tauschen; vertauschen; umtauschen; wechseln
troco [ˈtroku] Kleingeld; **dar ~** [dar ˈtroku] (Geld) herausgeben; **~s** [ˈtrɔkuʃ] *(Plural)* Wechselgeld
T-shirt [ti ˈ ʃɐrt] *(f)* T-Shirt
tu [tu] du
tua [ˈtuɐ] dein; deine
tudo [ˈtudu] alles

U

úlcera [ˈulsərɐ] Geschwür
um [ũ] ein; eins
uma [ˈumɐ] eine; eins
urgente [urˈʒẽtə] dringend
urina [uˈrinɐ] Urin
usar [uˈzar] benutzen; gebrauchen

V

vacina [vɐˈsinɐ] Impfung
vagão-restaurante [vaˈgɐ̃u ʀəʃtauˈrẽtə] *(m)* Speisewagen
válido [ˈvalidu] gültig; **ser ~** [ser ˈvalidu] gelten
varanda [vɐˈrɐ̃ndɐ] Balkon
vazio [vɐˈziu] leer
vegetariano [vəʒətɐˈrjɐnu] vegetarisch
vela [ˈvɛlɐ] (Zünd)kerze; Segel
velejar [vələˈʒar] segeln
velho [ˈvɛʎu] alt *(nicht frisch)*
velocidade [vəlusiˈdadə] *(f)* Geschwindigkeit; Gang *(Auto)*
velocidade controlada por radar [vəlusiˈdadə kõntruˈladɐ pur ʀaˈdar] Radarkontrolle
venda antecipada [ˈvẽd‿ɐ̃təsiˈpadɐ] Vorverkauf
veneno [vəˈnenu] Gift
venenoso [vənəˈnozu] giftig
ventilador [vẽtilɐˈdor] *(m)* Ventilator
ver [ver] schauen; sehen; zuschauen
verdadeiro [vərdɐˈdeiru] wahr; wirklich
verde [ˈverdə] grün
vermelho [vərˈmeʎu] rot
vesícula biliar [vəˈzikulɐ biˈljar] Gallenblase
vestiário [vəʃtiˈarju] Garderobe
vestido [vəʃˈtidu] Kleid
vestir [vəʃˈtir] *(Kleidungsstück)* anziehen
via rápida [ˈviɐ ˈʀapidɐ] Schnellstraße
viagem [ˈvjaʒɐ̃i] *(f)* Reise; Fahrt
viajar [vjɐˈʒar] reisen
vida [ˈvidɐ] Leben
vinagre [viˈnagrə] *(m)* Essig
vinho [ˈviɲu] Wein
vinho branco [ˈviɲu ˈbrɐ̃ŋku] Weißwein
vinho rosé [ˈviɲu roˈze] Rosé
vinho tinto [ˈviɲu ˈtĩntu] Rotwein
violação [vjulɐˈsɐ̃u] *(f)* Vergewaltigung
vir [vir] kommen; stammen
vírus [ˈviruʃ] *(m)* Virus
visita [vəˈzitɐ] Besuch
visitar [vəziˈtar] besuchen; besichtigen
visto [ˈviʃtu] Visum
viúvo [ˈvjuvu] verwitwet
viver [viˈver] leben

vizinho, vizinha [vəˈziɲu, vəˈziɲɐ] Nachbar(in)
voar [vuˈar] fliegen
você [vɔˈse] *(Personalpronomen)* Sie *(Bras)* du
vocês [vɔˈseʃ] *(Personalpronomen: Akkusativ)* ihr; Sie; **a ~** [a vɔˈseʃ] *(Bras)* euch *(Personalpronomen: Dativ)*
volta [ˈvɔltɐ] Rückkehr; Runde; Tour; **em/à ~ de** [ɐ̃i/a ˈvɔltɐ də] um *(herum)*
voo [ˈvou] Flug; **~ doméstico** [ˈvou duˈmɛʃtiku] Inlandsflug; **~ internacional** [ˈvou ĩtərnɐsjuˈnal] Auslandsflug; **~ planado** [ˈvou plɐˈnadu] Segelfliegen
vosso [ˈvɔsu] euer

W

Wi-Fi [waiˈfai] WLAN
windsurf, fazer ~ [fɐˈzer ˈwĩndsɐrf] windsurfen

X

xampu [ʃɐ̃ˈpu] *(Bras) (m)* Shampoo
xarope para a tosse [ʃɐˈrɔpə ˈpɐr‿a ˈtɔsə] *(m)* Hustensaft
xícara [ˈʃikarɐ] *(Bras)* Tasse

Z

zangado [zɐ̃ˈgadu] verärgert; böse
zona para peões [ˈzonɐ ˈpɐrɐ pjõiʃ] Fußgängerzone
zona para pedestres [ˈzonɐ ˈpɐrɐ peˈdɛstris] *(Bras)* Fußgängerzone

A

Abend a noite [ɐ ˈnoitə]
Abendessen o jantar [u ʒẽˈtar]
abends à tarde [a ˈtardə]; à noite [a ˈnoitə]
aber mas [mɐʃ]
abfahren (von) partir (de) [pɐrˈtir (də)]
Abfahrt partida [pɐrˈtidɐ]
Abfall lixo [ˈliʃu]
Abflug partida [pɐrˈtidɐ]
abgeben entregar [ẽntrəˈgar]
abgelaufen fora da validade [ˈfɔrɐ dɐ vɐliˈdadə]
abreisen (nach) partir (para) [pɐrˈtir (ˈpɐrɐ)]
Abschleppdienst serviço de reboque [sərˈvisu də ʀəˈbɔkə]
abschleppen rebocar [ʀəbuˈkar]
Abschleppseil cabo de reboque [ˈkabu də ʀəˈbɔkə]
Abschleppwagen carro de reboque [ˈkaʀu də ʀəˈbɔkə]
Absender o remetente [u ʀəməˈtẽtə]
Abszess abcesso [ɐbˈsɛsu]
Abteil compartimento [kõmpɐrtiˈmẽtu]
Adapter o adaptador [u ɐdɐptɐˈdor]
Adresse endereço [ẽdəˈresu]
ähnlich semelhante [səməˈʎẽtə]
Akku o acumulador [u ɐkumulɐˈdor]
Akt ato [ˈatu]; *(Malerei)* o nu [u nu]
alkoholfrei sem álcool [sẽi ˈalkwɔl]
alle todos [ˈtoduʃ]
allein só [sɔ]; sozinho [sɔˈziɲu]
Allergie alergia [ɐlərˈʒiɐ]
alles tudo [ˈtudu]
als *(zeitlich)* quando [ˈkwẽdu]; *(bei Vergleich)* do que [du kə]
also então [ẽnˈtẽu]; portanto [purˈtẽntu]
alt *(nicht frisch)* velho [ˈvɛʎu]; *(aus früheren Zeiten)* antigo [ẽnˈtigu]
Alufolie folha de alumínio [ˈfoʎɐd ɐluˈminju]
am Sonntag no domingo [nu duˈmĩgu]
am Vormittag de manhã [də mɐˈɲẽ]
am Wochenende no fim de semana [nu fĩ də səˈmɐnɐ]
Ampel semáforo [səˈmafuru]
an em [ẽi]; **am Tejo** na margem do Tejo [nɐ ˈmarʒẽi du ˈtɛʒu]
andere; **der ~** o outro [u ˈotru]
anders *(als Adjektiv)* diferente [difəˈrẽtə]; *(als Adverb)* de outra forma [d‿ˈotrɐ ˈfɔrmɐ]
anderswo noutro lado [ˈnotru ˈladu]
anfangen começar [kuməˈsar]
angenehm agradável [ɐgrɐˈdavɛl]
anhalten parar [pɐˈrar]
ankommen chegar [ʃəˈgar]
Ankunft chegada [ʃəˈgadɐ]
Ankunftszeit hora de chegada [ˈɔrɐ də ʃəˈgadɐ]
Anlasser o motor de arranque [u muˈtor d‿ɐˈʀẽnkə]
Anmeldung a rece(p)ção [ɐ ʀəsɛˈsẽu]
Anorak o anoraque [u ɐnɔˈrak]
Anruf chamada [ʃɐˈmadɐ]

anrufen telefonar [tələfu'nar]
Anschluss a ligação [ɐ ligɐ'sɐ̃u]; a conexão [a konɛ'ksɐ̃u] *(Bras)*
ansehen ver [ver]
ansteckend contagioso [kõtɐ'ʒjozu]
anstrengend fatigante [fɐti'gɐ̃ntə]
antworten responder [ʀəʃpõn'der]
anzeigen participar [pɐrtəsi'par]
anziehen *(Kleidungsstück)* vestir [vəʃ'tir]
Apotheke farmácia [fɐr'masjɐ]
Arbeit trabalho [trɐ'baʎu]; *(Anstellung)* emprego [ẽ'pregu]
arbeiten trabalhar [trɐbɐ'ʎar]
arm pobre ['pɔbrə]
Armband pulseira [pul'seirɐ]
Armbanduhr relógio de pulso [ʀə'lɔʒju də 'pulsu]
Ärmel manga ['mɐ̃gɐ]
Aschenbecher cinzeiro [sĩ'zeiru]
Aspirin aspirina [ɐʃpi'rinɐ]
Asthma asma ['aʒmɐ]
atmen respirar [ʀəʃpi'rar]
Attest atestado [ɐtəʃ'tadu]
auch também [tɐ̃'bɐ̃i]; **~ nicht** também não [tɐ̃'bɐ̃i nɐ̃u]
auf *(als Präposition)* sobre ['sobrə]; em [ɐ̃i]; *(offen)* aberto [ɐ'bɛrtu]; **auf Portugiesisch** em português [ɐ̃i purtu'geʃ]
aufbrechen arrombar [ɐʀõ'bar]
Aufenthalt a paragem [ɐ pɐ'raʒɐ̃i]
Aufführung a representação [ɐ ʀəprəzẽtɐ'sɐ̃u]
aufhören acabar [ɐkɐ'bar]
aufpassen (auf) tomar conta (de) [tu'mar 'kõtɐ (də)]
aufschreiben anotar [ɐnu'tar]
aufstehen levantar-se [ləvɐ̃'tarsə]
aufwachen acordar [ɐkur'dar]
aufwärts para cima ['pɐrɐ 'simɐ]
Aufzug o elevador [u iləvɐ'dor]
aus *(Herkunft)* de [də]; *(Material)* de [də]; *(Grund)* por [pur]
Auskunft a informação [ɐ ĩfurmɐ'sɐ̃u]
Ausland estrangeiro [ʃtrɐ̃'ʒeiru]
Ausländer(in) estrangeiro, estrangeira [ʃtrɐ̃'ʒeiru, ʃtrɐ̃'ʒeirɐ]
ausländisch estrangeiro [ʃtrɐ̃'ʒeiru]
Auslandsflug voo internacional ['vou ĩntərnɐsju'nal]
Auslandsgespräch chamada internacional [ʃɐ'mad‿ĩntərnɐsju'nal]
Auslöser o disparador [u dəʃpɐrɐ'dor]
Auspuff o escape [u 'ʃkapə]
Ausreise saída [sɐ'idɐ]; partida [pɐrtidɐ]
ausruhen; sich ~ descansar [dəʃkɐ̃'sar]
außen fora ['fɔrɐ]
außer exceto [ʃ'sɛtu]; além de [a'lɐ̃i də]
außerdem além disso [a'lɐ̃i 'disu]
außergewöhnlich fora do vulgar ['fɔrɐ du vul'gar]
außerhalb fora de ['fɔrɐ də]
aussprechen pronunciar [prunũ'sjar]
aussteigen descer [dəʃ'ser]
auszahlen pagar [pɐ'gar]
Auto carro ['kaʀu]; o automóvel [u autu'mɔvɛl]; **~ fahren** conduzir [kõdu'zir]
Autobahn autoestrada ['auto'ʃtradɐ]

DEUTSCH – PORTUGIESISCH

WÖRTERBUCH

Autoreisezug comboio para transporte de automóveis [kõ'bɔju 'perɐ trɐ̃ʃ'pɔrtə d‿autu'mɔveiʃ]; o trem para transporte de automóveis [u trɐ̃i 'perɐ trɐ̃ʃ'pɔrtə d‿autu'mɔveiʃ] *(Bras)*

B

Baby o bebé [u bɛ'bɛ]
Babyfon o intercomunicador para bebés [u ĩtərkumunikɐ'dor 'perɐ bɛ'bɛʃ]
Babynahrung comida para bebés [ku'midɐ 'perɐ bɛ'bɛʃ]
Bäckerei padaria [padɐ'riɐ]
Backofen forno ['fornu]
Badeanzug fato de banho ['fatu də 'bɐɲu]; o maiô [u ma'jo] *(Bras)*
Badehose o calção de banho [u kal'sɐ̃u də 'bɐɲu]
Bademeister banheiro [bɐ'ɲeiru]; o salva-vidas [u 'salva 'vidɐs] *(Bras)*
Badeschuhe os sapatos para banho [uʃ sɐ'patuʃ 'perɐ 'bɐɲu]
Badewanne banheira [bɐ'ɲeirɐ]
Bahnhof a estação [ɐ ʃtɐ'sɐ̃u]
bald logo ['lɔgu]; em breve [ɐ̃i 'brɛvə]; **so ~ wie möglich** o mais depressa possível [u maiʒ də'prɛsɐ pu'sivɛl]
Balkon varanda [vɐ'rɐ̃ndɐ]
Ball bola ['bɔlɐ]; *(Fest)* o baile [u 'bailə]
Bänderriss rotura de ligamentos [ʀu'turɐ də ligɐ'mẽtuʃ]
Bank *(Geldinstitut; Sitzbank)* banco ['bɐ̃ku]
bar a dinheiro [ɐ də'ɲeiru]; a pronto [ɐ 'prõtu]
Bar o bar [u bar]
Bargeld numerário [numə'rarju]
barrierefrei sem obstáculos [sɐ̃i obʃ'takuluʃ]
Batterie pilha ['piʎɐ]
beantworten responder a [ʀəʃpõ'der‿ɐ]
Bearbeitungsgebühr a comissão [ɐ kumi'sɐ̃u]
Bedeutung *(Sinn)* significado [signifi'kadu]; *(Wichtigkeit)* importância [ĩmpur'tɐ̃sjɐ]
Bedienung serviço [sər'visu]
beeilen; sich ~ apressar-se [ɐprə'sarsə]
beeindruckend impressionante [ĩmprəsju'nɐ̃tə]
befinden; sich ~ encontrar-se [ẽkõ'trarsə]
Begleitperson pessoa acompanhante [pə'soɐ ɐkõpɐ'ɲɐ̃tə]
begrüßen cumprimentar [kũprimẽ'tar]
behindertengerecht equipado para deficientes [iki'padu 'perɐ dəfəsi'ẽtəʃ]
Behindertenparkplatz estacionamento para deficientes [ʃtɐsjunɐ'mẽtu 'perɐ dəfəsi'ẽtəʃ]
Behindertentoilette casa de banho para deficientes ['kasɐ də 'bɐɲu 'perɐ dəfəsi'ẽtəʃ]
Behörde as autoridades [ɐz‿auturi'dadəʃ]
bei *(nahe)* perto de ['pɛrtu də]
beide ambos ['ɐ̃buʃ]; ambas ['ɐ̃bɐʃ]
bekannt conhecido [kuɲə'sidu]; **jemanden mit jemandem ~ machen** apresentar alguém a alguém [ɐprəzẽn'tar‿al'gɐ̃i ɐ al'gɐ̃i]
Bekannte/r o conhecido, a conhecida [u kuɲə'sidu, ɐ kuɲə'sidɐ]

WÖRTERBUCH DEUTSCH - PORTUGIESISCH

bekommen receber [ʀəsəˈber]

belästigen importunar [ĩpurtuˈnar]

benutzen usar [uˈzar]; *(Verkehrsmittel)* tomar [tuˈmar]; pegar [peˈgar] *(Bras)*

Benzinkanister o bidão de gasolina [u biˈdɐ̃u də gɐzuˈlinɐ]; a lata de gasolina [a ˈlatɐ də gɐzuˈlinɐ] *(Bras)*

Benzinpumpe bomba para gasolina [ˈbõbɐ ˈpɐrɐ gɐzuˈlinɐ]

bequem cómodo [ˈkɔmudu]; confortável [kõfurˈtavɛl]

Berg o monte [u ˈmõtə]

Beruf a profissão [ɐ prufiˈsɐ̃u]

Beruhigungsmittel o calmante [u kalˈmẽtə]

Bescheinigung atestado [ɐtəʃˈtadu]; certificado [sərtəfiˈkadu]

beschlagnahmen confiscar [kõfiʃˈkar]

besetzt impedido [ĩmpəˈdidu]; *(Platz)* ocupado [okuˈpadu]; *(voll)* completo [kõmˈplɛtu]

besichtigen visitar [vəziˈtar]

Besichtigung visita [vəˈzitɐ]

besser melhor [məˈʎɔr]

beste(r, -s) a/o melhor [ɐ/u məˈʎɔr]

Besteck o talher [u tɐˈʎɛr]

bestehen aus compor-se de [kõmˈporsə də]

bestimmt *(als Adjektiv)* determinado [dətərmiˈnadu]; *(als Adverb)* com certeza [kõ sərˈtezɐ]

Besuch visita [vəˈzitɐ]

besuchen; **jemanden ~** visitar alguém [vəziˈtar‿alˈgɐ̃i]

Besuchszeit as horas da visita [ɐz‿ˈɔrɐʒ dɐ vəˈzitɐ]

Betrag quantia [kwẽnˈtiɐ]

Bett cama [ˈkɐmɐ]; **zu ~ gehen** ir para a cama [ir ˈpɐr‿a ˈkɐmɐ]

Bettdecke *(Tagesdecke)* colcha [ˈkolʃɐ]; *(wollene)* o cobertor [u kubərˈtor]; manta [ˈmẽntɐ]

Bettwäsche roupa de cama [ˈʀopɐ də ˈkɐmɐ]

bewusstlos sem sentidos [sɐ̃i sẽnˈtiduʃ]

bezahlen pagar [pɐˈgar]

BH o soutien; sutiã [u suˈtjẽ] *(Bras)*

Bier cerveja [sərˈveʒɐ]

Bikini o biquíni [u biˈkini]

Bild *(Foto)* fotografia [futugrɐˈfiɐ]; *(Gemälde)* quadro [ˈkwadru]

billig barato [bɐˈratu]

Bindfaden o cordel [u kurˈdɛl]

bis até [ɐˈtɛ]; **~ jetzt** até agora [ɐˈtɛ ɐˈgɔrɐ]

bisschen; **ein ~** um pouco (de) [ũ ˈpoku (də)]

Bitte pedido [pəˈdidu]

bitten; **jemanden um etwas ~** pedir alguma coisa a alguém [pəˈdir‿alˈgumɐ ˈkoiza‿alˈgɐ̃i]

bitter amargo [ɐˈmargu]

blau azul [ɐˈzul]

Blitzgerät o flash [u flɛʃ]

Blues os blues [uʒ blus]

Blume a flor [ɐ flor]

Bluse blusa [ˈbluzɐ]

Blut o sangue [u ˈsɐ̃gə]

Blutdruck a tensão arterial [ɐ tẽˈsɐ̃u ɐrtəˈrjal]

bluten sangrar [sɐ̃ˈgrar]

Blutgruppe grupo sanguíneo [ˈgrupu sɐ̃ˈg(w)inju]

Blutvergiftung septicemia [sɛptisəˈmiɐ]

Bonbons os rebuçados [uʒ ʀəbuˈsaduʃ]

Bordkarte o cartão de embarque [u kɐrˈtɐ̃u d‿ẽˈbarkə]

brauchen precisar de [prəsiˈzar də]; *(Zeit)* levar [ləˈvar]

braun castanho [kɐʃˈtɐɲu]; marrom [maˈʀõ] *(Bras)*
Brechreiz as náuseas [ɐʒ ˈnauzjɐʃ]
breit largo [ˈlargu]
Breite largura [lɐrˈgurɐ]
Bremse o travão [u trɐˈvɐ̃u]; freio [ˈfreju] *(Bras)*
Bremsflüssigkeit líquido dos travões [ˈlikidu duʃ trɐˈvõiʃ]; líquido dos freios [ˈlikidu dus ˈfrejus] *(Bras)*
Bremslichter as luzes dos travões [ɐʒ ˈluzəʒ duʃ trɐˈvõiʃ]; as luzes dos freios [ɐʒ ˈluzəʒ dus ˈfrejus] *(Bras)*
Brief carta [ˈkartɐ]
Briefkasten caixa do correio [ˈkaiʃɐ du kuˈʀeju]
Briefmarke selo [ˈselu]
Briefumschlag o envelope [u ẽvəˈlɔpə]
bringen *(herbringen)* trazer [trɐˈzer]; *(wegbringen)* levar [ləˈvar]
Bronchitis a bronquite [ɐ brõˈkitə]
Brot o pão [u pɐ̃u]
Brötchen os pãezinhos [uʃ pɐ̃iˈziɲuʃ]
Bruch *(Knochenbruch)* fratura [fraˈturɐ]
Brücke a ponte [ɐ ˈpõtə]
Bruder o irmão [u irˈmɐ̃u]
Brust peito [ˈpeitu]
Buch livro [ˈlivru]
buchen *(Platz)* reservar [ʀəzərˈvar]
buchstabieren soletrar [suləˈtrar]
Buchung reserva [ʀəˈzɛrvɐ]
Bus autocarro [autoˈkaʀu]; o ônibus [u ˈonibus] *(Bras)*
Busbahnhof a estação rodoviária [ɐ ʃtɐˈsɐ̃u ʀɔdɔˈvjarjɐ]
Bußgeld multa [ˈmultɐ]
Butter manteiga [mɐ̃ˈteigɐ]
Bypass o bypass [u baiˈpas]

C

Café o café [u kɐˈfɛ]
Camping o campismo [u kɐ̃ˈpiʒmu]; o camping [u ˈkɐ̃mpiŋ] *(Bras)*
Campingausweis o cartão de campista [u kɐrˈtɐ̃u də kɐ̃ˈpiʃtɐ]
Campingplatz o parque de campismo [u ˈparkə də kɐ̃ˈpiʒmu]; o camping [u ˈkɐ̃mpiŋ] *(Bras)*
Chor coro [ˈkoru]
Computerfachgeschäft loja de computadores [ˈlɔʒɐ də kõputɐˈdorəʃ]
Cousin, Cousine primo, prima [ˈprimu, ˈprimɐ]
Creme o creme [u ˈkrɛmə]

D

da *(Ort)* aí [ɐˈi]; lá [la]; *(Grund)* como [ˈkomu]; já que [ʒa kə]; **da sein** estar presente [ʃtar prəˈzẽntə]
Dach telhado [təˈʎadu]
dafür sein ser a favor de [ser ɐ fɐˈvor də]
dagegen sein ser contra [ser ˈkõtrɐ]
daheim em casa [ɐ̃i ˈkazɐ]
Damen as senhoras [ɐʃ səˈɲorɐʃ]
danach depois [dəˈpoiʃ]
danken agradecer [ɐgrɐdəˈser]
dann então [ẽnˈtɐ̃u]; depois [dəˈpoiʃ]
Darm intestino [ĩtəʃˈtinu]
dass que [kə]
dasselbe o mesmo [u ˈmeʒmu]
Datum data [ˈdatɐ]
Decke teto [ˈtɛtu]
Defekt falha [ˈfaʎɐ]
dein teu [teu]; tua [ˈtuɐ]
denken an pensar em [pẽˈsar‿ɐ̃i]
Deo(dorant) o desodorizante [u dəzoduriˈzɐ̃tə]

deshalb por isso [pur͜ˈisu]
desinfizieren desinfetar [dəzĩfɛˈtar]
deutsch alemão [ɐləˈmɐ̃u]
Deutsche/r o alemão, a alemã [u ɐləˈmɐ̃u, ɐ aləˈmɐ̃]
Diabetes a diabetes [ɐ djɐˈbɛtəʃ]
Diabetiker diabético [djɐˈbɛtiku]
Diagnose diagnóstico [djɐgˈnɔʃtiku]
Diät dieta [ˈdjɛtɐ]
dich te [tə]; ti [ti]
dick gordo [ˈgordu]; *(geschwollen)* inchado [ĩˈʃadu]
Dieb o ladrão [u lɐˈdrɐ̃u]
Diebstahl roubo [ˈʀobu]
Dienstag terça-feira [ˈtersɐ ˈfeirɐ]
diese(r, -s) esta [ˈɛʃtɐ]; este [ˈeʃtə]; essa [ˈɛsɐ]; esse [ˈesə]
Digitalkamera máquina (fotográfica) digital [ˈmakinɐ (futuˈgrafikɐ) diʒiˈtal]
dir te [tə]; ti [ti]
doch mas [mɐʃ]; porém [puˈrɐ̃i]
Donnerstag quinta-feira [ˈkĩtɐ ˈfeirɐ]
doppelt duplo [ˈduplu]
Dorf aldeia [alˈdejɐ]
dort ali [ɐˈli]; lá [la]; aí [ɐˈi]
Dose lata [ˈlatɐ]
Dosenöffner o abre-latas [u ˈabrə ˈlatɐʃ]
draußen lá fora [la ˈfɔrɐ]
drin lá dentro [la ˈdẽtru]
dringend urgente [urˈʒẽtə]
drinnen lá dentro [la ˈdẽtru]
dritte(r, -s) terceiro [tərˈseiru]; terceira [tərˈseirɐ]
Drogerie drogaria [drugɐˈriɐ]
Drogerieartikel os artigos de drogaria [uz͜ ɐrˈtiguʒ də drugɐˈriɐ]
du tu [tu]; você [vɔˈse] *(Bras)*
dunkel escuro [ˈʃkuru]
dünn delgado [dɛlˈgadu]
durch *(quer ~)* através de [ɐtrɐˈvɛʒ də]; *(mittels)* por meio de [pur ˈmeju də]
Durchfall diarreia [djɐˈʀejɐ]
durchgebraten bem passado [bɐ̃i pɐˈsadu]
dürfen poder [puˈder]
durstig sein ter sede [ter ˈsedə]
Dusche o duche [u ˈduʃə]; ducha [ˈduʃɐ] *(Bras)*

E

Ebbe a maré baixa [ɐ mɐˈrɛ baiˈʃɐ]
Ebene a planície [ɐ plɐˈnisjə]
ebenerdig ao nível do chão [au ˈnivɛl du ʃɐ̃u]
echt autêntico [auˈtẽntiku]
Ehefrau a mulher [ɐ muˈʎɛr]
Ehemann marido [mɐˈridu]
Eier os ovos [uz͜ˈɔvuʃ]
eilig apressado [ɐprəˈsadu]; **es ~ haben** ter pressa [ter ˈprɛsɐ]
ein(e) um [ũ]; uma [ˈumɐ]
einchecken fazer o check-in [fɐˈzer͜ u ʃɛˈkin]
einfach simples [ˈsĩpləʃ]
Einfahrt entrada [ẽˈtradɐ]
einfarbig só de uma cor [sɔ d͜ˈumɐ kor]
Eingang entrada [ẽnˈtradɐ]; *(Zugang)* acesso [ɐˈsɛsu]
einheimisch natural [nɐtuˈral]; nacional [nɐsjuˈnal]
einige alguns [alˈgũʃ]; algumas [alˈgumɐʃ]
einkaufen fazer compras [fɐˈzer ˈkõprɐʃ]
Einkaufszentrum centro comercial [ˈsẽtru kumərsiˈal]
einladen convidar [kõviˈdar]
einmal uma vez [ˈumɐ veʃ]

einpacken embrulhar [ẽbru'ʎar]
Einreise entrada (num país) [ẽn'tradɐ (nũ pɐ'iʃ)]
einschalten ligar [li'gar]; *(Licht)* acender [ɐsẽ'der]
Einschreibebrief carta regist(r)ada ['kartɐ ʀəʒiʃ't(r)adɐ]
einsteigen subir [su'bir]
Eintrittskarte o bilhete (de entrada) [u bə'ʎetə (d‿ẽn'tradɐ)]
Einwohner(in) o/a habitante [u/ɐ ɐbi'tẽtə]
Eis *(Speise~)* gelado [ʒə'ladu]; gelo ['ʒelu]
Elastikbinde ligadura elástica [ligɐ'dur‿i'laʃtikɐ]
elektrisch elétrico [i'lɛtriku]
Elektrohandlung loja de artigos elétricos ['lɔʒɐ d‿ɐr'tiguz‿i'lɛtrikuʃ]
Eltern os pais [uʃ 'paiʃ]
empfangen receber [ʀəsə'ber]
Empfänger destinatário [dəʃtinɐ'tarju]
erholen; sich ~ descansar [dəʃkẽ'sar]
Erkältung a constipação [ɐ kõʃtipa'sɐ̃u]; resfriado [ʀes'frjadu] *(Bras)*
Ermäßigung a redução [ɐ ʀədu'sɐ̃u]
Ersatzrad roda sobresselente ['ʀɔdɐ sobrəsə'lẽntə]
erschrecken assustar [ɐsuʃ'tar]
ersetzen substituir [subʃti'twir]; *(Schaden)* inde(m)nizar [ĩdə(m)ni'zar]
erst *(zuerst)* primeiro [pri'meiru]; *(nicht früher als)* só [sɔ]
erste(r, -s) primeiro [pri'meiru]; primeira [pri'meirɐ]
erster Gang primeira (velocidade) [pri'meirɐ (vəlusi'dadə)]
Erwachsene/r adulto, adulta [ɐ'dultu, ɐ'dultɐ]
essbar comestível [kuməʃ'tivɛl]
essen comer [ku'mer]
Essen *(Nahrung)* comida [ku'midɐ]
Essig o vinagre [u vi'nagrə]
Etage o andar [u ɐ̃'dar]
Etagenbett o beliche [u bə'liʃə]
etwas algo ['algu]; alguma coisa [al'gumɐ 'koizɐ]; *(ein wenig)* um pouco [ũ 'poku]
EU-Bürger o cidadão da UE [u sidɐ'dɐ̃u dɐ uɛ]
euch *(Dativ)* lhes [ʎəʃ]; a vocês [a vɔ'seʃ]; *(Bras)* *(Akkusativ)* os/as [uʃ/ɐʃ]; vocês [vɔ'seʃ] *(Bras)*
euer vosso ['vɔsu]
Euro euro ['euru]
Europa Europa [eu'rɔpɐ]
Europäer(in) europeu [euru'peu]; europeia [euru'pejɐ]
europäisch europeu [euru'peu]

F

Fabrik fábrica ['fabrikɐ]
Facharzt, -ärztin o/a especialista [u/ɐ ʃpəsjɐ'liʃtɐ]
Faden linha ['liɲɐ]
Fähre o ferry-boat [u 'fɛʀi bot]; *(in Lissabon)* cacilheiro [kɐsi'ʎeiru]
fahren ir [ir]; *(lenken)* conduzir [kõndu'zir]
Fahrer(in) condutor, condutora [kõdu'tor, kõdu'torɐ]
Fahrkarte o bilhete [u bə'ʎetə]
Fahrkartenautomat máquina automática de bilhetes ['makinɐ autu'matikɐ də bə'ʎetəʃ]

WÖRTERBUCH DEUTSCH - PORTUGIESISCH

Fahrplan horário [o'rarju]
Fahrrad bicicleta [bisi'klɛtɐ]
Fahrscheinentwerter o obliterador de bilhetes [u oblitərɐ'dor də bə'ʎetəʃ]
Fahrstuhl o elevador [u iləvɐ'dor]
Fahrt a viagem [ɐ 'vjaʒɐ̃i]
fallen cair [kɐ'ir]
falls no caso de [nu 'kazu də]
falsch errado [i'ʀadu]
Familie família [fɐ'miljɐ]
Familienname apelido [ɐpə'lidu]; o sobrenome [u sobre'nomi] *(Bras)*
fangen apanhar [ɐpɐ'ɲar]
farbig de cor [də kor]
fast quase ['kwazə]
Fax o fax [u faks]
Februar fevereiro [fəvə'reiru]
fehlen faltar [fal'tar]
Fehler *(den man macht)* erro ['eʀu]; *(den man hat)* defeito [də'feitu]
Fenster janela [ʒɐ'nɛlɐ]
Fensterplatz o lugar à janela [u lu'gar‿a ʒɐ'nɛlɐ]
Ferien as férias [ɐʃ 'fɛrjɐʃ]
Ferngespräch chamada interurbana [ʃɐ'mad‿ĩtɛrur'bɐnɐ]
Fernlicht os máximos [uʒ 'masimuʃ]
Fernseher a televisão [ɐ tələvi'zɐ̃u]
fertig *(bereit, vollständig)* pronto ['prõtu]
Festland terra firme ['tɛʀɐ 'firmə]; o continente [u kõti'nẽtə]
fett gordo ['gordu]
fettarm magro ['magru]
fettarme Milch o leite magro [u 'leitə 'magru]
Feuer fogo ['fogu]
Feuerlöscher o extintor de incêndios [u ʃtĩ'tor d‿ĩ'sẽdjuʃ]
Feuerwehr os bombeiros [uʒ bõ'beiruʃ]
Fieber a febre [ɐ 'fɛbrə]
Fieberthermometer termómetro(ô) [tər'mɔmətru]
Film o filme [u 'filmə]
Filmempfindlichkeit a sensibilidade do filme [ɐ sẽsibəli'dadə du 'filmə]
finden achar [ɐ'ʃar]
Fisch o peixe [u 'peiʃə]
Fischgeschäft peixaria [peiʃɐ'riɐ]
Fläschchenwärmer o aquecedor de biberão [u ɐkɛsə'dor də bibə'rɐ̃u]
Flasche garrafa [gɐ'ʀafɐ]
Flaschenöffner o abre-cápsulas [u 'abrə 'kapsulɐʃ]
Fleck mancha ['mɐ̃ʃɐ]
Fleisch a carne [ɐ 'karnə]
Flickzeug caixa de remendos ['kaiʃɐ də rə'mẽduʃ]
fliegen voar [vu'ar]
Flipflops as havaianas [ɐz‿ɐvai'ɐnɐʃ]
Flohmarkt feira da ladra ['feirɐ dɐ 'ladrɐ]
Flug voo ['vou]
Flughafen aeroporto [ɐɛro'portu]
Föhn o secador de cabelo [u səkɐ'dor də kɐ'belu]
Foto fotografia [futugrɐ'fiɐ]
Fotoapparat máquina fotográfica ['makinɐ futu'grafikɐ]
Frage pergunta [pər'gũtɐ]
fragen perguntar [pərgũ'tar]
Frau a mulher [ɐ mu'ʎɛr]; *(Anrede, vor Namen)* Senhora D. [sə'ɲorɐ 'donɐ]; D. ['donɐ]
fremd *(ausländisch)* estrangeiro [ʃtrɐ̃'ʒeiru]; *(unbekannt)* desconhecido [dəʃkuɲə'sidu]
Fremde/r o estrangeiro, a estrangeira [u ʃtrɐ̃'ʒeiru, ɐ ʃtrɐ̃'ʒeirɐ]
freundlich amável [ɐ'mavɛl]

Frischhaltefolie película transparente [pəˈlikulɐ trɐ̃nʃpɐˈrẽntə]
Friseur *(für Damen)* cabeleireiro [kɐbəleiˈreiru]; *(für Herren)* barbearia [bɐrbjɐˈriɐ]
Frostschutzmittel líquido anticongelante [ˈlikidu ɐ̃tikõʒəˈlẽntə]
früh cedo [ˈsedu]
früher mais cedo [maiʃ ˈsedu]
früher *(eher)* antes [ˈɐ̃təʃ]; *(damals)* antigamente [ɐ̃tigɐˈmẽtə]
Frühstück pequeno-almoço [pəˈken‿alˈmosu]; o café da manhã [u kaˈfɛ da maˈɲɐ̃] *(Bras)*
Führerschein carta de condução [ˈkartɐ də kõduˈsɐ̃u]; carteira de condução [karˈterɐ də kõnduˈsɐ̃u] *(Bras)*
funktionieren funcionar [fũsjuˈnar]
für para [ˈperɐ]; por [pur]

G

Gabel garfo [ˈgarfu]
Gallenblase vesícula biliar [vəˈzikulɐ biˈljar]
Gang *(Flur)* o corredor [u kuʀəˈdor]; *(Essen)* prato [ˈpratu]; *(Auto)* a velocidade [ɐ vəlusiˈdadə]
ganz *(als Adjektiv)* todo [ˈtodu]; *(vollständig)* inteiro [ĩˈteiru]; *(als Adverb)* inteiramente [ĩteirɐˈmẽtə]
gar bem cozido [bɐ̃i kuˈzidu]; assado [ɐˈsadu]
Garage a garagem [ɐ gɐˈraʒɐ̃i]
Garderobe vestiário [vəʃtiˈarju]
Gasflasche botija de gás [buˈtiʒɐ də gaʃ]
Gaskocher o fogão a gás [u fuˈgɐ̃u ɐ gaʃ]
Gaspedal o acelerador [u ɐsələrɐˈdor]
Gebäck *(kleine Kuchen)* os biscoitos [uʒ biʃˈkojtuʃ]
gebacken assado [ɐˈsadu]
geben dar [dar]
gebraten assado [ɐˈsadu]; frito [ˈfritu]
Geburtsdatum data de nascimento [ˈdatɐ də nɐʃsiˈmẽtu]
Geburtsname o nome de solteira [u ˈnomə də solˈteirɐ]
Geburtsort o local de nascimento [u luˈkal də nɐʃsiˈmẽtu]
gedämpft estufado [ʃtuˈfadu]
Gedeck o couvert [u kuˈvɛr]
gedünstet estufado [ʃtuˈfadu]
gefährlich perigoso [pəriˈgozu]
gegen *(wider)* contra [ˈkõtrɐ]
Gegend a região [ɐ ʀəˈʒjɐ̃u]
Gegenteil contrário [kõnˈtrarju]; **im ~** pelo contrário [ˈpelu kõnˈtrarju]
gegenüber em frente (de) [ɐ̃i ˈfrẽtə (də)]
gehen ir [ir]; *(zu Fuß)* ir a pé [ir‿ɐ pɛ]
Gehirn cérebro [ˈsɛrəbru]
Gehirnerschütterung traumatismo craniano [traumɐˈtiʒmu krɐniˈɐnu]
Gehör ouvido [oˈvidu]; *(Sinn)* a audição [ɐ audiˈsɐ̃u]
gekocht *(gegart)* cozido [kuˈzidu]; *(Flüssigkeiten)* fervido [fərˈvidu]
gelb amarelo [ɐmɐˈrɛlu]
Geld dinheiro [dəˈɲeiru]
Geldautomat multibanco [multiˈbɐ̃ŋku]
Geldschein nota [ˈnɔtɐ]

Geldwechsel câmbio ['kɐ̃bju]
Gelenk a articulação [a artikulɐ'sɐ̃u]
geöffnet aberto [ɐ'bɛrtu]
Gepäck a bagagem [ɐ bɐ'gaʒɐ̃i]
Gepäckausgabe entrega da bagagem [ẽ'trɛgɐ dɐ bɐ'gaʒɐ̃i]
Gepäckwagen carro de bagagem ['kaʀu də bɐ'gaʒɐ̃i]
gerade *(als Adjektiv)* direito [di'reitu]; *(zeitlich)* justamente [ʒuʃtɐ'mẽtə]
geradeaus em frente [ɐ̃i 'frẽntə]; a direito [ɐ di'reitu]
geräuchert (de)fumado [(də) fu'madu]
gern com muito gosto [kõ 'mũintu 'goʃtu]; **nicht ~** contra vontade ['kõntrɐ võn'tadə]
geröstet *(Kartoffeln)* coradas [kɔ'radɐʃ]
Geschirr louça ['losɐ]
Geschirrspülmaschine máquina de lavar a louça ['makinɐ də lɐ'var ɐ 'losɐ]
Geschirrtuch pano da louça ['pɐnu dɐ 'losɐ]
geschwollen inchado [ĩ'ʃadu]
Geschwür úlcera ['ulsərɐ]
Gespräch conversa [kõ'vɛrsɐ]
gestern ontem ['õtɐ̃i]
gesund saudável [sɐu'davɛl]
Getränk bebida [bə'bidɐ]
Getriebe caixa de velocidades ['kaiʃɐ də vəlusi'dadəʃ]
Gewicht peso ['pezu]
Gewürz condimento [kõndi'mẽtu]
Gift veneno [və'nenu]
giftig venenoso [vənə'nozu]
Glas copo ['kɔpu]
Gleis linha ['liɲɐ]
Glück a sorte [ɐ 'sɔrtə]
glücklich feliz [fə'liʃ]
Glühbirne lâmpada ['lɐ̃pɐdɐ]
Gold ouro ['oru]
goldfarben dourado [do'radu]
Gräte espinha ['ʃpiɲɐ]
grau cinzento [sĩ'zẽntu]; cinza ['sĩzɐ] *(Bras)*
Grenze fronteira [frõ'teirɐ]
Grill o grelhador [u grəʎɐ'dor]
Grillkohle o carvão [u kɐr'vɐ̃u]
Grippe a gripe [ɐ 'gripə]
groß grande ['grɐ̃də]
Großmutter a avó [a 'vɔ]
Großraumwagen a carruagem de salão [ɐ kɐʀu'aʒɐ̃i də sɐ'lɐ̃u]
Großvater o avô [u ɐ'vo]
grün verde ['verdə]
grüne Versicherungskarte carta verde ['kartɐ 'verdə]
gültig válido ['validu]
Gürtel cinto ['sĩntu]
gut *(als Adjektiv)* bom [bõ]; *(als Adverb)* bem [bɐ̃i]

H

Haar cabelo [kɐ'belu]
haben ter [ter]
Hackfleisch a carne picada [ɐ 'karnə pi'kadɐ]
Hafen porto ['portu]
Haferflocken os flocos de aveia [uʃ 'flɔkuʒ d ɐ'veiɐ]
Hähnchen frango ['frɐ̃gu]
Haken gancho ['gɐ̃ʃu]
halb meio ['meju]
Halbpension a meia-pensão [ɐ 'mejɐ pẽ'sɐ̃u]
Halsschmerzen as dores de garganta [ɐʒ 'dorəʃ də gɐr'gɐ̃tɐ]
Halstabletten os comprimidos para a garganta [uʃ kõpri'miduʃ 'pɐr a gɐr'gɐ̃tɐ]
halt! alto! ['altu]

halten *(fest~)* segurar [səgu'rar]; *(Versprechen)* cumprir [kũ'prir]
Haltestelle a paragem [ɐ pɐ'raʒẽi]; parada [pa'radɐ] *(Bras)*
Hammelfleisch a carne de carneiro [ɐ 'karnə də kɐr'neiru]
Hammer martelo [mɐr'tɛlu]
Handbike bicicleta adaptada [bisi'klɛtɐ ɐdɐp'tadɐ]; bicicleta handcycle [bisi'klɛtɐ ɐ̃d'sajkəl]
Handbremse o travão de mão [u trɐ'vɐ̃u də mɐ̃u]; freio de mão ['freju də mɐ̃u] *(Bras)*
Handcreme o creme para as mãos [u 'krɛmə 'pɐr‿aʒ mɐ̃uʃ]
Handgas *(Auto)* o acelerador manual [u ɐsələrɐ'dor mɐnu'al]
handgemacht feito à mão ['feitu‿a mɐ̃u]
Handtasche mala de mão ['malɐ də mɐ̃u]; carteira [kɐr'teirɐ]
Handtuch toalha ['twaʎɐ]
Handy o telemóvel [u tɛlɛ'mɔvɛl]; o celular [u selu'lar] *(Bras)*
hart duro ['duru]
Hauptbahnhof a estação central [ɐ ʃtɐ'sɐ̃u sẽ'tral]
Hauptrolle o papel principal [u pɐ'pɛl prĩsi'pal]
Hauptsaison a estação alta [ɐ ʃtɐ'sɐ̃u 'altɐ]
Hauptspeise prato principal ['pratu prĩsi'pal]
Hauptstadt a capital [ɐ kɐpi'tal]
Hauptstraße rua principal ['ʀuɐ prĩsi'pal]; *(Hauptland~)* estrada principal ['ʃradɐ prĩsi'pal]
Haus casa ['kazɐ]
Haushaltswaren os artigos domésticos [uz‿ɐr'tiguʒ du'mɛʃtikuʃ]
Hausnummer número da porta ['numəru dɐ 'pɔrtɐ]
Haut a pele [ɐ 'pɛlə]
heiß quente ['kẽntə]
heißen chamar-se [ʃɐ'marsə]
Hemd camisa [kɐ'mizɐ]
Herd o fogão [u fu'gɐ̃u]
Hering *(Fisch)* o arenque [u ɐ'rẽkə]; *(Zelt)* estaca ['ʃtakɐ]
Herr o senhor [u sə'ɲor]
Herren os homens [uz‿'ɔmẽiʃ]
Herz o coração [u kurɐ'sɐ̃u]
Herzanfall o ataque cardíaco [u ɐ'takə kɐr'diɐku]
Herzbeschwerden as perturbações cardíacas [ɐʃ pərturbɐ'sõiʃ kɐr'diɐkɐʃ]
heute hoje ['oʒə]
hier aqui [ɐ'ki]
Hilfe ajuda [ɐ'ʒudɐ]; erste Hilfe os primeiros socorros [uʃ pri'meiruʃ su'kɔʀuʃ]
hinten atrás [ɐ'traʃ]
hinter atrás de [ɐ'traʃ də]
hinterlegen depositar [dəpuzi'tar]
Hirnhautentzündung a meningite [ɐ mənĩ'ʒitə]
hoch alto ['altu]
Honig o mel [u mɛl]
hören ouvir [o'vir]
Hose as calças [ɐʃ 'kalsɐʃ]
hungrig sein ter fome [ter 'fɔmə]
Hupe buzina [bu'zinɐ]
Husten a tosse [ɐ 'tɔsə]
Hustensaft o xarope para a tosse [u ʃɐ'rɔpə 'pɐr‿a 'tɔsə]
Hut o chapéu [u ʃɐ'pɛu]

I

ich eu [eu]
Idee ideia [i'dejɐ]

ihr *(als Personalpronomen)* vocês [vɔˈseʃ]; *(als Possessivpronomen: Singular f)* seu [seu]; sua [ˈsuɐ]; dela [ˈdɛlɐ]; *(als Possessivpronomen Plural)* deles [ˈdeləʃ]; delas [ˈdɛlɐʃ]
immer sempre [ˈsẽprə]
Impfung vacina [vɐˈsinɐ]
in em [ɐ̃i]
in einer Woche dentro de uma semana [ˈdẽtru d‿umɐ səˈmɐnɐ]
Infektion a infe(c)ção [ɐ ĩfɛˈsɐ̃u]
Infusion a infusão [ɐ ĩfuˈzɐ̃u]
Inlandsflug voo doméstico [ˈvou duˈmɛʃtiku]
interessant interessante [ĩtərəˈsɐ̃tə]
Internetbuchung reserva por Internet [ʀəˈsɛrvɐ pur ĩtɐrˈnɛtə]
Ischias ciática [ˈsjatikɐ]

J

Jacke casaco [kɐˈsaku]
Januar janeiro [ʒɐˈneiru]
Jeans as calças de ganga [ɐʃ ˈkalsɐʒ də ˈgɐ̃gɐ]
jeden Tag todos os dias [ˈtoduz‿uʒ ˈdiɐʃ]
jeder *(als Adjektiv)* cada [ˈkɐdɐ]; *(als Pronomen)* cada um [ˈkɐdɐ ũ]
jemand alguém [alˈgɐ̃i]
jene(r, -s) aquele [ɐˈkelə]; aquela [ɐˈkɛlɐ]
jetzt agora [ɐˈgɔrɐ]
Joghurt o iogurte [u joˈgurtə]
jucken fazer comichão [fɐˈzer kumiˈʃɐ̃u]
Juli julho [ˈʒuʎu]
jung novo [ˈnovu]
Juni junho [ˈʒuɲu]

K

Kabarett o cabaré [u kabaˈrɛ]
Kabine o camarote [u kɐmɐˈrɔtə]
Kaffee o café [u kɐˈfɛ]
Kaffeefilter filtro de café [ˈfiltru də kɐˈfɛ]
Kai o cais [u ˈkaiʃ]
Kalbfleisch a carne de vitela [ɐ ˈkarnə də viˈtɛlɐ]
kalorienarm com poucas calorias [kõ ˈpokɐʃ kɐluˈriɐʃ]
kalt frio [ˈfriu]
kaltes Wasser água fria [ˈagwɐ ˈfriɐ]
Kamm o pente [u ˈpẽtə]
Kapitän o comandante [u kumɐ̃nˈdɐ̃ntə]
kaputt estragado [ʃtrɐˈgadu]; partido [pɐrˈtidu]
Knochen osso [ˈosu]
Käse queijo [ˈkeiʒu]
Kasse bilheteira [bəʎəˈteirɐ]; bilheteria [biʎeteˈriɐ] *(Bras)*
kaufen comprar [kõˈprar]
Kaufhaus o grande armazém [u ˈgrɐ̃nd‿armɐˈzɐ̃i]
Kaugummi pastilha elástica [pɐˈʃtiʎ‿iˈlaʃtikɐ]
Kaution a caução [ɐ kauˈsɐ̃u]
Kehrschaufel a pá [ɐ pa]
kein nenhum [nəˈɲũ]
Kellner(in) empregado, empregada [ẽprəˈgadu, ẽprəˈgadɐ]; o garçom, a garçonete [u garˈsõ, a garsoˈnɛti] *(Bras)*
kennen conhecer [kuɲəˈser]; **kennen lernen** conhecer [kuɲəˈser]
Kette a corrente [ɐ kuˈʀẽntə]
Kette o colar [u kuˈlar]; *(fein)* fio [ˈfiu]
Kilogramm o quilograma [u kiluˈgrɐmɐ]; quilo [ˈkilu]

DEUTSCH - PORTUGIESISCH
WÖRTERBUCH

Kilometer quilómetro (ô) [ki'lɔmətru]
Kind criança [krj'ẽsɐ]
Kinderbetreuung o babysitting [u 'beibi'sitiŋ]
Kinderbett cama de criança ['kɐmɐ də krj'ẽsɐ]
Kinderfahrkarte meio-bilhete ['meju bə'ʎetə]
Kinderkrankheit doença infantil ['dwẽs‿ĩfɐ̃'til]
Kindersitz assento para criança [ɐ'sẽtu 'pɐrɐ krj'ẽsɐ]; *(fürs Auto)* assento de automóvel para criança [ɐ'sẽtu d‿autu'mɔvɛl 'pɐrɐ krj'ẽsɐ]
Kinderteller prato de criança ['pratu də krj'ẽsɐ]
Kino o cinema [u si'nemɐ]
kitschig piroso [pi'rosu]
Klasse a classe [ɐ 'klasə]
Kleid vestido [vəʃ'tidu]
Kleiderbügel cruzeta [kru'zetɐ]
Kleidung roupa ['ʀopɐ]
klein pequeno [pə'kenu]
Kleingeld dinheiro miúdo [də'ɲeiru 'mjudu]; os miúdos [uʒ 'mjuduʃ]; *(Wechselgeld)* troco ['troku]
Klima o clima [u 'klimɐ]
Klimaanlage o ar condicionado [u ar kõndəsju'nadu]
Knochen osso ['osu]
Knochenbruch fratura [fra'turɐ]
Knopf o botão [u bu'tɐ̃u]
Koch cozinheiro [kuzə'ɲeiru]
kochen *(Essen zubereiten)* cozinhar [kuzə'ɲar]; *(Wasser)* ferver [fər'ver]
Kocher o fogão [u fu'gɐ̃u]
Koffer mala ['malɐ]
Kofferraum mala do carro ['malɐ du 'kaʀu]
kommen vir [vir]
können poder [pu'der]; *(gelernt haben)* saber [sɐ'ber]
Konsulat consulado [kõsu'ladu]
Konto conta ['kõtɐ]
Kontrolleur o revisor [u ʀəvi'zor]
Konzert concerto [kõ'sertu]
Kopfhörer o auscultador [u auʃkultɐ'dor]
Kopfschmerzen as dores de cabeça [ɐʒ dorəʒ də kɐ'besɐ]
Kopfschmerztabletten os comprimidos para a dor de cabeça [uʃ kõpri'miduʃ 'pɐra dor də kɐ'besɐ]
Korkenzieher o saca-rolhas [u 'sakɐ'ʀoʎɐʃ]
Körper corpo ['korpu]
kosten custar [kuʃ'tar]
kostenlos gratuito [grɐ'tuitu]
krank doente ['dwẽtə]
Krankenhaus o hospital [u oʃpi'tal]
Krankenkasse Caixa de Seguro de Doença ['kaiʃɐ də sə'guru də 'dwẽsɐ]
Krankenschwester enfermeira [ẽfər'meirɐ]
Krankheit doença ['dwẽsɐ]
Kräuter as ervas aromáticas [az‿'ɛrvɐz‿ɐru'matikaʃ]
Krebs cancro ['kɐ̃ŋkru]; o câncer [u 'kɐ̃sɛr] *(Bras)*
Kreditkarte o cartão de crédito [u kɐr'tɐ̃u də 'krɛditu]
Kreislaufstörung a perturbação circulatória [ɐ pərturbɐ'sɐ̃u sirkulɐ'tɔrjɐ]
Kreuzfahrt cruzeiro [kru'zeiru]
Kreuzung cruzamento [kruzɐ'mẽtu]
Kuchen bolo ['bolu]
Kugelschreiber esferográfica [ʃfɛrɔ'grafikɐ]
kühl fresco ['freʃku]

Kühler o radiador [u ʀɐdjɐˈdor]
Kühlschrank frigorífico [friguˈrifiku]; geladeira [ʒelaˈderɐ] *(Bras)*
Kühltasche mala térmica [ˈmalɐ ˈtɛrmikɐ]
Kühlwasser água de refrigeração [ˈagwɐ də ʀəfriʒərɐˈsɐ̃u]
Kunde, Kundin o/a cliente [u/ɐ kliˈẽntə]
Kunst a arte [ɐ ˈartə]
Kunsthändler o comerciante de objetos de arte [u kumərsiˈẽntə d‿ɔbˈʒɛtuʃ d‿ˈartə]
Kupplung a embraiagem [ɐ ẽbrɐˈjaʒɐ̃i]
Kurve curva [ˈkurvɐ]
kurz *(räumlich)* curto [ˈkurtu]; *(kurzgefasst)* breve [ˈbrɛvə]
kurzfristig a curto prazo [ɐ ˈkurtu ˈprazu]
kürzlich recentemente [ʀəsẽtəˈmẽtə]
Küste costa [ˈkɔʃtɐ]

L

lachen rir [ʀir]
Ladegerät o carregador de baterias [u kɐʀəgɐˈdor də bɐtəˈriɐʃ]
Ladekabel cabo de carregamento [ˈkabu də kɐʀəgɐˈmẽtu]
Lammfleisch a carne de borrego [ɐ ˈkarnə də buˈʀegu]
Lampe candeeiro [kɐ̃ˈdjeiru]
Land o país [u pɐˈiʃ]; *(Gegensatz zu Wasser)* terra [ˈtɛʀɐ]
Landausflug a excursão a terra [ɐ ʃkurˈsɐ̃u ɐ ˈtɛʀɐ]
Landkarte o mapa [u ˈmapɐ]
Landstraße estrada [ˈʃtradɐ]
Landung a aterragem [a‿təˈʀaʒɐ̃i]; a aterrissagem [a‿ateʀiˈsaʒɐ̃i] *(Bras)*
lang comprido [kõˈpridu]
langsam *(als Adjektiv)* lento [ˈlẽtu]; *(als Adverb)* devagar [dəvɐˈgar]
langweilig aborrecido [ɐbuʀəˈsidu]
Laptop o portátil [u purˈtatil]
laufen correr [kuˈʀer]
laut alto [ˈaltu]
Leben vida [ˈvidɐ]
leben viver [viˈver]
Lebensmittelgeschäft mercearia [mərsjɐˈriɐ]
Lebensmittelvergiftung a intoxicação alimentar [ɐ ĩtɔksikɐˈsɐ̃u ɐlimẽˈtar]
Leber fígado [ˈfigɐdu]
lecker delicioso [dəliˈsjozu]
ledig solteiro [solˈteiru]
leer vazio [vɐˈziu]
Leerlauf ponto morto [ˈpõtu ˈmortu]
Leerung recolha [ʀəˈkoʎɐ]
legen pôr [por]
leicht *(einfach)* fácil [ˈfasil]; *(Gewicht)* leve [ˈlɛvə]
leider infelizmente [ĩfəliʒˈmẽtə]
leihen *(jemandem)* emprestar [ẽprəʃˈtar]; *(von jemandem)* pedir emprestado [pəˈdir‿ẽprəʃˈtadu]
leise baixo [ˈbaiʃu]
Leistenbruch hérnia inguinal [ˈɛrnjɐ ĩgiˈnal]
lernen aprender [ɐprẽˈder]
lesen ler [ler]
letzte(r, -s) último [ˈultimu]; última [ˈultimɐ]
Leute a gente [ɐ ˈʒẽtə]
Licht a luz [ɐ luʃ]
Lichtmaschine o alternador [altərnɐˈdor]; dínamo [ˈdinɐmu]
Lichtschutzfaktor o fator de proteção solar [u faˈtor də prutɛˈsɐ̃u suˈlar]
liegen *(sich befinden)* encontrar-se [ẽkõˈtarsə];

(ausgestreckt sein) estar deitado [ʃtar dei'tadu]
Liegewagenplatz o lugar no vagão-cama [u lu'gar nu va'gẽu 'kɐmɐ]
linke(r, -s) esquerdo ['ʃkerdu]; esquerda ['ʃkerdɐ]
links à esquerda [a 'ʃkerdɐ]
Linse a lente [a 'lẽtə]
Loch buraco [bu'raku]
Löffel a colher [ɐ ku'ʎɛr]
Loge o camarote [u kɐmɐ'rɔtə]
Lorbeer louro ['loru]
Luft o ar [u ar]
Luftpumpe bomba de ar ['bõbɐ d‿ar]
Lunge o pulmão [u pul'mẽu]
Lungenentzündung pneumonia [pneumu'niɐ]
lustig alegre [ɐ'lɛgrə]; *(erheiternd)* divertido [divər'tidu]

M

machen *(herstellen)* fazer [fɐ'zer]
Mädchen menina [mə'ninɐ]; moça ['mosɐ] *(Bras)*
Magen estômago ['ʃtomɐgu]
Magenschmerzen as dores de estômago [ɐʒ dorəʒ də 'ʃtomɐgu]
mager magro ['magru]
Mai maio ['maju]
manchmal às vezes [aʒ 'vezəʃ]
Mandelentzündung a amigdalite [ɐ‿amigdɐ'litə]
Mandeln *(Frucht)* as amêndoas [ɐz‿ɐ'mẽdwɐʃ]; *(Körper)* as amígdalas [ɐz‿ɐ'migdɐlɐʃ]
Mantel *(Damenmantel)* casaco comprido [kɐ'zaku kõm'pridu]; *(Herrenmantel)* sobretudo [sobrə'tudu]
Mantel *(Reifen)* o pneu [u pneu]
Markt mercado [mər'kadu]
Marmelade o doce [u 'dosə]; *(Quitten)* marmelada [mɐrmə'lada]
März março ['marsu]
Matratze o colchão [u kol'ʃẽu]
Maut a portagem [ɐ pur'taʒẽi]
Medikament medicamento [mədikɐ'mẽtu]
Mehl farinha [fɐ'riɲɐ]
mehr mais [maiʃ]; **mehr als** mais (do) que [maiʃ (du) kə]
mein meu [meu]; minha ['miɲɐ]
meinen achar [ɐ'ʃar]
meinetwegen por mim [pur mĩ]
Meinung a opinião [ɐ opə'njẽu]
Memorystick o pen drive [u pẽn'draivə]
Mensch o homem [u 'ɔmẽi]; o ser humano [u ser u'mɐnu]
Menü ementa [i'mẽtɐ]; o menu [u me'nju]
Messer faca ['fakɐ]
Meter metro ['mɛtru]
Metzgerei talho ['taʎu]; o açougue [u a'sogi] *(Bras)*
mich me [mə]; mim [mĩ]
mieten alugar [ɐlu'gar]
Migräne enxaqueca [ẽʃɐ'kɛkɐ]
Milch o leite [u 'leitə]
Mineralwasser água mineral ['agwɐ minə'ral]
mir me [mə]; mim [mĩ]
Mitbringsel lembrança [lẽ'brẽsɐ]
mitnehmen levar [lə'var]
Mittag o meio-dia [u 'meju 'diɐ]
Mittagessen almoço [al'mosu]
mittags ao meio-dia [ɐu 'meju 'diɐ]

Mitte meio ['meju]
Mittelohrentzündung a otite [ɐ ɔ'titə]
Mittwoch quarta-feira ['kwartɐ 'feirɐ]
Modeschmuck bijutaria [biʒutɐ'riɐ]; bijuteria [biʒute'riɐ] *(Bras)*
möglich possível [pu'sivɛl]
Monat o mês [u meʃ]
Montag segunda-feira [sə'gũdɐ 'feirɐ]
Morgen a manhã [ɐ mɐ'ɲɐ̃]
morgen amanhã [amɐ'ɲɐ̃]
Motel o motel [u mo'tɛl]
Motor o motor [u mu'tor]
MP3-Player o leitor de MP3 [u lei'tor də 'ɛmə pe treʃ]
Mücke mosquito [muʃ'kitu]
Mückenschutz o protetor contra insetos [u prutɛ'tor 'kõtrɐ ĩn'sɛtuʃ]
Mullbinde a gaze [ɐ 'gazə]
Mund boca ['bokɐ]
Münze moeda ['mwɛdɐ]
Museum o museu [u mu'zeu]
Muskatnuss a noz-moscada [ɐ nɔʒ muʃ'kadɐ]
Muskel músculo ['muʃkulu]
Müsli o muesli [u 'musli]
Mutter a mãe [ɐ mɐ̃i]

N

nach para ['pɐrɐ]
nach *(zeitlich)* depois de [də'poiʒ də]; nach Portugal a/para Portugal [ɐ/'pɐrɐ purtu'gal]
Nachbar(in) vizinho, vizinha [və'ziɲu, və'ziɲɐ]
Nachmittag a tarde [ɐ 'tardə]
nachmittags de tarde [də 'tardə]
Nachricht notícia [nu'tisjɐ]
Nachsaison a estação baixa [ɐ ʃtɐ'sɐ̃u 'baiʃɐ]
nächste(r, -s) próximo, próxima ['prɔsimu, 'prɔsimɐ]
Nacht a noite [ɐ 'noitə]
nachts de noite [də 'noitə]
nackt nu [nu]
Nadel agulha [ɐ'guʎɐ]
nah perto ['pɛrtu]
nähen coser [ku'zer]; dar pontos [dar 'põtuʃ]
Name o nome [u 'nomə]
Narkose anestesia [ɐnəʃtə'ziɐ]
Nase o nariz [u nɐ'riʃ]
nass molhado [mu'ʎadu]; *(durchnässt)* encharcado [ẽʃɐr'kadu]
Naturschutzgebiet reserva natural [ʀə'zɛrvɐ nɐtu'ral]
Navigationsgerät GPS [ʒepe'ɛsə]
Nebel nevoeiro [nə'vweiru]
neben junto de ['ʒũtu də]; ao lado de [ɐu 'ladu də]
Nebenstraße rua lateral ['ʀuɐ lɐtə'ral]
nett simpático [sĩ'patiku]
Netz a rede [ɐ 'ʀedə]
neu novo ['novu]
nicht não [nɐ̃u]; gar nicht de maneira nenhuma [də mɐ'neirɐ nə'ɲumɐ]
nichts nada ['nadɐ]
nie nunca ['nũkɐ]
nieder baixo ['baiʃu]
niedrig baixo ['baiʃu]
niemand ninguém [nĩ'gɐ̃i]
Niere o rim [u ʀĩ]
niesen espirrar [ʃpi'ʀar]
nirgends em parte nenhuma [ɐ̃i' partə nə'ɲumɐ]
noch ainda [ɐ'ĩdɐ]; noch nicht ainda não [ɐ'ĩdɐ nɐ̃u]
Norden o norte [u 'nɔrtə]
nördlich von ao norte de [ɐu 'nɔrtə də]
Notausgang saída de emergência [sɐ'idɐ d͜imər'ʒẽsjɐ]
Notebook o notebook [u notə'buk]; agenda eletrónica de bolso [ɐ'ʒẽnd͜ilɛ'trɔnikɐ də 'bolsu]

DEUTSCH – PORTUGIESISCH

WÖRTERBUCH

Notfall emergência [imər'ʒẽsjɐ]
Notrufsäule o poste avisador de SOS [u 'pɔʃtə ɐvizɐ'dor də ɛs ɔ ɛs]
November novembro [nu'vẽbru]
Nudeln massa ['masɐ]
Nummer número ['numəru]
Nummernschild placa de matrícula ['plakɐ də mɐ'trikulɐ]
nur só [sɔ]

O

ob se [sə]
oben em cima [ɐ̃i 'simɐ]
Ober empregado [ẽprə'gadu]
Objektiv objetiva [obʒɛ'tivɐ]
Obst fruta ['frutɐ]
obwohl embora [ẽ'bɔrɐ]
oder ou [o]
offen aberto [ɐ'bɛrtu]
öffnen abrir [ɐ'brir]
oft muitas vezes ['mũitɐʒ 'vezəʃ]
ohne sem [sɐ̃i]
Ohrringe os brincos [uʒ 'brĩŋkuʃ]
Oktober outubro [o'tubru]
Öl óleo ['ɔlju]
Olivenöl o azeite [u ɐ'zeitə]
Ölwechsel mudança de óleo [mu'dɐ̃sɐ d‿'ɔlju]
Oper ópera ['ɔpərɐ]
Operation a operação [ɐ opərɐ'sɐ̃u]
Optiker o oculista [u ɔku'liʃtɐ]
orange cor-de-laranja [kor də lɐ'rɐ̃ʒɐ]
Orangensaft sumo de laranja ['sumu də lɐ'rɐ̃ʒɐ]; suco de laranja ['suku də lɐ'rɐ̃ʒɐ] *(Bras)*
Orchester orquestra [or'kɛʃtrɐ]
Ortsgespräch chamada local [ʃɐ'madɐ lu'kal]
Osten o leste [u 'lɛʃtə]
Österreich Áustria ['auʃtrjɐ]
Österreicher(in) austríaco [auʃ'triɐku]; austríaca [auʃ'triɐkɐ]
östlich von a leste de [ɐ 'lɛʃtə də]

P

Paar o par [u par]
Päckchen encomenda postal pequena [ẽku'mẽdɐ puʃ'tal pə'kenɐ]
Paket encomenda postal [ẽku'mẽdɐ puʃ'tal]
Panne avaria [ɐvɐ'riɐ]
Pannenhilfe posto de socorros ['poʃtu də su'kɔʀuʃ]
Papier o papel [u pɐ'pɛl]
Papiere os documentos [uʒ duku'mẽtuʃ]
Papiertaschentücher os lenços de papel [uʒ 'lẽsuʒ də pɐ'pɛl]
Paprika o colorau [u kulu'rau]
parken estacionar [ʃtɐsju'nar]
Parkplatz o parque de estacionamento [u 'parkə də‿ʃtɐsjunɐ'mẽtu]
Pass *(Ausweis)* o passaporte [u pasɐ'pɔrtə]; *(Gebirgs~)* desfiladeiro [dəʃfilɐ'deiru]
Passagier passageiro [pɐsɐ'ʒeiru]
Passkontrolle o controle de passaportes [u kõ'trolə də pasɐ'pɔrtəʃ]
Pauschalpreis preço total ['presu tu'tal]
Pause intervalo [ĩtər'valu]
Pension a pensão [ɐ pẽ'sɐ̃u]
Person pessoa [pə'soɐ]
Personalausweis o bilhete de identidade [u bə'ʎetə d‿idẽti'dadə]; a carteira de identidade [a kar'terɐ d‿idẽnti'dadə] *(Bras)*
Petersilie salsa ['salsɐ]

Pfanne frigideira [friʒiˈdeirɐ]
Pfeffer pimenta [piˈmẽtɐ]
Pflaster adesivo [ɐdəˈzivu]
Pilot(in) piloto [piˈlotu]
Pilz *(Essen)* cogumelo [kuguˈmɛlu]; *(Krankheit)* fungo [fũgu]
Plastikbeutel saquinho de plástico [sɐˈkiɲu də ˈplaʃtiku]
Platten furo [ˈfuru]
Platz *(in der Stadt)* praça [ˈprasɐ]; *(Raum, Sitz)* o lugar [u luˈgar]
Polizei polícia [puˈlisjɐ]
Portion a dose [ɐ ˈdɔzə]
Porto o porte [u ˈpɔrtə]; franquia [frɐ̃ˈkiɐ]
Portugal Portugal [purtuˈgal]
Portugiese, Portugiesin, o português, a portuguesa [u purtuˈgeʃ, ɐ purtuˈgezɐ]
portugiesisch português [purtuˈgeʃ]
Postamt correio [kuˈʀeju]
Postkarte o postal [u puʃˈtal]
Postleitzahl código postal [ˈkɔdigu puʃˈtal]
praktisch prático [ˈpratiku]
Preis preço [ˈpresu]
Problem o problema [u pruˈblemɐ]
Programm o programa [u pruˈgrɐmɐ]
Programmheft o programa [u pruˈgrɐmɐ]
Pullover camisola [kɐmiˈzɔlɐ]; o pulôver [u puˈlovɛr]
Puls pulso [ˈpulsu]
pünktlich pontual [põˈtwal]
putzen limpar [lĩˈpar]

Q

Quadratmeter metro quadrado [ˈmɛtru kwaˈdradu]
Qualität a qualidade [ɐ kwɐliˈdadə]
Quark o requeijão [u rəkeiˈʒɐ̃u]
Quittung recibo [ʀəˈsibu]

R

Rad roda [ˈʀɔdɐ]
Rad fahren andar de bicicleta [ɐ̃nˈdar də bisiˈklɛtɐ]
Radarkontrolle velocidade controlada por radar [vəlusiˈdadə kõtruˈladɐ pur ʀaˈdar]
Rasierklingen lâmina de barba [ˈlɐminɐ də ˈbarbɐ]
Rasierpinsel o pincel de barba [u pĩˈsɛl də ˈbarbɐ]
Rastplatz área de repouso [ˈarjɐ də ʀəˈpozu]
Raststätte área de serviço [ˈarjɐ də sərˈvisu]
rauchen fumar [fuˈmar]
Raucher o fumador [u fumɐˈdor]
Rechnung fatura [faˈturɐ]; *(im Restaurant, etc.)* conta [ˈkõtɐ]
rechte(r, -s) *(als Adjektiv)* direito [diˈreitu]; direita [diˈreitɐ]
rechts à direita [a diˈreitɐ]
Rechtsanwalt, -anwältin, advogado, advogada [ɐdvuˈgadu, ɐdvuˈgadɐ]
rechtzeitig *(als Adverb)* a tempo [ɐ ˈtẽpu]
reden falar [fɐˈlar]
regelmäßig *(als Adjektiv)* regular [ʀəguˈlar]; *(als Adverb)* regularmente [ʀəgularˈmẽtə]
Regen chuva [ˈʃuvɐ]
Reifen o pneu [u pneu]
reinigen limpar [lĩˈpar]
Reinigung limpeza a seco e lavandaria [lĩˈpez‿ a ˈseku i lɐvɐ̃dɐˈrjɐ]
Reis o arroz [u ɐˈʀoʃ]
Reise a viagem [ɐ ˈvjaʒɐ̃i]

Reisebüro agência de viagens [ɐ'ʒẽsjɐ də vi'aʒẽiʃ]
Reiseführer o guia turístico [u 'giɐ tu'riʃtiku]
reisen viajar [vjɐ'ʒar]
Reisetasche saco de viagem ['saku də 'vjaʒẽi]
reparieren reparar [ʀəpɐ'rar]
reservieren reservar [ʀəzər'var]
Reservierung reserva [ʀə'zɛrvɐ]
Restaurant o restaurante [u ʀəʃtau'rãntə]
Rettungsring boia salva-vidas ['bɔjɐ'salvɐ 'vidɐʃ]
Rezeption a receção [ɐ ʀəsɛ'sɐ̃u]
R-Gespräch chamada a pagar no destino [ʃɐ'mad‿a pɐ'gar nu dəʃ'tinu]
Rheuma reumatismo [ʀeumɐ'tiʃmu]
Richter(in) o juiz, a juíza [u ʒu'iʃ, ɐ ʒu'izɐ]
richtig certo ['sɛrtu]
Richtung a direção [ɐ dirɛ'sɐ̃u]
riechen cheirar [ʃei'rar]
Ring o anel [u ɐ'nɛl]
Rock *(Musik)* o rock [u ʀɔk]
Rock *(Kleidung)* saia ['sajɐ]
roh cru [kru]
Rollstuhl cadeira de rodas [kɐ'deirɐ də 'rɔdɐʃ]
Rollstuhlfahrer(in) pessoa em cadeira de rodas [pə'soɐ ɐ̃i kɐ'deirɐ də 'rɔdɐʃ]
rollstuhlgerecht equipado para cadeira de rodas [iki'padu 'perɐ kɐ'deirɐ də 'rɔdɐʃ]
röntgen radiografar [ʀadjugrɐ'far]
Röntgenaufnahme radiografia [ʀadjugrɐ'fiɐ]
rosa cor-de-rosa [kor də 'ʀɔzɐ]
Rosé vinho rosé ['viɲu ro'ze]
rot vermelho [vər'meʎu]; encarnado [ɐ̃kɐr'nadu]
Röteln rubéola [ʀu'bɛulɐ]
Rotwein vinho tinto ['viɲu 'tĩtu]
Rückenschmerzen as dores nas costas [ɐʒ dorəʒ nɐʃ 'kɔʃtɐʃ]
Rückfahrkarte o bilhete de ida e volta [u bə'ʎetə d‿'idɐ i 'vɔltɐ]
Rücklicht as luzes traseiras [ɐʒ 'luzəʃ trɐ'zeirɐʃ]
Rucksack mochila [mu'ʃilɐ]
rückwärts para trás ['perɐ traʃ]
Rückwärtsgang marcha-atrás ['marʃ‿a'traʃ]; marcha à ré ['marʃ‿a ʀɛ] *(Bras)*
rund redondo [ʀə'dõndu]
Rundfahrt volta ['vɔltɐ]; a excursão [ɐ ʃkur'sɐ̃u]

S

Saal sala ['salɐ]
Sache coisa ['koizɐ]
Safe o cofre [u 'kɔfrə]
Safran o açafrão [u ɐsɐ'frɐ̃u]
saftig suculento [suku'lẽntu]
sagen dizer [di'zer]
Sahne as natas [ɐʒ 'natɐʃ]
Saison a estação [ɐ ʃtɐ'sɐ̃u]
Salami o salame [u sɐ'lɐmə]
Salat salada [sɐ'ladɐ]
Salbe pomada [pu'madɐ]
Salbei salva ['salvɐ]
Salmonellen as salmonelas [ɐʃ salmu'nɛlɐʃ]
Salz o sal [u sal]
Salzstreuer saleiro [sə'leiru]
sammeln colecionar [kulɛsju'nar]
Samstag sábado ['sabɐdu]
Sandalen as sandálias [ɐʃ sɐ̃'daljɐʃ]
sauer ácido ['asidu]
Sauger tetina [tə'tinɐ]
S-Bahn comboio (o trem) rápido suburbano [kõ'bɔju (u trẽi) 'ʀapidu subur'bɐnu]

WÖRTERBUCH DEUTSCH - PORTUGIESISCH

Schaden dano [ˈdɐnu]; prejuízo [prəˈʒwizu]
Schaffner(in) o revisor, a revisora [u ʀəviˈzor, ɐ ʀəviˈzorɐ]
Schal o cachecol [u kaʃəˈkɔl]
scharf picante [piˈkẽntə]
Scheibe fatia [fɐˈtiɐ]
Scheibenwischer o limpa-para-brisas [u ˈlĩpɐ ˈparɐ ˈbrizɐʃ]
Scheinwerfer o farol [u fɐˈrɔl]
Schere tesoura [təˈzorɐ]
schicken mandar [mẽˈdar]
Schiene tala [ˈtalɐ]
Schirm o guarda-chuva [u ˈgwardɐ ˈʃuvɐ]
Schlafcouch o sofá-cama [u soˈfa ˈkɐmɐ]
schlafen dormir [durˈmir]
Schlaflosigkeit insónia (ô) [ĩˈsɔnjɐ]
Schlaftabletten os soníferos [uʃ suˈniføruʃ]
Schlaganfall (o ataque de) apoplexia [(u ɐˈtakə d‿) ɐpoplɛˈksiɐ]
schlecht *(als Adjektiv)* mau [mau]; *(als Adverb)* mal [mal]
Schlüssel a chave [ɐ ˈʃavə]
schmecken saber [sɐˈber]
Schmerzen as dores [ɐʒ ˈdorəʃ]
Schmerztabletten os comprimidos contra as dores [uʃ kõpriˈmiduʃ ˈkõtr‿aʒ ˈdorəʃ]
Schmuck as joias [ɐʃ ˈʒɔjɐʃ]
Schmuggel contrabando [kõtrɐˈbẽdu]
Schneebesen o batedor de claras [u bətəˈdor də ˈklarɐʃ]
Schneidebrett tábua para cortar [ˈtabuɐ ˈpɐrɐ kurˈtar]
schnell *(als Adjektiv)* rápido [ˈʀapidu]; *(als Adverb)* depressa [dəˈprɛsɐ]
Schnellstraße via rápida [ˈviɐ ˈʀapidɐ]; IP (itinerário principal) [iˈpe itənəˈrarju prĩsiˈpal)]
Schnitzerei obra de talha [ˈɔbrɐ də ˈtaʎɐ]
Schnuller chupeta [ʃuˈpetɐ]
Schnürsenkel os atacadores [uz‿ɐtɐkɐˈdorəʃ]
Schokolade o chocolate [u ʃukuˈlatə]
schon já [ʒa]
schön lindo [ˈlĩdu]
Schonkost dieta [ˈdjɛtɐ]
Schöpfkelle concha [ˈkõʃɐ]
Schrank armário [ɐrˈmarju]
schreiben escrever [ʃkrəˈver]
schriftlich por escrito [pur ˈʃkritu]
Schuh sapato [sɐˈpatu]
Schuhgeschäft sapataria [sɐpɐtɐˈriɐ]
Schuld culpa [ˈkulpɐ]; *(Geld)* dívida [ˈdividɐ]
Schule escola [ˈʃkɔlɐ]
Schüssel prato [ˈpratu]; travessa [trɐˈvɛsɐ]
Schüttelfrost os calafrios [uʃ kɐlɐˈfriuʃ]
Schwangerschaft a gravidez [ɐ grɐviˈdeʃ]
schwarz preto [ˈpretu]; negro [ˈnegru]
Schweinefleisch a carne de porco [ɐ ˈkarnə də ˈporku]
Schweiz Suíça [ˈswisɐ]
Schweizer Franken franco suíço [ˈfrẽku ˈswisu]
Schweizer(in) suíço, suíça [ˈswisu, ˈswisɐ]
Schwester a irmã [ɐ irˈmẽ]
schwierig difícil [diˈfisil]
schwimmen nadar [nɐˈdar]
Schwimmweste o colete de salvação [u kuˈletə də salvɐˈsẽu]
schwitzen suar [swar]
schwül abafado [ɐbɐˈfadu]
See *(Meer)* o mar [u mar]; *(Binnengewässer)* lago [ˈlagu]

Seegang a ondulação [ɐ õdulɐ'sɐ̃u]
seekrank sein estar enjoado [ʃtar ẽ'ʒwadu]
segeln velejar [vələ'ʒar]
sehbehindert deficiente visual [dəfəsi'ẽtə vizu'al]
sehen ver [ver]
sehr muito ['mũitu]
Seife o sabonete [u sɐbu'netə]
sein *(als Verb)* ser [ser]; *(sich befinden)* estar [ʃtar]
sein *(als Possessivpronomen)* seu [seu]; sua ['suɐ]
seit *(als Präposition)* desde ['deʒdə]; *(als Konjunktion)* desde que ['deʒdə kə]
selten *(als Adjektiv)* raro ['ʀaru]; *(als Adverb)* raramente [ʀarɐ'mẽtə]
Senf mostarda [muʃ'tardɐ]
September setembro [sə'tẽbru]
Serviette guardanapo [gwɐrdɐ'napu]
sexuelle Belästigung assédio sexual [ɐ'sɛdju sɛksu'al]
Shampoo o champô [u ʃẽ'po]; o champu [u ʃẽ'pu] *(Bras)*, xampu [u ʃẽ'pu] *(Bras)*
Shorts o calção [u kal'sɐ̃u]
sicher *(als Adjektiv)* seguro [sə'guru]; *(als Adverb)* com certeza [kõ sər'tezɐ]
Sicherheitsgebühr taxa de segurança ['taʃɐ də səgu'rẽsɐ]
Sicherheitsgurt cinto de segurança ['sĩntu də səgu'rẽsɐ]
Sicherheitskontrolle o controle de segurança [u kõ'trɔlə də səgu'rẽsɐ]
Sicherheitsnadel o alfinete de segurança [u alfi'netə də səgu'rẽsɐ]
sie *(als Personalpronomen: Singular f)* ela ['ɛlɐ]; *(als Personalpronomen: Plural m)* eles ['eləʃ]; *(als Personalpronomen: Plural f)* elas ['ɛlɐʃ]
Sie *(als Personalpronomen)* você/vocês [vɔ'se/vɔ'seʃ]; o senhor/a senhora/os senhores/as senhoras [u sə'ɲor/ɐ sə'ɲorɐ/uʃ sə'ɲorəʃ/ɐʃ sə'ɲorɐʃ]
singen cantar [kẽn'tar]
Smartphone o smartphone [u smart'fonə]
Sonnenhut o chapéu para o sol [u ʃɐ'pɛu 'perɐ u sɔl]
Sonnenöl óleo solar ['ɔlju su'lar]
Sonnenstich a insolação [ɐ ĩsulɐ'sɐ̃u]
Sonntag domingo [du'mĩgu]
Spanien Espanha ['ʃpeɲɐ]
Spanier(in) o espanhol [u ʃpɐ'ɲɔl]; a espanhola [ɐ ʃpɐ'ɲɔlɐ]
spanisch espanhol [ʃpɐ'ɲɔl]
spät tarde ['tardə]
später *(als Adjektiv)* posterior [puʃtə'rjor]; *(als Adverb)* mais tarde [maiʃ 'tardə]
Speicherkarte o cartão de memória [u kɐr'tɐ̃u də mə'mɔrjɐ]
Speisekarte lista ['liʃtɐ]; ementa [i'mẽtɐ]; cardápio [kar'dapju] *(Bras)*
Speiseröhre esófago [i'zɔfɐgu]
Speisesaal sala de jantar ['salɐ də ʒẽn'tar]
Speisewagen o vagão-restaurante [u va'gɐ̃u ʀəʃtau'rẽtə]
Spezialität a especialidade [ɐ ʃpəsjɐli'dadə]
Spiegel espelho ['ʃpeʎu]
Spielplan o programa da temporada [u pru'gremɐ dɐ tẽpu'radɐ]
Spirituosengeschäft loja de bebidas alcoólicas ['lɔʒɐ də bə'bidez al'kwɔlikɐʃ]
Sport desporto [dəʃ'portu]; esporte [is'pɔrti] *(Bras)*
Sprache língua ['lĩgwɐ]

WÖRTERBUCH DEUTSCH - PORTUGIESISCH

sprechen falar [fɐˈlar]
Sprechstunde (as horas de) consulta [(ɐz ˈɔrɐʃ də) kõˈsultɐ]
Spritze a injeção [ɐ ĩʒɛˈsɐ̃u]
Spülbürste escova para a louça [ˈʃkovɐ ˈpɐr‿a ˈlosɐ]
Spülmittel o detergente para a louça [u dətərˈʒẽtə ˈpɐr‿a ˈlosɐ]
Staatsangehörigkeit a nacionalidade [ɐ nɐsjunɐliˈdadə]
stornieren *(Zimmer)* anular a reserva [ɐnuˈlar‿ɐ ʀəˈzɛrvɐ]; *(Fahr-, Flugkarten)* cancelar [kɐ̃səˈlar]
Stoßstange o para-choques [u ˈparɐ ˈʃɔkəʃ]
Strand praia [ˈprajɐ]
Strandschuhe os sapatos de praia [uʃ sɐˈpatuʒ də ˈprajɐ]
Straße rua [ˈʀuɐ]; *(Landstraße)* estrada [ˈʃtradɐ]
Straßenbahn elétrico [iˈlɛtriku]; o bonde [u ˈbõndi] *(Bras)*
Straßenkarte o mapa das estradas [u ˈmapɐ dɐʃ‿ˈʃˈtradɐʃ]
Streichholz fósforo [ˈfɔʃfuru]
Strohhalm palhinha [pɐˈʎiɲɐ]
Strom *(Fluss)* rio [ˈʀiu]; *(Elektrizität)* a corrente [ɐ kuˈʀẽtə]; a eletricidade [ɐ ilɛtrəsiˈdadə]
Strumpfhose os collants [uʃ ˈkɔlɐ̃ʃ]
Stück peça [ˈpɛsɐ]; bocado [buˈkadu]; **ein ~ Brot** um bocado de pão [ũm buˈkadu də pɐ̃u]
stufenloser Zugang acesso sem degraus [ɐˈsɛsu sɐ̃i dəˈgrauʃ]
Stuhl cadeira [kɐˈdeirɐ]
Stunde hora [ˈɔrɐ]; **eine halbe Stunde** meia hora [ˈmejɐ ˈɔrɐ]; **eine Viertelstunde** um quarto de hora [ũ ˈkwartu d‿ˈɔrɐ]
stündlich *(jede Stunde)* de hora a hora [d‿ˈɔr‿a ˈɔrɐ]; *(pro Stunde)* por hora [pur‿ˈɔrɐ]
Sturzhelm o capacete [u kɐpɐˈsetə]
suchen procurar [prokuˈrar]
Süden o sul [u sul]
südlich von ao sul de [ɐu sul də]
Supermarkt supermercado [supɛrmərˈkadu]
Suppe sopa [ˈsopɐ]
Suppenteller prato de sopa [ˈpratu də ˈsopɐ]
süß doce [ˈdosə]
Süßigkeiten os doces [uʒ ˈdosəʃ]
Süßstoff o adoçante [u ɐduˈsɐ̃tə]
Swimmingpool piscina [pəʃˈsinɐ]

T

Tabakladen tabacaria [tɐbɐkɐˈriɐ]
Tablette comprimido [kõpriˈmidu]
Tachometer o conta-quilómetros [u ˈkõtɐ kiˈlɔmətruʃ]
Tag o dia [u ˈdiɐ]
Tagesgericht prato do dia [ˈpratu du ˈdiɐ]
Tageskarte o bilhete diário [u bəˈʎetə diˈarju]
täglich *(jeden Tag)* todos os dias [ˈtoduz‿uʒ ˈdiɐʃ]; *(pro Tag)* por dia [pur ˈdiɐ]
tagsüber durante o dia [duˈrɐ̃t‿u ˈdiɐ]
Tank depósito [dəˈpɔzitu]
Tasche saco [ˈsaku]
Taschendieb o carteirista [u kɐrteiˈriʃtɐ]
Taschenmesser o canivete [u kɐniˈvɛtə]
Tasse chávena [ˈʃavənɐ]; xícara [ˈʃikarɐ] *(Bras)*
Taststock bengala para cegos [bẽˈgalɐ pɐrɐ ˈsɛguʃ];

WÖRTERBUCH DEUTSCH – PORTUGIESISCH

bengala para invisuais [bẽˈgalɐ pɐrɐ ĩvizuˈajʃ]
taub surdo [ˈsurdu]
tauchen mergulhar [mərguˈʎar]
Taxistand praça de táxis [ˈprasɐ dəˈtaksiʃ]
Tee o chá [u ʃa]
Teelöffel a colher de chá [ɐ kuˈʎɛr də ʃa]
Teilkasko seguro contra terceiros, roubo e incêndio [səˈguru ˈkõtrɐ tərˈseiruʃ ˈʀob‿i ĩˈsẽdju]
Telefon o telefone [u tələˈfɔnə]
telefonieren telefonar [tələfuˈnar]
Telefonkarte o cartão telefónico [u kɐrˈtɐ̃u tələˈfɔniku]
Telefonnummer número de telefone [ˈnuməru də tələˈfɔnə]
Telefonzelle cabina telefónica (ô) [kaˈbinɐ tələˈfɔnikɐ]
Teller prato [ˈpratu]
Terminal o terminal [u tərmiˈnal]
teuer caro [ˈkaru]
Theater teatro [tjˈatru]
Theaterstück peça de teatro [ˈpɛsɐ də tjˈatru]
Thermosflasche o termos [u ˈtɛrmuʃ]
tief fundo [ˈfũdu]
Tier o animal [u ɐniˈmal]
Tisch mesa [ˈmezɐ]
Toast torrada [tuˈʀadɐ]
Tochter filha [ˈfiʎɐ]
Toilette casa de banho [ˈkazɐ də ˈbɐɲu]; banheiro [baˈɲeru] *(Bras)*
Toilettenpapier o papel higiénico(ê) [u pɐˈpɛl‿iʒjˈɛniku]
Topf tacho [ˈtaʃu]
Töpferwaren os barros [uʒ ˈbaʀuʃ]
tragen levar [ləˈvar]; *(Kleidung)* usar [uˈzar]
Tragödie tragédia [trɐˈʒɛdjɐ]
Traum sonho [ˈsoɲu]
traurig triste [ˈtriʃtə]
treffen encontrar [ẽkõnˈtrar]
trinken beber [bəˈber]
Trinkflasche o biberão de água (ou chá) [u bibəˈrɐ̃u d‿ˈagwɐ (o ʃa)]
Trinkgeld gorjeta [gurˈʒetɐ]
Trinkwasser água potável [ˈagwɐ puˈtavɛl]
trocken seco [ˈseku]
T-Shirt a T-shirt [ɐ ti ʃɐrt]
tun fazer [fɐˈzer]
Turnschuhe os ténis [uʃ ˈtɛniʃ]; as sapatilhas [ɐʃ sɐpɐˈtiʎɐʃ]
typisch típico [ˈtipiku]

U

U-Bahn metropolitano [mətrupuliˈtɐnu]; metro [ˈmɛtru]; o metrô [u meˈtro] *(Bras)*
Übelkeit náusea [ˈnauzjɐ]; enjoo [ẽˈʒou]
üben praticar [prɐtiˈkar]
über sobre [ˈsobrə]; por cima de [pur ˈsimɐ də]
überall por toda a parte [pur ˈtod‿a ˈpartə]
Überfall assalto [ɐˈsaltu]; a agressão [a‿agrəˈsɐ̃u]
übermorgen depois de amanhã [dəˈpoiʒ d‿amɐˈɲɐ̃]
übernachten pernoitar [pərnoiˈtar]
Übernachtung dormida [durˈmidɐ]; o pernoite [u perˈnoiti] *(Bras)*
Überweisung transferência [trɐ̃ʃfəˈrẽsjɐ]
um *(herum)* em volta de [ɐ̃i ˈvɔltɐ də]; *(Zeitangabe)* às/à/ao [aʃ/a/au]
um diese Zeit a esta hora [ɐ ˈɛʃtɐ ˈɔrɐ]
umbuchen mudar o voo [muˈdar‿u ˈvou]
umtauschen trocar [truˈkar]

umziehen; **sich ~** mudar de roupa [mu'dar də 'ʀopɐ]
unbedingt *(als Adverb)* absolutamente [ɐbsulutɐ'mẽtə]
und e [i]
unerträglich insuportável [ĩsupur'tavɛl]
Unfall o acidente [u ɐsi'dẽtə]
ungeeignet inadequado [inɐdə'kwadu]
uns nos [nuʃ]
unser(e) nosso ['nɔsu]; nossa ['nɔsɐ]
unten em baixo [ɐ̃i 'baiʃu]
unter debaixo de [də'baiʃu də]; *(zwischen)* entre ['ẽtrə]
unterbrechen interromper [ĩtəʀõ'per]
Unterkunft alojamento [ɐluʒɐ'mẽtu]
unterrichten *(informieren)* informar [ĩfur'mar]; *(Schule)* ensinar [ẽsi'nar]
Untersuchung o exame [u i'zɐmə]
Untersuchungshaft a prisão preventiva [ɐ pri'zɐ̃u prəvẽ'tivɐ]
Untertitel as legendas [ɐʒ lə'ʒẽdɐʃ]
Unterwasserkamera máquina fotográfica subaquática ['makinɐ futu'grafikɐ subɐ'qwatikɐ]
Urin urina [u'rinɐ]
Urlaub as férias [ɐʃ 'fɛrjɐʃ]

V

Vater o pai [u pai]
vegetarisch vegetariano [vəʒətɐ'rjɐnu]
Ventilator o ventilador [u vẽtilɐ'dor]; ventoinha [vẽ'tujɲɐ]
Verband penso ['pẽsu]; ligadura [ligɐ'durɐ]
Verbandskasten mala de primeiros socorros ['malɐ də pri'meiruʃ su'kɔʀuʃ]
verbinden fazer o penso [fɐ'zer u 'pẽsu]; ligar [li'gar]
Verbindung a relação [ɐ ʀəlɐ'sɐ̃u]; *(Zug; Telefon)* a ligação [ɐ ligɐ'sɐ̃u]
verboten proibido [prwi'bidu]
Verbrechen o crime [u 'krimə]
Verdauung a digestão [ɐ diʒəʃ'tɐ̃u]
Verdauungsstörung a indigestão [ɐ ĩdiʒəʃ'tɐ̃u]
vergessen esquecer(-se de) [ʃkɛ'ser(sə də)]
Vergewaltigung a violação [ɐ vjulɐ'sɐ̃u]
Vergiftung envenenamento [ẽvənənɐ'mẽtu]; a intoxicação [ɐ ĩtɔksikɐ'sɐ̃u]
verhaften prender [prẽ'der]
verheiratet casado [kɐ'zadu]
verlängern prolongar [prulõ'gar]
Verlängerungsschnur a extensão [ɐ ʃtẽ'sɐ̃u]
verletzen ferir [fə'rir]
Verletzung ferida [fə'ridɐ]
verlieren perder [pər'der]
vermieten alugar [ɐlu'gar]
verschreiben receitar [ʀəsei'tar]
Versicherung seguro [sə'guru]
Verspätung atraso [ɐ'trazu]
verstehen compreender [kõprjẽ'der]
verwitwet viúvo ['vjuvu]
viel muito ['mũitu]
Virus o vírus [u 'viruʃ]
Visum visto ['viʃtu]
Volksmusik música folclórica ['muzikɐ fɔl'klɔrikɐ]
Volksstück peça popular ['pɛsɐ pupu'lar]
voll cheio ['ʃɐju] *(voll besetzt)* completo [kõ'plɛtu]; *(ganz)* total [tu'tal]

DEUTSCH – PORTUGIESISCH

WÖRTERBUCH

Vollkasko seguro contra todos os riscos [sə'guru 'kõtrɐ 'toduz‿uJ 'ʀiʃkuʃ]
Vollkornbrot o pão integral [u pɐ̃u ĩtə'gral]
Vollpension a pensão completa [ɐ pẽ'sɐ̃u kõ'plɛtɐ]
von de [də]; *(Passiv)* por [pur]; **~ Zeit zu Zeit** de vez em quando [də vez‿ɐ̃i 'kwɐ̃du]
vor *(räumlich)* diante de ['djɐ̃tə də]; *(zeitlich)* antes de ['ɐ̃təʒ də]; *(in der Vergangenheit)* há [a]; **~ zehn Minuten** há dez minutos [a dɛʒ mi'nutuʃ]
vorgestern anteontem [ɐ̃'tjõtɐ̃i]
vorher antes ['ɐ̃təʃ]
vorletzte(r, -s) penúltimo, penúltima [pə'nultimu, pə'nultimɐ]
Vormittag a manhã [ɐ mɐ'ɲɐ̃]
vormittags de manhã [də mɐ'ɲɐ̃]
vorn à frente [a 'frɐ̃tə]
Vorname o nome de batismo [u 'nomə də ba'tiʒmu]
Vorsaison a estação baixa [ɐ ʃtɐ'sɐ̃u 'baiʃɐ]
Vorsicht; **~!** cuidado! [kui'dadu]
vorsichtig com cuidado [kõ kui'dadu]
Vorspeise entrada [ẽ'tradɐ]
Vorstellung espetáculo [ʃpɛ'takulu]; *(Theater)* a representação [ɐ ʀəprəzẽntɐ'sɐ̃u]; *(Kino)* a sessão [ɐ sə'sɐ̃u]
Vorverkauf venda antecipada ['vẽd‿ɐ̃təsi'padɐ]
Vorwahlnummer indicativo [ĩdikɐ'tivu]; prefixo [pre'fiksu] *(Bras)*

W

wach acordado [ɐkur'dadu]
Wagenheber macaco [mɐ'kaku]
wählen escolher [ʃku'ʎer]; *(Telefon)* marcar [mɐr'kar]; discar [dis'kar] *(Bras)*
wahr verdadeiro [vərdɐ'deiru]
während *(als Präposition)* durante [du'rɐ̃ntə]; *(als Konjunktion)* enquanto [ẽ'kwɐ̃ntu]
wahrscheinlich *(als Adjektiv)* provável [pru'vavɛl]; *(als Adverb)* provavelmente [pruvavɛl'mẽtə]
Währung moeda ['mwɛdɐ]
Wald floresta [flu'rɛʃtɐ]; mata ['matɐ]
Wand a parede [ɐ pɐ'redə]
wandern fazer marchas [fɐ'zer 'marʃɐʃ]; caminhar [kɐmi'ɲar]
Wandern marcha ['marʃɐ]
warm quente ['kẽtə]; **~es Wasser** água quente ['agwɐ 'kẽtə]
Warndreieck triângulo [tri'ɐ̃gulu]
warten esperar [ʃpə'rar]
was (o) que [(u) kə]; **was für ein / eine ...?** que espécie de ...? [kə‿'ʃpɛsjə də]
Waschbecken lavatório [lɐvɐ'tɔrju]
Wäsche roupa ['ʀopɐ]
Wäscheklammern as molas para a roupa [ɐʒ 'mɔlɐʃ pɐr‿a 'ʀopɐ]
Wäscherei lavandaria [lɐvɐ̃dɐ'riɐ]
Wäschetrockner secadora de roupa [səkɐ'dorɐ də 'ʀopɐ]
Waschmaschine máquina de lavar a roupa ['makinɐ də lɐ'var ɐ 'ʀopɐ]
Waschmittel o detergente para a roupa [u dətər'ʒẽtə pɐr‿a 'ʀopɐ]
Waschraum os lavabos [uʒ lɐ'vabuʃ]
Waschsalon o salão de lavandaria [u sɐ'lɐ̃u də lɐvɐ̃dɐ'riɐ]

Wasser água ['agwɐ]
wasserdicht à prova de água [a 'prɔvɐ d‿'agwɐ]
Wasserglas copo de água ['kɔpu d‿'agwɐ]
Wasserkanister o bidão de água [u bi'dɐ̃u d‿'agwɐ]
Wasserkocher o fervedor elétrico [u fərvə'dor i'lɛtriku]
Wattestäbchen as cotonetes [ɐʃ kotu'nɛtəʃ]
Wechselkurs (taxa) de câmbio [('taʃɐ də) 'kɐ̃bju]
Wegweiser o sinal itinerário [u si'nal itənə'rarju]
wehtun doer [dwer]
weich mole ['mɔlə]; macio [mɐ'siu]; *(Ton, Farbe)* suave ['swavə]
Wein vinho ['viɲu]
Weisheitszahn o dente do siso [u 'dẽtə du 'sizu]
weiß branco ['brɐ̃ŋku]
Weißbrot o pão branco [u pɐ̃u 'brɐ̃ku]
Weißwein vinho branco ['viɲu 'brɐ̃ku]
weit *(Gegenteil von eng)* largo ['largu]; *(Weg)* longo ['lõgu]; *(entfernt)* distante [dəʃ'tɐ̃tə]; *(als Adverb)* longe ['lõʒə]
Welt mundo ['mũdu]
wenig pouco ['poku]; **ein wenig (von)** um pouco (de) [ũ 'poku (də)];]; **weniger** menos ['menuʃ]
wenigstens pelo menos ['pelu 'menuʃ]
wenn *(Bedingung)* se [sə]; *(zeitlich)* quando ['kwɐ̃ndu]
werden tornar-se [tur'narsə]
Werkstatt oficina [ofi'sinɐ]
Werktag o dia útil [u 'diɐ 'util]
Werkzeug ferramenta [fəʀɐ'mẽntɐ]
Weste o colete [u ku'letə]
Western o filme de cow-boys [u 'filmə də kɔ'bɔiʃ]
westlich von a oeste de [ɐ o'ɛʃtə də]
wichtig importante [ĩpur'tɐ̃tə]
Wickeltisch cómoda muda-fraldas ['kɔmudɐ 'mudɐ 'fraldɐʃ]
wie como ['komu]
wieder de novo [də 'novu]
wiederholen repetir [ʀəpə'tir]
Windeln as fraldas [ɐʃ 'fraldɐʃ]
Winter inverno [ĩ'vɛrnu]
Winterreifen o pneu de inverno [u pneu d‿ĩ'vɛrnu]
wir nós [nɔʃ]
Wirbelsäule coluna vertebral [ku'lunɐ vərtə'bral]
wirklich *(als Adjektiv: echt)* verdadeiro [vərdɐ'deiru]; *(als Adverb)* realmente [ʀjal'mẽtə]
wissen saber [sɐ'ber]
Witz graça ['grasɐ]; anedota [ɐnə'dɔtɐ]
WLAN Wi-Fi [wai'fai]
Woche semana [sə'menɐ]
Wochenendpauschale tarifa de fim de semana [tɐ'rifɐ də fĩm də sə'menɐ]
wohnen morar [mu'rar]
Wohnmobil autocaravana [autɔkɐrɐ'venɐ]
Wohnort domicílio [dumi'silju]
Wohnung casa ['kazɐ]; apartamento [ɐpɐrtɐ'mẽtu]
Wohnwagen caravana [kɐrɐ'venɐ]; o trailer [u 'treilɐ] *(Bras)*
Wolldecke manta de lã [ɐ 'mɐ̃tɐ də lɐ̃]
Wunde ferida [fə'ridɐ]
Wurst os enchidos [uz ẽʃiduʃ]; *(Paprikawurst)* chouriço [ʃo'risu]
würzen temperar [tẽpə'rar]
wütend furioso [fu'rjozu]

DEUTSCH – PORTUGIESISCH

WÖRTERBUCH

Y

Yoga o ioga [u iˈɔgɐ]

Z

Zahl número [ˈnumәru]
zählen contar [kõnˈtar]
zahlen pagar [pɐˈgar]
Zahn o dente [u ˈdẽtә]
Zahnbürste escova de dentes [ˈʃkovɐ dә ˈdẽtәʃ]
Zahncreme pasta dentrífica [ˈpaʃtɐ dẽˈtifrikɐ]
Zahnschmerzen as dores de dentes [ɐʒ dorәʒ dә ˈdẽtәʃ]
Zahnstocher palito [pɐˈlitu]
zart tenro [ˈtẽʀu]
Zecke carraça [kɐˈʀasɐ]
Zeichentrickfilm os desenhos animados [uʒ dәˈseɲuz‿ɐniˈmaduʃ]
zeigen mostrar [muʃˈtrar]
Zeit tempo [ˈtẽpu]
Zeitschrift revista [ʀәˈviʃtɐ]
Zeitung o jornal [u ʒurˈnal]
Zelt tenda [ˈtẽdɐ]
zelten acampar [ɐkẽˈpar]
zentral central [sẽˈtral]
Zerrung a distensão [ɐ dәʃtẽˈsɐ̃u]
Zeuge, Zeugin, o/a testemunha [u/ɐ tәʃtәˈmuɲɐ]
Ziegenkäse queijo de leite de cabra [ˈkeiʒu dә ˈleitә dә ˈkabrɐ]
ziehen puxar [puˈʃar]
Zigarette cigarro [siˈgaʀu]
Zimmer quarto [ˈkwartu]
Zoll alfândega [alˈfɐ̃dәgɐ]
Zollerklärung a declaração alfândegária [ɐ dәklɐrɐˈsɐ̃u alfɐ̃dәˈgarjɐ]
zollfrei livre de taxa alfandegária [ˈlivrә dә ˈtaʃ‿alfɐ̃ndәˈgarjɐ]
zollfreier Laden loja franca [ˈlɔʒɐ ˈfrɐ̃kɐ]; loja de duty-free [loʒɐ dә ˈdjuti fri]
Zollgebühren os direitos alfandegários [uʒ diˈreituz‿alfɐ̃dәˈgarjuʃ]
zollpflichtig sujeito a taxa alfandegária [suˈʒeit‿ɐ ˈtaʃ‿alfɐ̃dәˈgarjɐ]
zu *(Richtung)* para [ˈpɐrɐ]; a [ɐ]; *(mit Adjektiv)* demasiado [dәmɐˈzjadu]; **~ sehr, ~ viel** de mais [dә maiʃ]
zu *(als Adjektiv: geschlossen)* fechado [fәˈʃadu]
Zucker o açúcar [u ɐˈsukar]
zuerst primeiro [priˈmeiru]; em primeiro lugar [ɐ̃i priˈmeiru luˈgar]
zufällig *(als Adverb)* por acaso [pur‿ɐˈkazu]
zufrieden satisfeito [sɐtәʃˈfeitu]
Zug comboio [kõˈbɔju]; o trem [u trɐ̃i] *(Bras)*
Zündkerze vela [ˈvɛlɐ]
Zündschlüssel a chave de ignição [ɐ ˈʃavә d‿igniˈsɐ̃u]
Zündung a ignição [ɐ igniˈsɐ̃u]
Zunge língua [ˈlĩgwɐ]
zurück para trás [ˈpɐrɐ traʃ]
zusagen *(Einladung)* aceitar [ɐseiˈtar]
zusammen juntos [ˈʒũntuʃ]; juntamente [ʒũtɐˈmẽtә]
zusammenschlagen espancar [ʃpɐ̃ŋˈkar]
zweite(r, -s) segundo [sәˈgũdu]; segunda [sәˈgũdɐ]
zweitens (em) segundo (lugar) [(ɐ̃i) sәˈgũdu (luˈgar)]
zwischen entre [ˈẽtrә]
Zwischenlandung escala [ˈʃkalɐ]

BILDQUELLEN

* - Shutterstock

U1 */(aniad), New York; **9** Fotolia (neirfy), New York; **10** */(Mickael Do Couto), New York; **23** */(ThinAir), New York; **24** Fotolia (esebene), New York; **56.1** Getty Images (Rex_Wholster), München; **56.2** */(Mauro Rodrigues), New York; **56.3** */(portumen), New York; **56.4** */(saiko3p), New York; **56.5** */(Alena Brozova), New York; **56.6** */(milosk50), New York; **56.7** */(Mark Benham), New York; **56.8** */(ZePedro), New York; **56.9** Thinkstock (serda_ik), München; **56.10** */(ilolab), New York; **56.11** */(Antonio Guillem), New York; **56.12** */(Caron Badkin), New York; **57** */(Alexandre Rotenberg), New York; **60** */(Maen Zayyad), New York; **75.1** Fotolia (Giuseppe Lancia), New York; **75.2** Fotolia (roobcio), New York; **75.3** Fotolia (Andrey Starostin), New York; **75.4** Fotolia (Rémy MASSEGLIA), New York; **75.5** Dreamstime.com (Wksp), Brentwood, TN; **75.6** */(kzww), New York; **75.7** Fotolia (dulsita), New York; **75.8** Fotolia (Dani Vincek), New York; **75.9** Fotolia (HelleM), New York; **75.10** Fotolia (BSANI), New York; **75.11** Fotolia (felinda), New York; **75.12** iStockphoto (malerapaso), Calgary, Alberta; **75.13** Fotolia (pedrolieb), New York; **75.14** Fotolia (o.meerson), New York; **75.15** Fotolia (ExQuisine), New York; **75.16** Fotolia (Picture Partners), New York; **75.17** Fotolia (schankz), New York; **75.18** Dreamstime.com (Wksp), Brentwood, TN; **75.19** Fotolia (lunamarina), New York; **75.20** Dreamstime.com (Onepony), Brentwood, TN; **76.1** */(Aleksandrs Samuilovs), New York; **76.2** */(valeriy555), New York; **76.3** Fotolia (sspice), New York; **76.4** Fotolia (Sergejs Rahunoks), New York; **76.5** Fotolia (ExQuisine), New York; **76.6** Fotolia (Sergii Moscaliuk), New York; **76.7** Fotolia (Corinna Gisseman), New York; **76.8** Fotolia (Viktor), New York; **76.9** Fotolia (Picture Partners), New York; **76.10** */(Kirill Aleksandrovich), New York; **76.11** Fotolia (BeTa-Artworks), New York; **76.12** Fotolia (Marius Graf), New York; **76.13** Fotolia (Peredniankina), New York; **76.14** Fotolia (ExQuisine), New York; **76.15** */(Aleksandr Sulga), New York; **76.16** Fotolia (gtranquillity), New York; **76.17** */(PhotoSGH), New York; **76.18** Fotolia (Viktor), New York; **76.19** Fotolia (Piovanello), New York; **76.20** Dreamstime.com (Travelling-light), Brentwood, TN; **77.1** Fotolia (valeriy555), New York; **77.2** */(JIANG HONGYAN), New York; **77.3** Fotolia (Irochka), New York; **77.4** Fotolia (valeriy555), New York; **77.5** Fotolia (valeriy555), New York; **77.6** Fotolia (valeriy555), New York; **77.7** Fotolia (valeriy555), New York; **77.8** Fotolia (valeriy555), New York; **77.9** Fotolia (valeriy555), New York; **77.10** Fotolia (Schlierner), New York; **77.11** Fotolia (jerome signoret), New York; **77.12** Fotolia (Malyshchyts Viktar), New York; **77.13** iStockphoto (stock_colors), Calgary, Alberta; **77.14** Fotolia (valeriy555), New York; **77.15** Fotolia (valeriy555), New York; **77.16** Fotolia (valeriy555), New York; **77.17** Fotolia (margo555), New York; **77.18** Fotolia (valeriy555), New York; **77.19** iStockphoto (Sandra Caldwell), Calgary, Alberta; **77.20** Fotolia (valeriy555), New York; **78.1** Fotolia (valeriy555), New York; **78.2** Fotolia (valeriy555), New York; **78.3** Fotolia (valeriy555), New York; **78.4** Fotolia (valeriy555), New York;

78.5 Fotolia (Popova Olga), New York; **78.6** Fotolia (valeriy555), New York; **78.7** Fotolia (Malyshchyts Viktar), New York; **78.8** Fotolia (Popova Olga), New York; **78.9** Fotolia (valeriy555), New York; **78.10** Fotolia (valeriy555), New York; **78.11** Fotolia (valeriy555), New York; **78.12** Fotolia (valeriy555), New York; **78.13** iStockphoto (Caziopeia), Calgary, Alberta; **78.14** Fotolia (valeriy555), New York; **78.15** Fotolia (valeriy555), New York; **78.16** */(Nataly Studio), New York; **78.17** Fotolia (valeriy555), New York; **78.18** Fotolia (valeriy555), New York; **78.19** Fotolia (valeriy555), New York; **78.20** Fotolia (valeriy555), New York; **79** */(Christine Bird), New York; **81** */(StockPhotosArt), New York; **104.1** */(Opachevsky Irina), New York; **104.2** */(Kiev. Victor), New York; **104.3** Fotolia (gemenacom), New York; **104.4** */(David MG), New York; **104.5** */(leoks), New York; **104.6** */(Anastasia Ness), New York; **104.7** */(Olivier Guiberteau), New York; **104.8** */(Tupungato), New York; **104.9** Fotolia (chamillew), New York; **104.10** Fotolia (lightpoet), New York; **104.11** Fotolia (Africa Studio), New York; **104.12** */(Pack-Shot), New York; **105** */(Robin Runck), New York; **106** */(Dmitriy Yakovlev), New York; **114** */(rui vale sousa), New York; **119** Fotolia (Gina Sanders), New York; **144.1** */(Afonso Martins), New York; **144.2** Fotolia (Photographee.eu), New York; **144.3** Fotolia (koszivu), New York; **144.4** Fotolia (playstuff), New York; **144.5** */(mertkan tekin), New York; **144.6** Fotolia (Claudio Divizia), New York; **144.7** */(Pedro Monteiro), New York; **144.8** */(ArchonCodex), New York; **144.9** Fotolia (Kalle Kolodziej), New York; **144.10** Fotolia (Fiedels), New York; **144.11** Fotolia (Birgit Reitz-Hofmann), New York; **144.12** Fotolia (Gerhard Seybert), New York